盧校叢編
陳東輝　主編

儀禮注疏

二

燕禮第六
大射禮第七
聘禮第八

〔清〕盧文弨　批校

浙江大學出版社·杭州

本册目録

儀禮注疏卷六

漢鄭氏注　唐陸德明音義　賈公彥疏

燕禮第六

燕禮。小臣戒與者。【注】小臣，相君燕飲之法。戒與者，謂畱羣臣也。君以燕禮勞使臣，若臣有功，故與羣臣樂之。小臣則警戒告語焉。飲酒以合會爲歡也。【音義】與，音預。相，息亮反。勞，力報反。使，所吏反。樂，音洛。語，魚據反。【疏】釋曰：自此已下盡射人告具，論告戒羣臣及陳饌之事。必使小臣戒與者，以其燕爲聘使者爲主，兼與舊在者歡樂之，故令戒可與之人，使依期而至。【注】釋曰：云小臣相君燕飲之法者，案周禮大僕職云：王燕飲，則相其法。又案小臣職云：凡大事，佐大僕。則王燕飲，大僕相，小臣佐之。此諸侯禮降於天子，故宜使小臣相。是以下云小臣師一人在東堂下，注云：師，長也。小臣之長一人，猶天子大僕

正君之服位者也。是諸侯小臣當大僕之事。戒與者謂
留羣臣朝者。謂羣臣留在國不行者也。云君以燕禮勞
使臣若臣有功者。此即目錄卿大夫有勤勞之功。勞使
臣即四牡勞使臣也。若臣有功。即王事之勞也。故鄭總
云卿大夫勤勞之功。若然。鄭不言與羣臣無事燕者。以
其經云戒與者。功勞之外與及之。爲有事之臣燕。不得
云無事者燕。故不言之。案大射云。君有命戒射者。以其
大射辨尊卑。故云君有命。明政教由尊者出。燕禮主歡
心。不辨尊卑。故不言君有命。

○膳宰具官饌于寢東。[注] 膳宰。天子曰
膳夫。掌君飲食膳羞者也。具官饌。具其官之所饌。謂酒
也。牲也。脯醢也。寢。路寢。[疏] 釋曰。以其燕在寢。故膳宰具官饌于寢東。擬燕時設之。[注]
釋曰。云膳宰天子曰膳夫。掌君飲食膳羞者也者。以其
天子有宰夫。兼有膳夫。掌君飲食。諸侯亦有宰夫。復有
膳宰。掌君飲食。與天子膳夫同。故引天子膳夫並之。云
具官饌具其官之所饌者。謂卿大夫士之饌總饌之。大射
亦用燕禮。而云官饌。不言膳宰。與此同。不言者文不具。
云謂酒也牲也脯醢也者。案下所設亦有此三者。牲即

其牲狗也。云寢路寢者，以其饗在廟，服朝服。下記云燕朝服於寢，亦處在路寢。不在燕寢可知，故云路寢也。案下公食大夫云：凡宰夫之具，饌于東房。不使膳宰者，彼食異國之大夫，敬之，故使宰夫具饌。此燕己臣子，故使膳宰卑者具饌。必知膳宰卑於宰夫者，案天子宰夫下大夫，膳夫上士，天子膳夫卑於宰夫，則知諸侯膳宰亦卑於宰夫者也。

樂人縣。

【注】縣，鍾磬也。國君無故不徹縣，宮縣者，爲燕新之。

【音義】縣音懸。爲，于僞反。

【疏】釋曰：案大射，樂人宿縣，在射前一日，又其辨樂縣之位者，以其大射在學宮，學宮不常縣樂，射乃設之，故射前一日縣之，又辨樂縣之位。此燕在路寢，有常縣之樂，今言樂人縣者，爲燕新之而已，故不在燕前一日，又不辨樂縣之處。又直云樂人縣，不知樂人竟是何官。案周禮春官大司樂云：凡樂事宿縣。又案樂師云：凡樂成則告備。是天子有大司樂，并有樂師之官。案序官樂師下大夫四人，上士八人，下士十有六人。以此知天子有大司樂、樂師。諸侯無大司樂，直有大樂正、小樂正，以其諸侯兼官。此二者皆當天子樂師。天子樂師大夫及士，則諸侯樂師不用大夫，大樂正當上士，小樂正當下士爲之。

旁注宋本皆有圈無
疏故疑之見下注

故鄭下注云樂正于天子樂師也。大射注亦云小樂正於天子樂師。若然，縣樂之法，案周禮眡瞭職云掌大師之縣，鄭注云大師當縣則為之。案下僕人相大師則諸侯無眡瞭，則使僕人縣樂，大師以聲展之，樂師又監之。

注 釋曰：云縣鍾磬也者，案小胥天子宮縣，諸侯軒縣，皆鍾磬鎛各一虡，大夫判縣，士特縣，不得有鎛，故云鍾磬。案下唯有磬而無鍾，而云鍾磬者，鄭汎解樂縣法，故兼言鍾，其實諸侯之士特縣磬而已。云國君無故不徹縣者，案曲禮唯有大夫無故不徹縣，士無故不去琴瑟，不言國君，但大夫無故不徹縣，則國君無故亦不徹縣可知。鄭以燕禮為國君法，故以義約之也。云宮縣者為燕新之者，更整理樂縣之法為新之也。

設洗篚于阼階東南，當東霤。罍水在東，篚在洗西，南肆。設膳篚在其北，西面。

注 設此不言其官，賤也。當東霤者，人君為殿屋也。亦南北以堂深。肆，陳也。膳篚者，君象觚所饌也。亦南陳，言西面，尊之，異其文。

音義 霤，力又反。罍音雷。觚音孤。

疏 釋曰：云

設此不言其官賤也者，決膳宰具官饌、樂人縣、司宮設尊，皆言其官，獨此不言官，故知賤也。案少牢司宮設罍水，大夫兼官，此國君禮，或可別人爲之，但無文，故鄭不細辨。云當東霤者，人君爲殿屋也者，漢時殿屋四向流水，故舉漢以況周。言東霤，明亦有西霤，對大夫士言東榮，兩下屋故也。云亦南北以堂深者，亦士冠禮、鄉飲酒等也。云膳篚者，君象觚所饌也者，案下文洗象觚，升實之，東北面獻于公是也。但君尊，不可與臣同篚，故別釋之也。云亦南陳者，亦臣之南肆者也。言西面，尊之，異其文者，欲見膳篚西面南肆者，亦西面，此不言南肆而言西面，是尊君之篚，故異其文也。司宮尊于東楹之西，兩方壺，左玄酒，南上。公尊瓦大兩，有豐，冪用綌若錫，在尊南，南上。尊士旅食于門西，兩圜壺。注司宮，天子曰小宰，聽酒人之成要者也。尊方壺，爲卿大夫士也。臣道直方。於東楹之西，予君專此酒也。玉藻曰：唯君面尊。玄酒在南，順君之面也。

瓦大，有虞氏之尊也。禮器曰：君尊瓦甒。豐形似豆，卑而大。冪用綌若錫，冬夏異也。在尊南，在方壺之南也。尊士旅食者用圜壺，變於卿大夫也。旅，衆也。士衆食，謂未得正祿，所謂庶人在官者也。今文錫爲緆。大音泰。綌去逆反。錫悉歷反。圜音圓。甒亡甫反。卑如字。緆悉歷反。

【疏】釋曰：云司宮天子曰小宰聽酒人之成要者也者，案天官小宰職掌建邦之宮刑，以治王宮之政令，是小宰掌天宮事。此諸侯無小宰，有司宮，明司宮亦當掌宮刑，治宮之政令可知，是司宮掌宮事，與小宰同。又案酒正云：酒正之出，日入其成，月入其要，小宰聽之。此司宮亦設酒尊者，當掌酒事，與小宰同，是以知此諸侯司宮當天子小宰者也。若然，案酒正云：酒正之出，日入其成，月入其要，小宰聽之。案彼文，則是小宰聽酒正之成要。此注云聽酒人成要者，案彼注云：出謂授酒材及用酒之多少也。受用酒者日言其計於酒正，酒正月盡言於小宰，云日言其計於酒正者是酒人也。酒正月盡總言於小宰，則是小宰所聽者皆是酒人所言。故鄭之此注。據酒人而言也。云尊方壺為卿大夫也者。以其燕總有卿大夫士。又別有公尊瓦大兩。故知方尊為此人也。云於東楹之西予君專此酒也者。此決鄉飲酒鄉射皆於房戶之間。賓主共之。此於東楹之西。向君設之。人君尊專大惠。故云予君專此酒也。引玉藻者。欲見尊面向君。順君面。非賓主共之意案少儀云。尊壺者面其鼻。鄭注云。鼻在面中。言鄉人也。鄉人者。據此燕禮尊面向君而言。少儀又云。尊者以酌者之左為上尊。鄉飲酒云。尊兩壺于房戶之間。玄酒在西。又鄉射云。尊於賓席之東。兩壺斯禁。左玄酒。鄭注云。設尊者北面。西曰左。此等皆據酌者北面而言。玄酒在左。若據設尊之人。及尊面而言。即南面以右為尊。此燕禮尊面向君。據君面以左為尊。玄酒在南若據酌者。不得背君而西面。當尊西東面。則酌者之右為上尊。是以下文媵爵于公者。交於東楹北也。云瓦大有虞氏之尊也者。明堂位文。引禮器君尊瓦甒。大射亦云膳尊兩甒。不引大射而引禮器者。鄭欲同此三者之文皆是一物故也。云豐形似豆卑而大者。據漢法而知但豆爵尺。柄亦長尺。此承尊之物。不可同於常豆。故知卑而大。取其安穩也。云冪夏綌冬錫。冬夏異也者。夏宜用綌冬宜用錫葛之粗者曰綌案喪服傳云錫者何也麻之有錫者也錫者十五升抽其半無事其縷有事其布曰錫鄭注云治其布使之滑易是也云在尊南在方壺之南也者其冪本為瓦大設今未用陳在方壺之南者不可在方壺瓦大之間相襍故也瓦大不言玄酒者以其言瓦大兩又言南上有玄酒在南可知凡無玄酒者直陳之而已不言上下是以此尊士旅食直云兩圜壺大射亦云兩圜壺特牲尊兩圜壺於阼階西方亦如之皆是無玄酒不言上下也又凡用醴者無玄酒士冠禮醴子昏禮醴婦聘禮醴賓醴皆無玄酒質故也昏禮房外之尊無玄酒鄭云略之此及大射尊士旅食無玄酒鄭云賤也特牲少牢陽厭納一尊無玄酒鄭注禮殺也士喪既夕士虞皆有酒無玄酒者以凶變於吉故也特牲東西階兩壺無玄酒者注云優之云士衆食謂未得正祿者以其士大夫已下待正祿王制云下士九人祿中士倍下士上士倍中士下大夫倍上士卿四大夫祿皆正祿此則未得正祿云所謂庶人在官者也者所謂王制文故王制云庶人在官者其祿以是為差謂府史胥徒諸府八人祿史七人祿胥六人徒五人皆非正祿號為士旅食者也

司宮筵賓于戶

西東上無加席也注筵席也席用蒲筵緇布純無加席燕私禮臣屈也諸侯之官無司几筵也音義純之閏反又章允反

疏注釋曰云筵席也者案周禮序官司几筵鄭注云鋪陳曰筵藉之曰席然則言之筵席通若然鋪陳曰筵者先鋪一席在地者藉之曰席據重已上相承藉者筵席一也故鄭云筵席通云席用蒲筵緇布純者案公食大夫記云蒲筵常緇布純加萑席尋玄帛純彼有加席故有萑在上此無加席故言席用蒲筵云無加席燕私禮臣屈也者對公食大夫禮異國之賓有加席禮得申云諸侯之官無司几筵也者對天子有司几筵布席諸侯兼官使司宮設尊并設席○射人告具注告事具於君射人主此禮以其或射也疏注釋曰云射人主此禮以其或射也者案公食大夫禮贊者負東房告具以其無射故使贊者此乃射人告具與大射同案下文若射則不獻庶子言若者或射或不故此鄭注云以其或射言或亦是不定之義案大射告具之上有羹定此不言羹定者文不具也○小臣設公席于阼

階上。西鄉。設加席。公升即位于席。西鄉。【注】周禮諸侯昨席莞筵紛純。加繅席畫純。後設公席者。凡禮卑者先即事。尊者後也。【音義】鄉。許亮反。本又作嚮。莞音官。繅音早。【疏】釋曰。自此下盡諸公卿者。論君臣位次及命羞者之事。【注】釋曰。注引周禮者。司几筵之文也。彼諸侯祭祀神席及受酢之席。此乃燕飲之席。引之者。欲見燕飲與受酢席同。若饗食諸侯來朝。則郊特牲云大饗君三重席而酢焉。是也。燕他國之臣。即郊特牲云三獻之介君專席而酢焉。此降尊以就卑也。故君單席受酢也。云後設公席者。凡禮卑者先即事。尊者後也者。此燕私禮。故賤者先即事。大射辯尊卑。故先設公席。後設賓席也。小臣納卿大夫。卿大夫皆入門右。北面東上。士立于西方。東面北上。祝史立于門東。北面東上。小臣師一人在東堂下。南面。士旅食者立于門西。東上。【注】納者。以公命引而入也。自士以下

從而入即位耳師長也小臣之長一人猶天子大僕正君之服位者也凡入門而右由闑東左則由闑西

【音義】長丁丈反大音泰闑魚列反

【疏】釋曰云卿大夫皆入門右北面東上者此是擬君揖位故下經君爾之始就庭位云士立於西方東面北上者此是士之定位士賤故不待君揖入門即就定位云祝史立於門東北面東上者案大射大史在豻侯之東北北面不言祝此言祝史不言大史者大史大射及下文云大史俟於所設中之西東面以聽政嫌其位初在此不在豻侯之東北故著大史以明之其餘祝史彼不言者以其大射先行燕禮此燕禮有祝史故於彼不言者文也【注】釋曰云納者以公命引而入也者雖無正文進止由君故知以公命者引也云自士以下從而入即位耳者對大夫以上小臣引之就門東揖位未就庭位自士以下從而入不須引從大夫而入徑即庭位云師長也小臣之長一人猶天子大僕正君之服位者也者案夏官大僕職云掌正王之服位出入王之大命彼下文有小臣之官上士四人其職云掌王之小命詔相王之小法儀諸侯兼官無大僕

乾隆四年校刊

唯有小臣出入君之教命，正君之服位。但諸侯小臣之官有上下，是以大射云：「小臣師從者在東堂下，南面西上。」又云：「小臣正贊袒。」若然，諸侯小臣正，次有小臣師，大射禮，小臣正相君，小臣師佐之。正常在君左右，不在堂下之位，故唯云小臣師從者在堂下南面。此燕輕，宜有小臣師及從者相君燕飲，小臣正一人無事得在堂下。此言小臣師，即大僕。小臣正一也，故鄭以爲當天子大僕。云「凡入門而右，由闑東，左則由闑西」者，鄭云「凡入門」者，廣解賓主人入門之義。案曲禮云：「大夫士出入君門，由闑右。」又玉藻云：「公事自闑西，私事自闑東。」言私事，即大夫士出入君門一也。又與此經卿大夫士入君門亦由闑右同。「公事自闑西」者，即聘禮聘賓入由闑西是也。若然，此注云「入門而右，由闑東」者，是臣朝君之法也。「左則由闑西」者，是聘賓入門之法。

公降立于阼階之東南，南鄉爾卿，卿西面北上。爾大夫，大夫皆少進。

注　爾，近也，移也。揖而移之近之也。大夫猶北面少前。

音義　之近，附近之近。

疏　注釋曰：曲禮云「揖人必違其位」，是以公將揖卿大夫，降立於阼階之東南，南面陪之變指言爾者爾訓近也移也卿大夫得揖移近中庭也是以鄭云揖而移之近之也云大夫猶北面少前者三卿五大夫初入門右同北面三卿得揖東相西面五大夫得揖中庭少進北面不改故云大夫猶北面少前○射人請賓注命當由君出也疏釋曰案大射云大射正擯擯者請賓此直云射人請賓下云爲擯者但射人有大小大者爲大射正其次爲小射正又其次爲司正悉監射事見於大射禮大射辨尊卑故云大射正爲擯此燕禮以因燕而射以其禮輕或大射正爲擯或小射正爲擯此二者皆是射人故直云射人請賓不定尊卑也既當請君不辨射人面位者以其君南面射人北面可知故不言

公曰命某爲賓注某大夫也疏注釋曰知大夫非卿者以其賓主相對既以宰夫爲主人是大夫明賓亦是大夫燕義云不以公卿爲賓而以大夫爲賓爲疑也故知是大夫射人命賓賓少進禮辭注命賓者東面南顧禮辭辭不敢也疏注釋曰鄭知命賓者東面南顧者少儀云詔辭自右明知在君之右東面者向君南顧者向賓使也知禮辭辭

不敏者取孝經曾子云參不敏爲義反命注射人以賓之辭告於君又命之賓再拜稽首許諾注又復音義又復扶又反射人反命注告賓許賓出立于門外東面注當更以賓禮入疏注釋曰前卿大夫從臣禮相從而入故出更以賓禮入是以下經賓入及庭公降一等揖之公揖卿大夫乃升就席注揖之人之也疏注釋曰言人之者公將及升堂故以人意相存偶是以揖之乃升小臣自阼階下北面請執冪者與羞膳者注執冪者執瓦大之冪也方圓壺無冪羞膳羞於公謂庶羞疏注釋曰云執冪者執瓦大之冪也方圓壺無冪鄭知者以其上文冪用綌文承瓦大之下方圓壺不言冪故知義然云羞於公謂庶羞者知羞於公者以其言羞膳據君而言又與執冪者連文冪據君明羞膳據公可知又知是庶羞者以其脯醢稱薦明羞是庶羞乃命執冪者執冪者升自西階立

于尊南，北面東上。注 以公命於西階前命之也。東上，玄酒之冪爲上也。羞膳者從而東，由堂東升自北階，房中西面南上，不言之者，不升堂，略之也。疏 注釋曰：鄭知西階前命之者，案下記云：羞膳者與執冪者皆士也。士位在西方東面，故知西階前以君命命之。云「東上，玄酒之冪爲上」者，以其唯瓦大兩有冪，玄酒尊於正酒。經云東上，故知玄酒之冪爲上。「羞膳者」以下，盡「略之」，鄭知義然者，以經直云執冪者升自西階，羞膳者無升文。又且東面階西由階，婦人之階，非男子之所升，則羞者升自北階。知由堂東者，以羞在房，又大射工人士與梓人升自北階，知房中西面南上者，約士冠禮脯醢在房中服北，贊者盥于洗西，升立于房中，西面南上，注云：近其事也。言略之者，解不由前堂升。執冪與羞膳時請者，以其諸侯兼官，有常職先定，亦有臨時命之者，是以經與記直云士，不言其官。不請羞賓者，下記約與君同，亦用士也。

膳宰請羞于諸公卿者。注 小臣不請而使膳宰，於卑者彌略也禮以異爲敬【疏】【注】釋曰言彌略者上請賓使射人請執冪使小臣已是其略今羞諸公卿乃使膳宰膳宰卑於小臣故云彌略也知膳宰卑於士者周禮膳夫是上士此諸侯膳宰明非上士且禮之大例爲羞者尊於設俎者公士爲薦羞膳宰設俎故知膳宰卑也○射人納賓【注】射人爲擯者也今文曰擯者【疏】釋曰自此至賓以虛爵降論賓升堂主人獻賓之事【注】釋曰案大射大射正擯此云射人爲擯與上射人請賓義同還是小射正也○賓入及庭公降一等揖之【注】及至也至庭謂既入而左北面時【疏】【注】釋曰鄭知至庭謂既入而左北面時者以其云賓入及庭賓入謂入門時及庭謂賓入門而出堂塗北面是其當公降揖之節故知北面時也○公升就席【注】以其將與主人爲禮不參之也【疏】【注】釋曰鄭知將與主人爲禮不參之者下經云賓升主人亦升是其賓與主人爲禮不得相參之也○賓升自西階主人亦升自西階賓右北面至再拜賓答再

拜。【注】主人，宰夫也。宰夫，大宰之屬，掌賓客之獻飲食者也。其位在洗北西面。君於其臣雖爲賓不親獻，以其尊莫敢伉禮也。至再拜者，拜賓來至也。天子膳夫爲獻主。

【音義】伉，苦浪反，敵也。【疏】注釋曰：知主人是宰夫者，案禮記燕義屬者，案天官云「大宰卿一人，小宰中大夫二人，宰夫下大夫四人」，宰夫屬大宰，故云大宰之屬。云掌賓客之獻飲食者也者，案宰夫職云「凡朝覲會同賓客，掌其牢禮、委積、膳獻、飲食」，引之者，證宰夫爲主人之義。云其位在洗北西面者，案下文獻大夫下，胥薦主人于洗北西面，是也。云君於其臣雖爲賓不親獻以其尊莫敢伉禮也者，此略取燕義文。設賓主，飲酒之禮，使宰夫爲獻主，臣莫敢與君伉禮也。不以公卿爲賓而以大夫爲賓，爲疑明嫌之義也。是君不親爲主人之事也。云天子膳大爲獻主者，案膳夫職云「王燕飲酒，則爲獻主」是也。案燕義注云：天子使膳宰爲主人，則是膳宰膳夫一人也。上文注云：膳宰，天子曰膳夫者，欲見天子諸侯之臣名異。其賓同也。〇主人降洗，洗南西北面。【注】賓將從降，鄉之。【疏】釋曰：此宰夫代君爲獻主，升降不由阼階，與賓同由西階升降，故降自西階，當洗南北面。今西北面者，鄭云賓將從降，鄉之。當辭賓降故也。案鄉飲酒、鄉射，主人降洗，爵在階下，辭賓降者，彼賓主異階，故在階下，不在洗南也。

賓降，階西東面。主人辭降，賓對。【注】對，答。主人北面盥，坐取觚洗。賓少進，辭洗。主人坐奠觚于篚，興對。賓反位。【注】賓少進者，又辭，宜違其位也。獻不以爵，辟正主也。古文觚皆爲觶。【音義】辟音避。觶，章豉反。【疏】【注】釋曰：賓少進者，又辭，宜違其位也者，言又辭，對前主人辭降，今又賓辭洗。言少進者，前賓降，賓在階下。曲禮云：揖人必違其位。以其賓又辭洗，宜違本位也。云獻不以爵，避正主也者，此宰夫爲主人，非正主，故用觚；對鄉飲酒、鄉射是正主，皆用爵。主人卒洗，賓揖，乃升。【注】賓每先升，尊也。【疏】【注】釋曰：每先升者，前賓初升時，先云賓升自西階，後

云主人亦升自西階此賓揖乃升下云主
人升故云賓每先升賓先升者尊賓故也主人升賓拜
洗主人賓右奠觚答拜降盥【注】主人復盥爲拜手坋塵
也【音義】坋步悶反【疏】【注】釋曰言復盥者前盥爲洗爵此盥爲汚手
對卒盥賓揖升主人升坐取觚【注】取觚將就瓦大酌膳
執冪者舉冪主人酌膳執冪者反冪【注】君物曰膳膳之
言善也酌君尊者尊賓也【疏】【注】釋曰言君物曰膳膳之
之名上云設膳篚設膳尊膳之言善也者言君物總衆物
尊篚也云酌君尊者尊賓也者大夫爲賓賓亦臣子而
酌膳尊尊賓故也必尊
之者以賓以對君故也主人筵前獻賓賓西階上拜筵
前受爵反位主人賓右拜送爵【注】賓既拜前受觚退復
位膳宰薦脯醢賓升筵膳宰設折俎【注】折俎牲體骨也

乾隆四年校刊

鄉飲酒記曰：賓俎脊、脅、肩、肺。【疏】注釋曰：引鄉飲酒記者，燕禮不言賓之牲體之數。此燕禮既與鄉飲酒同用狗，則與此賓之牲體數同，故引以爲證也。

賓坐，左執爵，右祭脯醢，奠爵于薦右，興，取肺，坐絕祭，嚌之，興，加于俎，坐捝手，執爵，遂祭酒，興，席末坐啐酒，降席，坐奠爵，拜，告旨，執爵興，主人答拜。【注】降席，席西也。旨，美也。【音義】嚌，才計反。捝，始銳反。啐，七內反。【疏】注釋曰：云「降席坐奠爵拜」，鄭云「降席，席西」，不言面，案前例，降席席西拜者皆南面，拜訖則告旨。

賓西階上北面坐，卒爵，興，坐奠爵，遂拜，主人答拜。【注】遂拜，拜既爵也。【疏】注釋曰：經云坐卒爵，又云興，坐奠爵，遂拜。遂拜之文，隔坐奠爵，嫌遂拜不爲拜既爵，故鄭明之云遂拜，拜既爵也。

賓以虛爵降。【注】將酢主人。【疏】注釋曰：自此已下盡「序內東面」，論賓酢主人之事。鄭知將酢主人者，下經論酢主人之事，故知也。

主人降，賓

洗南坐奠觚少進辭降主人東面對【注】上既言爵矣復言觚者嫌易之也大射禮曰主人西階西東面少進對今文從此以下觚皆爲爵【疏】【注】釋曰云上既言爵矣復言觚者嫌易之也者上文主人洗觚獻賓云賓以虛爵降此經又云坐奠觚中間言爵者欲見對文一升曰爵二升曰觚散文即通觚亦稱爵以此言之此觚即前爵周公作經嫌易之故復言觚也引大射禮者此經直有主人降又云主人東面對不辨主人立處又無少進之文大射先行燕禮與此同故引以爲證賓坐取觚奠于篚下盥洗【注】篚下篚南主人辭洗【注】謙也今文無洗賓坐奠觚于篚興對卒洗及階揖升主人升拜洗如賓禮賓降盥主人降賓辭降卒盥揖升酌膳執冪如初以酢主人于西階上主人北面拜受爵賓主人之左拜送爵【注】賓

既南面授爵乃之左【疏】【注】釋曰：鄭云賓既南面授爵乃之左。鄭知南面授爵與主人者，以經言主人北面拜受爵，明賓於東楹之西東面酌膳訖，向西階南面授主人可知。授爵訖，乃之主人之左北面拜送爵，故鄭云南面授爵乃之左也。主人坐祭，不啐酒。【注】辟正主也。未薦者，臣也。【疏】【注】釋曰：案鄉飲酒、鄉射，皆是正主，經直云祭如賓禮，亦不見有啐酒之事，未知正有啐不。此云不啐，辟正主者，案文可知。以燕禮、大射啐酒告旨並不爲者，經云不啐酒不告旨，並言不。鄉飲酒、鄉射直云不告旨，不言不啐酒，明主人啐矣。有司徹儐尸之禮，尸酢主人，云席末坐啐酒。犆牲、少牢尸酢主人，主人皆有啐酒，是其雖不告旨，唯有啐酒之事。云未薦者臣也者，對賓禮獻訖則薦脯醢，此主人是臣，故獻訖不薦，至獻大夫下，胥薦主人于洗北是也。不拜酒，不告旨。【注】主人之義。【疏】【注】釋曰：賓有拜酒告旨，但告旨者，賓拜訖，向主人告酒美。鄉飲酒、鄉射正主人不拜酒不告旨，主人無自告美，故此主人代君爲主，不得直云主人，故云主人之義。遂卒爵，興，坐奠爵，拜，執爵興。賓荅拜。主人不崇酒。以虚爵降。奠于篚。【注】崇，充也。不以酒惡謝賓，甘美君物也。賓降，立于西階西。【注】既受獻矣，不敢安盛。射人升賓，賓升，立于序內，東面。【注】東西牆謂之序。大射禮曰：擯者以命升賓。【疏】【注】釋曰：東西牆謂之序者，爾雅文。引大射禮者，證此經云射人升賓之時，以得君命。○主人盥，洗象觚，升實之，東北面獻于公。【注】象觚，觚有象骨飾也。取象觚者，東面。【疏】釋曰：自此下盡奠于膳篚，論主人獻公之事。【注】釋曰：云取象觚者東面者，以膳篚南有臣之篚，不得北面取，又不得南面背君取，從西階來，不得篚東西面取，以是知取象觚者東面也。公拜受爵。主人降自西階，阼階下北面拜送爵。士薦脯醢，膳宰設折俎。升自西階。【注】薦，進也。大射禮曰：宰胥薦脯醢，由左房。【音義】胥，音須。又思敘反【疏】【注】釋曰凡此篇內公應先拜者皆後拜之尊公故也是以下舉旅行酬皆受酬者先拜公乃荅拜此公先拜受爵者受獻禮重故也是以下云主人受公酢得酌膳燕主歡故也大射主人受公酢酌散者辯尊卑故也云士薦脯醢膳宰設折俎者案前獻賓薦脯醢膳宰及設折俎皆使膳宰者賓卑故也今於公士薦脯醢膳宰設折俎異人以其士尊於膳宰君尊故使士薦必知士尊於膳宰者以其諸侯膳宰當天子膳夫上士二人諸侯降等膳宰則卑故下記云羞膳者與執羃者皆士也鄭注云尊君也膳宰卑於士是其士尊也大射主於射略於飲酒故公及賓同使宰胥薦脯醢庶子設折俎此燕禮燕私主於羞故賓之薦俎庶羞同使膳宰君之脯醢庶羞同使士尊官爲之大射必使庶子設折俎者案周禮庶子下大夫大射序尊卑變於燕禮故尊官爲之引大射禮者證此經脯醢從左房而來天子諸侯有左右房故得言左房大夫士無右房故言東房而已

公祭如賓禮膳宰贊授肺不拜酒立卒爵坐奠爵拜執爵興【注】凡異者君尊變於賓也【疏】【注】釋曰云凡異者君尊變於賓也者云凡非一

謂膳宰贊授肺，坐卒爵。又上文士爲酬，皆是賤於賓，故言凡以廣之。主人答拜，升受爵，以降，奠于膳篚。〇更爵洗，升酌膳酒以降，酢于阼階下，北面坐奠爵，再拜稽首。公答再拜。【注】更爵者，不敢襲至尊也。古文更爲受。【疏】釋曰：自此以下盡主人奠爵于篚，論主人受公酢之事。主人受公酢而自酌者，不敢煩公，尊君之義。【注】釋曰：獻君自酢同用觚，必更之者，襲，因也，不敢因君之爵。喪服傳云：君至尊也。故以君爲至尊也。主人坐祭，遂卒爵，再拜稽首。公答再拜。主人奠爵于篚。〇主人盥洗，升，媵觚于賓，酌散，西階上坐奠爵，拜賓。賓降筵，北面答拜。【注】媵，送也。讀或爲揚，揚，舉也。酌散者，酌方壺酒也。於膳爲散。今文媵皆作騰。【音義】媵，以證反。散，思旦反。注及下同。【疏】釋曰：自此盡東南面立，論主人酬賓之事。案前受獻訖，立于序内以來，未有升筵之事。案鄉飲酒大射。酬時皆主人西階上坐奠爵拜。賓西階上北面答拜。酬前賓皆無逆在席者。又以下文賓奠于薦東。賓降筵西東南面立。以此約之。則此無升筵之事。或言降筵者蓋誤。注釋曰。云媵送也讀或爲揚揚舉也者。案禮記檀弓下云。知悼子卒。未葬。平公飲酒師曠李調侍。鼓鍾。杜蕢自外來。升酌曰曠飲斯。又酌曰調飲斯。注云皆罰。平公曰寡人亦有過焉。酌而飲寡人杜蕢洗而揚觶。注云。舉爵於君也。禮揚作媵。揚舉也。媵送也。揚近得之。若然。此注今文媵作騰。騰與媵皆是送義。讀從檀弓杜蕢揚觶之揚。揚訓爲舉義。騰與媵決。故讀從之也。

主人坐祭。遂飲。賓辭。卒爵拜。賓答拜。注辭者辭其代君行酒。不立飲也。此降於正主酬也。疏注釋曰。案鄉飲酒鄉射。主人酬賓皆坐卒觶。此主人酬賓亦坐飲。賓辭之者。上文獻君。君立卒爵。此主人代君酬賓。亦宜立飲。今主人坐祭。遂飲。故鄭云辭者辭其代君行酒不立飲。云此降於正主酬也者。正主謂鄉射飲酒正主酬處。

主人降洗。賓降。主人辭降。賓辭洗。卒洗。揖升。不拜洗。注不拜洗酬而禮殺[音義]殺所界反主人酌膳賓西階上拜[注]拜者拜其酌也受爵于筵前反位主人拜送爵賓升席坐祭酒遂奠于薦東[注]遂者因坐而奠不北面也奠之者酬不舉也[疏]釋曰自此至薦東此爲酬賓若然案鄉飲酒鄉射主人酬賓皆主人實觶席前北面賓始西階上拜此及大射主人始酌膳時賓已西階上拜者以其燕禮大射皆是主人代君勸酒其賓是臣急承君勸不敢安暇故先拜也主人又不坐奠於薦西賓祭訖遂南面奠於薦東不北面奠也主人降復位賓降筵西東南面立[注]賓不立於序內位彌尊也位彌尊者其禮彌卑記所謂一張一弛者是之類與[音義]弛尸氏反與音餘[疏][注]釋曰云賓不立于序內位彌尊也位彌尊者其禮彌卑者案上賓初得獻降升之時序內立是不敢近賓席只是禮尊而賓卑至此酬訖立於席西是賓位彌尊禮漸殺故云彌卑也云記所謂一

張一弛者禮記雜記文案彼孔子謂子貢黨正飲酒百日之蜡一日之澤以弓弩喻是一張一弛之法此獻時爲盛是一張也酬時爲殺是一弛也無正文故云是之類與言與以疑之○小臣自阼階下請媵爵者公命長【注】命長使選卿大夫之中長幼可使者【音義】長丁丈反【疏】注釋曰自此盡公荅再拜論使下大夫媵爵於公之事此旅酬從公而起故須大夫之中長幼可使者知非卿大夫最長而云長幼可使者案下文大夫長升受旅是長幼次第非專取長則此命長亦非最長是長幼之中可使者也小臣作下大夫二人媵爵【注】作使也卿爲上大夫不使之者爲其尊【疏】注釋曰案王制上大夫卿是卿爲上大夫云不使之者爲其尊者謂若主人與賓使下大夫不使卿之類也媵爵者阼階下皆北面再拜稽首公荅再拜【注】再拜稽首拜君命也媵爵者立于洗南西面北上序進盥洗角觶升自西階序進

酌散交于楹北降阼階下皆奠觶再拜稽首執觶興公答再拜【注】序次第也猶代也楹北西楹之北也交而相待於西階上既酌右還而反往來以右爲上【疏】釋曰西面北上者是末盥相待之位序進盥則北面向洗【注】釋曰云楹北西楹之北也者二大夫盥手洗爵訖先者升西階由西楹之北向東楹之西東面酌酒訖右還由西楹北向西階上北面後者升西階亦由西楹之北向東楹之西酌酒訖亦由西楹之北西階上北面相待乃次第而降故云交而相待於西階之上既酌右還而反往來以右爲上云以右爲上者謂在洗南西面及階上北面皆先者在右道尊右故也媵爵者皆坐祭遂卒觶興坐奠觶再拜稽首執觶興公答再拜媵爵者執觶待于洗南【注】待君命也【疏】【注】釋曰云執觶待于洗南待君命者以其君尊臣卑雖自飲訖猶執觶待于洗南以待君命也小臣請致者【注】請使一人與二

人與優君也。[疏][注]釋曰：案下二人俱致，禮法當然，是以不敢必君舉也，故云一人與、二人與，取君進止，是優君也。

若君命皆致，則序進，奠觶于篚，阼階下皆再拜稽首，公答再拜。媵爵者洗象觶，升實之，序進，坐奠于薦南，北上。降，阼階下皆再拜稽首，送觶，公答再拜。[注]序進，往來由尊北，交于東楹之北，奠于薦南，不敢必君舉也。大射禮曰「媵爵者皆退反位」。[疏][注]釋曰：云「序進，往來由尊北，交于東楹之北」者，前二人酌酒，降自西階，故交于西楹之北。此酌酒奠于君所，故交于東楹之北。交于東楹北者，以其酒尊所陳在東楹之西，西向而陳，其尊有四，并執冪者在南，不得南頭以之君所，又唯君面尊，尊東西面酌酒，以背君。故先酌者東面酌訖，由尊北，又於楹北往君所，奠訖，右還而反。後酌者亦於尊北，又於楹北，與反者相交。先者於南西過，後者於北東行，奠訖，亦右還而反，相隨降自西階。云「奠于薦南，不敢必君舉也」者，案鄉飲、鄉射皆云奠者於左，將舉者於右。是鄉飲酒一人舉觶及二人舉觶皆奠于薦右。今言媵爵於公，是將舉旅，當奠於薦右，而奠於薦左，故云不敢必君舉也。引大射禮者，此經二人階下再拜稽首送觶，無反位之文，故引大射媵爵者皆退反門右北面位

○公坐取大夫所媵觶，興以酬賓，賓降西階下再拜稽首。公命小臣辭，賓升成拜。

注　興以酬賓，就其階而酬之也。升成拜，復再拜稽首也。先時君辭之，於禮若未成然。

疏　釋曰：自此至奠于篚，論公爲賓舉旅之節。公坐取大夫所媵觶者，取上楹北觶。

注　釋曰：云興以酬賓，就其階而酬之也者，經但云興以酬賓，鄭知公就西階者，以其賓降拜不於阼階下，而言西階下，故知公在賓西階上也。不言西階者，以公尊，注其文也。云升成拜，復再拜稽首也，先時君辭之，於禮若未成然者，凡臣於君燕爲賓，與君相酬，受爵不敢拜於堂上，皆拜於堂下。若君辭之，聞命即升。若堂下拜訖，君辭之，即升堂復再拜稽首。所以然者，以堂下再拜而君辭之，若未成然，故復升堂再拜稽首以成之。升則不云

再拜稽首注云成拜以堂下既有再拜稽首則此文是
也若堂下未拜之間聞命則升升乃再拜稽首則不得
升成拜以其堂下未拜即下經云小臣辭賓升再拜稽
首鄭注不言成拜者爲拜故下實未拜是也凡臣拜於
君有三等初受獻拜於堂下或親辭或遣小臣辭成與
不成如上說至於酬酒雖下堂拜未即拜待君辭即此
下經云公坐奠觶荅再拜執觶興立卒觶賓下拜小臣
辭賓升再拜稽首注云不言成拜者爲拜故下實未拜
也下不輒拜禮殺也此篇末無算爵受公賜爵者皆
下席堂上拜稽首不堂下拜者禮末又輕於酬時公
坐奠觶荅再拜執觶興立卒觶賓下拜小臣辭賓升再
拜稽首【注】不言成拜者爲拜故下實未拜也下不輒拜
禮殺也此賓拜于君之左不言之者不敢敵偶於君【疏】
【釋曰】云此賓拜於君之左不言之者不敢敵偶于君
者上云公醻賓于西階上則此賓升再拜者拜于君之
左可知經不言拜于君之左者若言再拜于君之左則
臣與君敵偶故鄭云不言之者不敢敵偶于君闕其文

也

公坐奠觶，答再拜，執觶興。賓進受虛爵，降奠于篚，易觶洗。

【注】君尊不酌故也。凡爵不相襲者也。於尊者言更，自敵以下言易。更作新，易有故之辭。進受虛爵，尊君也。不言公酬賓於西階上及公反位者，亦尊君，空其文也。

【疏】注釋曰：云「君尊不酌故也」者，以其君酬賓，當親酌以授賓，今賓爵自酌者，君尊不酌，與臣故也。云「凡爵不相襲者也，於尊者言更，自敵以下言易」者，於尊者言更，謂受尊者之爵及與尊者爵，皆言更。上文主人獻公訖，受爵以降，奠于篚，更爵洗，酌膳以自酢，是受尊者之爵言更也。下文云賓酬卿，若膳觶也，則降更觶，鄭注云「言更觶，卿尊也」，是與尊者之爵言更。云「自敵以下言易」者，謂與卑者之爵及受卑者之爵皆云易。此文公酬賓云「賓進受虛爵，降奠于篚，易觶洗」，言易者，君尊，以公舉觶酬賓，是與卑者，故言易也。上文大夫二人媵爵于公者，卒觶，執觶待于洗南，小臣請致者，若君命皆致，則序進，奠觶于篚，阼階下再拜稽首，媵爵者洗象觶，升實之

乾隆四年校刊

序進坐奠于薦南。是受卑者之爵。合言易。而不言者。理自明。若不言易者。奠散觶。洗象觶。偏再拜稽首。故不復言易也。若然。主人受公酢。賓受公酬。二者之爵。皆從尊者來。所以受酢爲受尊者之爵言更。受酬爲與卑者之爵言易者。以其主人受酢。由己獻公。公報己。已所當得。是以爲受尊者之爵言更也。賓受公酬。以公舉媵觶就西階上以酬賓。特爲賓舉旅。故以爲尊者與卑者之爵言易。案下士舉旅。公坐取賓所媵觶。唯公所賜。受者如初受酬之禮。降更爵洗。升酌膳。彼亦是尊者與卑者之爵。不言易而言更者。旅酬下爲上。尊前人。故不言易而言更也。云更作新者。欲見此爵前人已用。今不復用。更新用一爵。故云更作新也。云易有故之辭者。言此爵我先嘗用。今由前人用後。己不用。易以他爵。故云易有故之辭也。案特牲賓長致爵于主人。主婦言更爵酢者。欲得嘉賓美客以事其先。故言更。少牢不儐尸。云致爵于主人主婦。賓易爵酢者。大夫禮尊于賓。有君道。故言易。若然。又案少牢不儐尸。主婦致爵于主人。主婦更爵酢。注云。更猶易也。若然。更與易似不別者。但更易不殊。以尊卑不同。故文有異。云不言公酬賓於西階及公反位者。亦尊君。空其文也者。以其公就西階。是降尊就卑。敬公不言降尊故空文不言公有命則不易不洗反升酌膳觶下拜小臣辭賓升再拜稽首【注】下拜下亦未拜凡下未拜有二或禮殺或君親辭君親辭則聞命即升升乃拜是以不言成拜【疏】【注】釋曰云凡下未拜有二或禮殺或君親辭云禮殺者謂若酬時下爲拜賓未拜辭之即升再拜稽首是也云或君親辭者謂若公食大夫云公拜至賓降西階東北面答拜公降一等辭賓升不拜直言階上北面再拜稽首是階下未拜不得言升成拜直言再拜稽首而已公答再拜【注】拜於阼階上也於是賓請旅侍臣【疏】【注】釋曰云於是賓請旅侍臣者案下記云凡公所酬既拜請旅侍臣鄭注云既拜謂自酌升拜時也擯者阼階下告於公還西階下告公許旅行也請行酒於羣臣必請者不專君惠也大射於此時賓請旅於諸臣此不言者文不具故記人辨之賓以旅酬於西階上【注】旅序也以次序勸卿大夫飲酒【疏】釋曰此經論旅

酬先尊後卑之法。仍未行旅。下經射人作大夫長。乃始旅酬。射人作大夫長升受旅。【注】言作大夫則卿存矣。長者尊先而卑後。【疏】【注】釋曰。遣射人作大夫者。燕或射。故使之。云言作大夫則卿存矣者。以其卿稱上大夫。言大夫長。故知卿亦存在作中矣。云長者尊先而卑後者。賓則旅三卿。三卿偏。次第至五大夫。大夫偏。不及士。賓大夫之右坐奠觶。拜執觶興大夫答拜。【注】賓在右者。相飲之位。【音義】飲，於鴆反。

【疏】【注】釋曰。言賓在右者。賓在西階上酬卿。賓與卿並北面。賓在東。卿在西。是賓在大夫之右。賓位合在西。今在東。故云賓在右者。相飲之位也。賓坐祭立飲卒觶不拜。【注】酬而禮殺。【疏】【注】釋曰。此對酢之時。坐卒爵拜既爵。是禮盛。今旅酬立卒觶不拜既爵。故云禮殺也。若膳觶也。則降更觶洗升實散大夫拜受賓拜送。【注】言更觶。卿尊也。【疏】【注】釋曰。案上文體例。與卑者之爵稱易。與尊者之爵稱更。雖立爲賓。仍是大夫爲之。是賓卑於卿故言更觶者卿尊也大夫辯受酬如受賓酬之禮不祭卒受者以虛觶降奠于篚【注】卒猶後也大射禮曰奠于篚復位今文辯皆作徧【音義】辯音徧【疏】【注】釋曰言不祭者亦是酬禮殺也引大射禮者此經云降奠于篚不言反位故引大射奠爵於篚訖當復門右北面位○主人洗升實散獻卿于西階上【注】酬而後獻卿別尊卑也飲酒成於酬也【音義】別彼列反【疏】釋曰自此盡無加席論主人獻孤卿之節【注】釋曰此酬非謂尋常獻酬乃是君爲賓舉旅行酬以其主人獻君君酢主人主人不敢酬君故使二大夫媵爵于公以當酬處所以還復獻也但君恩既大爲賓舉旅飲酒之禮成於酬故酬辯乃獻卿以君尊卿卑是以君禮成卿乃得獻故云別尊卑也司宮兼卷重席設于賓左東上【注】言兼卷則每卿異席也重席重蒲筵緇布純也卿坐東上統於君也席自房來【音

【義】卷。居遠反。重直容反。【疏】【注】釋曰。此經設三卿之席在於賓東。言兼卷則每卿異席也者。若三卿同席。則直云卷重席。不須言兼。今云兼卷。則兼三卿重席皆卷之。故知每卿皆異席也。云重席重蒲筵者。案公食大夫記云。司宮具几。與蒲筵常。緇布純。加萑席尋。玄帛純。彼爲異國之賓。有蒲筵萑席兩重席。故稱加。上小臣設公席與公食大夫席及賓皆稱加。亦是兩重席。兩重而稱加。此燕己臣子。一種席重設之。故不稱加。若然。案鄉飲酒云。席于賓東。公三重。大夫再重。公升如賓禮。大夫則如介禮。有諸公則辭加席。鄉射亦云。大夫辭加席。案彼二文雖稱加。上文云三重再重。則無異席。故彼記直云蒲筵。彼云加者。以上席加於下席。故鄭彼云。加席上席也。故此下注云。重席雖非加。猶爲其重累去之。是其一種席也。云卿坐東上統於君也者。決鄉飲酒鄉射諸公大夫席于尊東西上。彼遵尊於主人。故鄭注云統於尊。此爲君尊。故統於君而東上也。云席自房來者。案公食記云。宰夫筵出自東房。故知也。

卿升拜受觚。主人拜送觚。卿辭重席。司宮徹之。【注】徹猶去也。重席雖非加。猶爲其重累去之。辟君也。【音義】去起呂反。【疏】【注】釋曰。云重席雖非加猶爲其重累去之辟君也者。案鄉射云。大夫辭加席之等。皆是異席而辭之。此重席重蒲筵。不合辭。以君有加席兩重。故辭之以辟君。乃薦脯醢。卿升席坐。左執爵。右祭脯醢。遂祭酒。不啐酒。降席。西階上北面坐。卒爵。興。坐奠爵。拜。執爵。興。主人答拜。受爵。卿降復位。【注】不酢。辟君也。卿無俎者。燕主於羞。【疏】釋曰。此爲卿薦脯醢不言其人。略之。故下記辨之云。羞卿者小膳宰是也。【注】釋曰。案上主人獻公。主人酢于阼階下。此卿不酢。故決之。云卿無俎者。燕主於羞者。決大射庶子設俎。辨尊卑。故與此異。辯獻卿。主人以虛爵降奠于篚。【注】今文無奠于篚。射人乃升卿。卿皆升就席。若有諸公。則先卿獻之。如獻卿之禮。【注】諸公者。謂大國之孤也。孤一人。言諸者。容牧有三監。【音義】先悉薦反。【疏】【注】釋曰。云諸公者，謂大國之孤也。知者，周禮典命云公之孤四命，侯伯已下不言孤，故據大國而言。云孤一人者，鄭司農注典命云上公得置孤卿一人，後鄭從之，故此亦云孤一人，與司農義同。云言諸者容牧有三監者，以其言諸非一人。案王制云天子使其大夫爲三監，監於方伯之國，國三人。彼是殷法，用之周制，使伯佐牧不置監，周公制禮因殷不改者，若士冠醮用酒之類，故鄭云容，言容有異代之法。據周禮天子大夫四命，與孤等，故同稱云。

席于阼階西，北面，東上，無加席。注 席孤北面，爲其大尊屈之也。亦因阼階西位近君，近君則屈，親寵苟敬私昵之坐。音義 大音泰。近，附近之近。私昵，女乙反。坐，才臥反。疏 注釋曰：案上文卿初設重席，辭之，乃徹。此孤北面初無加席者，皆是爲大尊屈之也。云親寵苟敬私昵之坐者，案下記云賓爲苟敬，席于阼階之西，以爲敬。此孤亦席於阼階之西，故爲苟敬私昵之坐也。

○小臣又請媵爵者二大夫媵爵如初。注 又，復。疏 釋曰：自此至送觶公答再拜，論一人致爵于公之事。云二大夫媵爵如初者如上二人媵爵媵爵者阼階下皆北面再拜稽首公答再拜媵爵者立于洗南西面北上序進盥洗角觶升自西階序進酌散交于楹北降阼階下皆奠觶再拜稽首執觶興公答再拜媵爵者皆坐祭遂卒觶興坐奠觶再拜稽首執觶興公答再拜媵爵者執觶待于洗南相似也故言二大夫媵爵如初也

請致者若命長致則媵爵者奠觶于篚一人待于洗南長致致者阼階下再拜稽首公答再拜【注】命長致者公或時未能舉自優暇也【疏】【注】釋曰上文小臣請媵爵則此請致者亦小臣也云命長致者公或時未能舉自優暇也者脫屨升坐以前公為賓為卿為大夫二舉旅也燕禮之正不得損益而云公或時未能舉自優暇者正謂周公作經以優之非實也故云若命長致言若者不定之辭優君之義故唯命長致不然似當言皆致以其三舉旅唯有此三觶故也

洗象觶升實之坐奠于薦南降與立于洗南者二人皆再拜稽首送觶公答再拜【注】奠于薦

南者於公所用酬賓觶之處。二人俱拜，以其共勸君。【音義】處，昌慮反。【疏】【注】釋曰：云奠于薦南者，於公所用酬賓觶之處者，案前大夫二人媵觶，奠于公薦南北上，其上觶已取為賓舉旅，下觶仍在。今大夫又媵一觶，而云奠于薦南，明知是所用酬賓觶之處。云二人俱拜，以其共勸君者，上云媵爵者二大夫媵爵如初，是共勸君酒。今始命長致，故俱拜，以其共勸君故也。○公又行一爵，若賓若長，唯公所酬。【注】一爵，先媵者之下觶也。若賓若長，則賓禮殺矣。長，公卿之尊者也。賓則以酬長，長則以酬賓。【疏】釋曰：自此至奠于篚，論為卿舉旅之事。【注】釋曰：知一爵是先媵者之下觶者，以其前大夫二人媵爵皆奠于薦南，以其上觶者已為賓舉旅，今又行一爵，故知先媵者之下觶也。其後媵一觶者爾之，後為大夫舉旅也。云若賓若長則賓禮殺矣者，前為賓舉旅，不云若賓若長，專為賓，禮盛。至此為卿舉旅，不專為賓舉旅，科從其一，是賓禮殺也。云長公卿之尊者也者，有諸公，公為尊；若無諸公，三卿為尊。長中可以詠此二者。云賓則以酬長，長則以酬賓者，釋經若賓若長。言若不定，或先或後，故兩言之。以旅于西階上，如初。大夫卒受者以虛觶降，奠于篚。【疏】釋曰：云如初者，一如上爲賓舉旅之節。○主人洗，升，獻大夫于西階上。大夫升，拜受觶。主人拜送觶。大夫坐祭，立卒爵，不拜既爵。主人受爵，大夫降復位。【注】既，盡也。不拜之者，禮又殺。【疏】釋曰：自此盡皆升就席，論獻大夫之儀。【注】釋曰：云不拜之者，禮又殺者，前卿受獻不辭，辟君也，是禮殺。今大夫受獻不但不辭洗，又不拜既爵，故云禮又殺。胥薦主人于洗北，西面，脯醢，無脀。【注】胥，膳宰之吏也。主人大夫之下，先大夫薦之，尊之也。不於上者，上無其位也。脀，俎實。【音義】脀之承反。【疏】【注】釋曰：云胥，膳宰之吏也者，案周禮有府史胥徒，鄭注天官：胥讀如諝，謂其有才知，爲什長，是庶人在官者。所羞薦者皆膳宰，胥是膳宰

乾隆四年校刊

之東。云主人大夫之下先大夫薦之尊之也者，案大射注直云主人大夫，不云下。此云大夫之下者，謂大夫之中，位次在下。下經云辯獻大夫乃薦，此薦文在上，是先大夫薦之尊之也。云不於上者，上無其位也者，案此燕禮，大夫堂上，士在下。獨此宰夫言堂上無位者，以其主人位在阼階，君已在阼，故主人辟之，位在下。是以大射注云不薦於上辟正主也。云脀俎實者，脀者升也，謂升特牲體於俎，故云俎實也。

辯獻大夫，遂薦之，繼賓以西，東上。注 徧獻之乃薦，略賤也。亦獻而后布席也。疏 注釋曰：凡大夫升堂受獻，得獻訖，即降。獻徧不待大夫升，遂薦於其位。大夫始升，故言遂也。云偏獻之乃薦，略賤也者，決上卿與賓得獻即薦貴故也。云亦獻而後布席也者，亦上獻卿之時，司宮兼卷重席設於賓左。此大夫不言設席，明亦得獻後即布席也。若然，案大射席小卿賓西東上，注云席於賓西，射禮辨貴賤也。以此言之，燕禮主歡，不辨貴賤。小卿與人卿皆在賓東，故此賓西無小卿位。

卒，射人乃升大夫，大夫皆就席。○席工于西階上，少東。樂正先升，北面立于其西。注 工，瞽矇歌諷誦詩者也。凡執技藝者稱工。少牢饋食禮曰：皇尸命工祝。樂記曰：師乙曰：乙賤工也。樂正，于天子樂師也。凡樂掌其序事，樂成則告備。疏 釋曰：自此至降復位，論作樂之事。此上下作樂之中有四節：升歌一，笙二，閒三，合樂四。注 釋曰：工，瞽矇歌諷誦詩者也者，案周禮瞽矇掌播鼗、諷誦詩。鄭云：諷誦詩，謂闇讀之，不依詠也。彼不依琴瑟闇讀之，即爾雅徒歌曰謠。此作樂之時依於琴瑟，即詩注云曲合樂曰歌。一也。故下云工歌鹿鳴之類是也。云凡執技藝者稱工者，執技藝文出於王制。但能其事者皆稱工，是以引少牢饋食祝稱工，樂記師乙爲大師樂官亦稱工。至於冬官巧作者皆稱工。云樂正于天子樂師也，知樂正與樂師相當者，案周禮樂師職云：凡樂成則告備。此樂正告樂備，故知樂正當天子樂師。樂師下大夫四人，上士八人，下士十有六人。樂師大小多矣。此諸侯樂正亦有大小之名也。故大射云小樂正從之，鄭注云：小樂正於天子樂師也。是其諸侯樂正雖有大小，當天子樂師。知大樂正不

乾隆四年校刊

當天子大司樂者以其天子大司樂不告樂備故不得以大樂正當之但大射主於射略於樂故小樂正告樂備此燕主歡心故大樂正告樂備故不同小臣納工工四人二瑟小臣左何瑟面鼓執越內弦右手相入升自西階北面東上坐小臣坐授瑟乃降注工四人者燕禮輕從大夫制也面鼓者燕尚樂可鼓者在前也越瑟下孔也內弦弦爲主也相扶工也後二人徒相天子大僕二人也小臣四人祭僕六人御僕十二人皆同官音義何胡我反相息亮反疏釋曰工四人者燕禮輕從大夫制也者鄭言此者決大射禮重工六人從諸侯制案公羊傳諸公六諸侯四若然知非大射是諸公制此燕禮是諸侯制者案鄉射皆工四人是大夫制則諸侯不得有工四人五等諸侯同六人彼公羊六人四人不同者自是舞人之數不得以彼決此也云面鼓者燕尚樂可鼓者在前也者此決鄉飲酒左何瑟

後首臣降於君故也。引天子大僕二人也者，周禮序官文，引之者，此經小臣相工，大射云：僕人正徒相大師，僕人師相少師，僕人士相上工。僕人以下同官，既多，遞換相工，但大射辨尊卑，故僕人正等相工；此燕禮輕，故小臣相工，是以引周禮同官人多得相參之意。

工歌鹿鳴、四牡、皇皇者華。注三者皆小雅篇也。鹿鳴，君與臣下及四方之賓宴，講道脩政之樂歌也。此采其己有旨酒，以召嘉賓，嘉賓既來，示我以善道，又樂嘉賓有孔昭之明德，可則效也。四牡，君勞使臣之來樂歌也。此采其勤苦王事，念將父母，懷歸傷悲，忠孝之至，以勞賓也。皇皇者華，君遣使臣之樂歌也。此采其更是勞苦，自以爲不及，欲諮謀於賢知而以自光明也。音義效，户教反。更，音庚。知，音智。疏注釋曰：此經歌詩之類，鄭於鄉飲酒已注，此注

乾隆四年校刊

與彼同。但此燕禮歌小雅，亦合鄉樂，下就卑也。鄉飲酒升歌鹿鳴之等，饗或上取，故彼此詩同，注亦不異也。

卒歌，主人洗，升獻工，工不興，左瑟，一人拜受爵，主人西階上拜送爵。注 工歌乃獻之，賤者先就事也。左瑟，便其右。一人，工之長者也。工拜於席。音義 便，婢面反。疏 注「工歌乃獻之賤者先就事也」。釋曰：此歌詩是其事，先施功勞，乃始獻之，是賤者先就事。對工以上不就事而得獻也。故大射注云「工歌而獻之，以事報之」是也。云「左瑟便其右」者，工北面，以西爲左，空其右受獻，便者。酒從東楹之西來，故以右爲便。案大射云「獻工，工左瑟」，鄭注云「大師無瑟，於是言左瑟者，節也」。以其經云「僕人正徒相大師」，大師無瑟，言大師左瑟者，爲飲酒之節。此與鄉飲酒同，無所分別，大師或瑟或歌，是以不得言節也。案鄉飲酒，大師則爲之洗，則衆工不洗也。此經主人洗升獻工，不辨大師與衆工，則皆爲之洗爵。又案鄉飲酒記「不洗者不祭」，此篇與大射，羣工與衆笙皆言祭，故知皆爲之洗。云「工拜於席」者，以經云「工不興左瑟」，即云「一人拜受爵」，不見有降席之

吴云此公三舉觶疑在設工席之前錯簡在此

文。明工拜於席可知。薦脯醢。【注】輒薦之，變於大夫也。【疏】【注】釋曰：案上獻大夫之時，云辯獻大夫遂薦之，鄭注云：徧獻之乃薦，略賤也。此獻工之長一人，即薦脯醢，非謂貴工即獻之，正是禮尚異，變於大夫也。使人相祭。【注】使扶工者相其祭薦祭酒。【疏】【注】釋曰：上云小臣相工，則此扶工相祭是小臣也。此據相長一人。又承受爵薦脯醢之下，故知祭薦脯醢及祭酒二事。對下眾工祭酒不祭脯醢也。卒爵不拜。【注】賤不備禮。主人受爵。【注】將復獻眾工也。眾工不拜受爵，坐祭，遂卒爵，辯有脯醢，不祭。主人受爵，降奠于篚。【注】遂，猶因也。古文曰卒爵不拜。

○公又舉奠觶，唯公所賜，以旅于西階上，如初。【注】言賜者，君又彌尊，賓長彌卑。【疏】【注】釋曰：此燕尚飲酒，故工歌之後，笙奏之前，而爲大夫舉旅。大射雖行燕禮，主於射，故笙奏貍首三射畢，乃爲大夫舉旅。云言賜者，君又彌尊，賓長彌卑者，案上爲賓舉旅。直云公與以酬賓。賓爲卿舉旅。而云若賓若長。言若不定。科酬其一。不專爲賓。是君禮漸尊。賓禮漸殺。雖然。猶言酬。至此言唯公所賜者。以上下言之。是若又彌尊。賓長彌卑也。卒。【注】旅畢也。【疏】注釋曰。言旅畢者。謂爲大夫舉旅酬行於西階之上。或從賓。或從卿。次第盡大夫。故云旅畢也。○笙入立于縣中。奏南陔白華華黍。【注】以笙播此三篇之詩。縣中。縣中央也。鄉飲酒禮曰。磬南北面。奏南陔白華華黍。皆小雅篇也。今亡。其義未聞。昔周之興也。周公制禮作樂。采時世之詩以爲樂歌。所以通情相風切也。其有此篇明矣。後世衰微。幽厲尤甚。禮樂之書。稍稍廢棄。孔子曰。吾自衛反魯。然後樂正。雅頌各得其所。謂當時在者而復重襍亂者也。惡能存其亡者乎。宋正考父校商之名頌十二篇于周大師。歸以祀其先王。至孔子二百年之閒。五篇而已。此其信也。〔音義〕陔古才反。風方鳳反。重直用反。惡音烏。父音甫。今按說見鄉飲酒篇。〔疏〕〔注〕釋曰。此笙奏南陔白華華黍三篇等。經注與鄉射同。亦不復重釋。但此云笙入立于縣中。以其諸侯軒縣。闕南面而已。故得言縣中。鄉飲酒唯有一磬縣而已。不得言縣中。而云磬南。注引鄉飲酒者。欲見此雖軒縣。亦立近縣之南北面也。

主人洗。升獻笙于西階上。一人拜盡階。不升堂受爵。降。主人拜送爵。階前坐祭。立卒爵。不拜。既爵。升授主人。〔注〕一人。笙之長者也。鄉射禮曰。笙一人拜于下。〔疏〕〔注〕釋曰。引鄉射禮者。證笙一人拜。此與鄉飲酒皆直云一人拜。不言拜于下。故鄉飲酒與此注皆引鄉射以爲證。欲見拜者拜於階下。衆笙不拜受爵。降。坐祭。立卒爵。辯有脯醢。不祭。〔疏〕釋曰。言不拜受爵降者。於階下受爵者。亦盡階不升堂。云辯有脯醢者。亦獻訖薦于位之前。乃間歌魚麗，笙由庚；歌南有嘉魚，笙崇丘；歌南山有臺，笙由儀。注 間，代也，謂一歌則一吹也。六者皆小雅篇也。魚麗言太平年豐物多也，此采其物多酒旨，所以優賓也。南有嘉魚言太平君子有酒，樂與賢者共之也，此采其能以禮下賢者，賢者纍蔓而歸之，與之宴樂也。南山有臺言太平之治，以賢者爲本也，此采其愛友賢者，爲邦家之基，民之父母，既欲其身之壽考，又欲其名德之長也。由庚、崇丘、由儀今亡，其義未聞。音義 間，閒廁之閒。麗，力知反。下，遐嫁反。纍，力追反。蔓，音萬。治，直吏反。長，如字。疏 注 釋曰：此經注一與鄉飲酒同，彼已釋訖，不復重解。遂歌鄉樂：周南關雎、葛覃、卷耳，召南鵲巢、采蘩、采蘋疏周南召南國風篇也王后國君夫人房中之樂歌也關雎言后妃之德葛覃言后妃之職卷耳言后妃之志鵲巢言國君夫人之德采蘩言國君夫人不失職也采蘋言卿大夫之妻能修其法度也昔大王王季居於岐山之陽躬行召南之教以興王業及文王而行周南之教以受命大雅云刑于寡妻至于兄弟以御于家邦謂此也其始一國爾文王作邑于豐以故地爲卿士之采地乃分爲二國周周公所食也召召公所食也於時文王三分天下有其二德化被于西土是以其詩有仁賢之風者屬之召南焉有聖人之風者屬之周南焉

乾隆四年校刊

夫婦之道者，生民之本，王政之端。此六篇者，其教之原也。故國君與其臣下及四方之賓燕，用之合樂也。鄉樂者，風也。小雅爲諸侯之樂，大雅、頌爲天子之樂。鄉飲酒升歌小雅，禮盛者可以進取。燕合鄉樂者，禮輕者可以逮下也。春秋傳曰：「肆夏、繁遏、渠，天子所以享元侯也。文王、大明、緜，兩君相見之樂也。」然則諸侯之相與燕，升歌大雅，合小雅也。天子與次國、小國之君燕，亦如之。與大國之君燕，升歌頌，合大雅。其笙閒之篇未聞。

[音義] 雎，七徐反。覃，大南反。召，上照反。蘋，音頻。與王，如字。采，七代反。被，皮寄反。

[疏] 釋曰：云「遂歌鄉樂」者，鄉飲酒云「乃合樂」，與此文不同者，以其二南是大夫士樂。大夫士或作鄉大夫，或作州長，故名鄉大夫樂。鄉飲酒不言鄉樂者，以其

是己之樂。不須言鄉。故直言合樂。此燕禮是諸侯禮。下歌大夫士樂。故以鄉樂言之。又鄉飲酒注云。合樂謂歌與衆聲俱作。彼經有合樂之字故也。此經無合樂之字。故闕而不言。其實此歌鄉樂亦與衆聲俱作。是以彼處解合爲歌與衆聲俱作耳。此歌而解合。明同也。【注】釋大曰。自周南以下。所注亦與鄉飲酒同。亦不復重釋。

師告樂正曰正歌備。【注】大師上工也。掌合陰陽之聲。教六詩。以六律爲之音者也。子貢問師乙曰。吾聞聲歌各有宜也。如賜者宜何歌也。是明其掌而知之也。正歌者。升歌及笙各三終。閒歌三終。合樂三終。爲一備。備亦成也。【疏】【注】釋曰。云大師上工也者。案春官大師下大夫二人。小師上士四人。又云。上瞽四十人。中瞽百人。下瞽百有六十人。注云。凡樂之歌必使瞽矇爲焉。命其賢知者以爲大師小師。已下三百人爲下工也。云掌合陰陽之聲教六詩以六律爲之音者也者。並大師職文。案彼云。掌六律六同以合陰陽之聲。注云。陽聲黃鍾大蔟、姑洗、蕤賓、夷則、無射。陰聲：大呂、應鍾、南呂、林鍾、中呂、夾鍾。又云：皆文之以五聲，宮、商、角、徵、羽，皆播之以八音，金、石、土、革、絲、木、匏、竹。又云：教六詩，曰風，曰賦，曰比，曰興，曰雅，曰頌，以六德爲之本，以六律爲之音。云「子貢問師乙」以下至「何歌也」，並樂記文。師乙，魯之大師，以掌樂事，故子貢問焉。引之者，證大師知樂節，故告歌備。故鄭云是明其掌而知之也。知升歌以下四節皆三終者，案禮記鄉飲酒義云：工入，升歌三終，主人獻之；笙入三終，主人獻之；間歌三終；合樂三終。工告樂備。故知皆三終。彼與此經間歌、合樂不獻之者，但間歌、合樂，還是始升歌、笙奏之前已得獻，故不復重獻。云「備亦成也」者，案周禮樂師職云：凡樂成則告備。故云亦成也。

樂正由楹內、東楹之東，告于公，乃降，復位。【注】言由楹內者，以其立於堂廉也。復位，位在東縣之北。【疏】注釋曰：言由楹內者，以其樂正與工俱在堂廉，則楹南無過處，故由楹內適東楹之東告于公。云「復位，位在東縣之北」者，案大射略於樂，小樂正升堂。經有左右正，則知亦有大樂正。至席，工於西階上少東，東面時，小樂正亦降立於其南北面。卒管，工向東坫之東南西面北上坐鄭注云於是時大樂正還北面立於其南臣位尊東明工升堂時小樂正升大樂正東方西面工來東坫之東南西面時大樂正東縣之北北面其小樂正則立於西階下東面此燕禮主於樂故知大樂正升堂今降明復於東縣之北北面也○射人自阼階下請立司正公許

射人遂爲司正【注】君許其請因命用爲司正君三舉爵樂備作矣將留賓飲酒更立司正以監之察儀法也射人俱相禮其事同【音】監古銜反　相息亮反【疏】釋曰自此盡皆反坐論立司正遂行所監之事【注】釋曰云君三舉爵者爲賓爲卿爲大夫舉旅云樂備作矣者歌笙間合四者備作各三終矣案鄉飲酒鄉射立司正後始行旅酬者彼是士饗禮饗禮之法莫問尊卑徧獻之後乃行旅酬此燕禮國君燕其臣子推一獻以辨尊卑故主人獻君而受酢主人卑不敢酬公獻之禮成於酬故使大夫媵觶於公當酬公君行大惠卽舉之酬賓賓得觶請旅諸臣爲卿大夫乃成一獻之禮復獻卿大夫皆爲之舉旅行酬皆成其獻但卿

乾隆四年校刊

大夫皆堂上有位，近君，不敢失禮，故雖舉旅行酬，而未立司正。作樂後，將獻羣士，士識舉位在堂下，將爲士舉旅，恐失禮，故未獻之前，即立司正監之，故不同也。

司正洗角觶，南面坐奠于中庭，升東楹之東受命，西階上北面命卿大夫：君曰以我安卿大夫。皆對曰：諾，敢不安。【注】洗奠角觶于中庭，明其事以自表威儀多也。君意殷勤，欲留賓飲酒，命卿大夫以我故安，或亦其實不主意於賓也。【疏】注釋曰：云洗奠角觶于中庭，明其事以自表威儀多也者，此奠觶于中庭威儀多，決鄉飲酒不奠，是以鄉飲酒作相爲司正，洗觶執以升自西階，是不奠威儀少也。云君意殷勤，欲留賓飲酒，命卿大夫以我故安者，以主人安客乃安，故欲安賓，先語卿大夫，以我意故須安也。云或亦其實不主意於賓者，鄭意兩解，前解立意爲賓，故使卿大夫爲賓安；或亦其實不專主爲賓，兼羣臣共安也。

司正降自西階，南面坐取觶，升酌散，降，南面坐奠觶，右還，北面少立，坐取觶，興，坐不祭，卒觶，奠之，興，再拜稽首。【注】右還，將適觶南，先西面也。必從觶西，爲君之在東也。少立者，自嚴正，慎其位也。【音義】爲，于僞反。【疏】【注】釋曰：右還將適觶南先西面也者，右還謂奠時南面，乃以右手向外而西面，乃從觶西南行而右還北面。云必從觶西爲君之在東也者，若從觶東而左還北面，則背君，以其君在阼故也。云自嚴正慎其位者，以司正監察，主爲使人嚴正謹慎，故先自嚴正謹慎也。左還，南面坐取觶，洗，南面反奠于其所。【注】反奠虛觶，不空位也。【疏】【注】釋曰：必使不空者，亦欲使衆人覩知司正嚴正之處。○升自西階，東楹之東，請徹俎，降。公許，告于賓，賓北面取俎以出。膳宰徹公俎，降自阼階以東。【注】膳宰降自阼階，以賓親徹，若君親徹然。【疏】【注】釋曰：云降自阼階以賓親徹若君親徹

然者臣之升降當西階今見賓親徹膳宰代君徹不降
西階而降自阼階當君降處故云若君親徹降自阼然
也。卿大夫皆降東面北上。【注】以將坐降待賓反也。【疏】釋曰
案大射云大夫降復位注云門東北面位不與卿同東
面位者彼卿有俎卿取俎以出故大夫不敢獨在西階
下故復門東北面位此燕卿無俎故大夫與卿同
降西階下東面北上位也【注】釋曰云以將坐降待賓反
者上文賓以俎出當反入升坐故卿大夫待賓反亦升坐也○賓反入及卿大夫皆
說屨升就席公以賓及卿大夫皆坐乃安。【注】凡燕坐必
說屨屨賤不在堂也禮者尚敬敬多則不親燕安坐相
親之心也【音義】說吐活反【疏】【注】釋曰凡在堂立行禮不說屨安坐則說屨故鄭云凡燕坐必
說屨以其屨在足賤不宜在堂陳於尊者之側也云禮
者尚敬敬多則不親燕安坐相親之心者左氏傳云饗
以訓恭儉設几而不倚爵盈而不飲燕以示慈惠饗在
廟立行禮是敬多則不親者也燕在寢以醉爲度是相

揖之心者也。若然。直云賓及卿大夫說屨。不云君降說屨則君說之屨在堂上席側。是以禮記少儀云排闔說屨於戶內者一人而已矣。彼據尊者坐在室。則尊者一人說屨在戶內。今此燕在堂上。則君尊說屨於席側可知也。羞庶羞。注謂膷肝膋狗胾醢也。骨體所以致敬也。庶羞所以盡愛也。敬之愛之。厚賢之道。音義膷。士戀反。膋。音遼。胾。壯吏反。疏注釋曰。案大射云。羞庶羞。注云。所進衆羞。謂膷肝膋狗胾醢也。或有炮鼈膾鯉。雉兔鶉鴽。大射先行燕禮。明與彼同。此注不言炮鼈已下。注文不具。鄭知有此物者。以經云庶羞。不唯二豆而已。案內則。爲肝膋。取狗肝一。幪之以其膋。濡炙之。舉燋其膋。不蓼。注云。膋。腸閒脂。此及大射。其牲皆用狗。故知有肝膋狗胾。知有炮鼈膾鯉者。詩云。吉甫燕喜。飲御諸友。炮鼈膾鯉。又內則及公食大夫。上大夫二十豆。雉兔鶉鴽。禮記王制云。庶羞不踰牲。此燕用狗。必可有此物而已。鄉飲酒鄉射亦有狗。但經直云羞。不云庶。是以鄭注云。胾醢。明二豆無餘物也。云骨體所以致敬也者。據未坐以前。庶羞所以盡愛。據說屨已後也。

大夫祭薦。注燕

乃祭薦。不敢於盛成禮也。疏注釋曰：不敢於盛成禮，謂未立司正之前，立行禮受獻之時，不祭脯醢。祭先，是成禮，不敢成禮於盛時。司正升受命，皆命君曰：無不醉。賓及卿大夫皆興，對曰：諾，敢不醉。皆反坐。注皆命者，命賓命卿大夫也。起對必降席。司正退立西序端。疏注釋曰：云起對必降席者，經云反坐，不云降，明起對必降席，既對乃反坐也。是以孝經云曾子避席曰參不敏，亦是起對也。知司正退立西序端者，此無降文，見鄉飲酒云司正升相旅，退立于序端東面，故知此亦然也。○

主人洗，升，獻士于西階上。士長升，拜受觶。主人拜送觶。注獻士用觶，士賤也。今文觶作觚。疏釋曰：自此盡立飲，論獻士之事。注釋曰：云獻士用觶士賤也者，對上大夫已上獻用觚，旅酬乃用觶，此獻士即用觶，故云士賤也。不從今文觚者，若從觚，與大夫已上同，異故不從。士坐祭，立飲，不拜既爵。其他不拜，坐祭立飲。注他謂衆士也。亦升受爵不拜。疏注釋曰。云他謂衆士也者。上云士長。則此士長之外皆衆士也。知亦升受爵者。以其士尊於筵之長。筵之長尚受爵於階上。明士得升堂受爵也。言不拜者。以其士長得拜。明衆士不拜也。乃薦司正與射人一人司士一人。執冪二人。立于觶南。東上。注天子射人司士皆下大夫二人。諸侯則上士。其人數亦如之。司正為上。疏釋曰。此等皆士而先薦者。以其皆有事。故先得薦。司士亦先薦者。案周禮。司士掌羣士爵祿廢置之事。士中之尊。故亦先得薦也。注釋曰。鄭引周禮序官。射人司士下大夫二人。約出此諸侯則上士者。天子官尊。諸侯降一等。以是諸侯射人司士得在士位中。云其人數亦如之者。案周禮序官。射人下大夫二人。上士四人。下士八人。皆名射人。則諸侯雖使士為之。人數亦等。以其畿外諸侯張三侯與天子同。故知射人之數亦同也。言此者。欲見射時射人有事非一。故下文注云。大射正射人之長。是以大射禮。大射正及小射正皆有事也。云司正為上者。雖同是士。以其爲庭長。故設在上。先薦之。此經三者當官雖多。皆取長先薦。其餘在於衆位依齒也。又士位在西。有事者别在鱓南北面東上也。

辯獻士。士既獻者立于東方西面北上。乃薦士。注 每已獻而卽位于東方。蓋尊之。畢獻薦于其位。疏 注釋曰。云卽位于東方蓋尊之者。以其庭中之位。卿東方西面。大夫北面。士西方東面。是東方尊。今卿大夫得獻。升堂位空。故士得獻。卽東方卿位。是尊之。今以無正文。故云蓋以疑之也。知畢獻薦之者。以其經云辯獻士。乃薦士。故知當畢獻後乃薦也。

祝史小臣師亦就其位而薦之。注 次士獻之。已不變位。位自在東方。疏 注釋曰。云次士獻之已不變位者。對先獻士。士卽變位鄉東方也。云位自在東方者。案上設位之時。祝史在門東。小臣在東堂下。是先在東方也。

主人就旅食之尊而獻之。旅食不拜受爵坐祭立飲。注 北面酌。南鄉獻之於尊南。不洗者。以其賤略之也。亦畢獻乃薦之。主人執虛爵奠于篚，復位。【音義】鄉，許亮反。【疏】【注】釋曰：云北面酌南鄉獻之於尊南者，案大射，旅食尊在西鑮之南，北面，則此主人在南亦北面，以陳尊向君。若然，盥之西，東向設尊，亦是向君爲正，彼酌者尊後東面酌，此亦尊後北面酌，南面獻之於尊南也。云不洗者，以其賤者，此乃庶人在官府史胥徒之輩，故云賤略之也。云亦畢獻乃薦之者，亦上文士，此畢獻乃薦，可知。云主人執虛爵奠于篚復位者，此約大射獻旅食者。云執虛爵奠於篚復位，故知也。

○若射，則大射正爲司射，如鄉射之禮。【注】大射正，射人之長者也。如鄉射之禮者，燕爲樂卿大夫，宜從其禮也。如者，如其告弓矢既具，至退中與算也。納射器而張侯，其告請先于君，乃以命賓及卿大夫，其爲司正者亦爲司馬，君與賓爲耦。鄉射記曰：自君射至龍旜，亦其異者也。薦旅食乃射者，是燕射主於飲酒。【疏】釋曰：此一經論燕未行射之節。云大射正爲司射者，燕禮輕，又不主爲射，故射人爲擯，又爲司正，至射時，大射正爲司射。大射之時，略於燕，主於射，故大射正爲擯，又爲司正，至射，又親其職，故不同爲司射也。【注】釋曰：云宜從之者，鄉射是卿大夫禮，故樂之還從之也。云如者，如其告弓矢既具至退中與筭也者，經云如鄉射之禮，明從始至末皆如之。案鄉射，初司射告弓矢既具，至三番射訖而退中與筭，故如之也。云納射器而張侯者，欲見此與鄉射因納射器後即張侯。大射納射器之後無張侯之事，是以特言之也。云告請先於君乃以命賓及卿大夫者，此燕禮與大射皆國君之禮，此燕禮每事皆先請於君，大射亦先請於君，故大射初司射自阼階前請於公，公許，乃命賓及卿大夫。鄉射，西階上告賓曰弓矢既具，乃告於主人，遂告大夫，是先後異也。云其爲司正者亦爲司馬者，鄉射將射，云司正爲司馬，此亦於將射司正爲司馬，故云亦也。若然，則上文射人告具，射人請賓，又云射人請立司正，公許，射人遂爲司正，皆一人也。必云司正爲司馬者，諸侯有常官，嫌與鄉射異，故言此也。若士射，則司正不爲司馬。云君與賓爲耦者，欲見鄉射賓與主人爲耦。此君與賓爲耦，亦是異於鄉射也。引鄉射記君射毛龍旜亦其異者也者，謂旌與中異。何者？彼鄉記國君三處射，旌與中各不同。云君國中，則皮樹中，以翿旌獲，白羽與朱羽糅。言國中，則此燕射也。又云於郊則閭中，以旌獲，謂諸侯大射在郊。又云於境則虎中龍旜，謂諸侯賓射在境。此皆諸侯禮射，雖記在鄉射，皆與鄉射異也。云薦旅食乃射者，是燕射主於飲酒者，此獻士旅食後乃射，是燕主於飲酒。決大射未爲大夫舉旅之前則射，是彼大射主於射故也。

○賓降洗，升媵觚于公，酌散，下拜。公降一等，小臣辭。賓升再拜稽首，公答再拜。【注】此當言媵觶。酬之禮皆用觶，言觚者字之誤也。古者觶字或作角旁氏，由此誤爾。【音義】觚，依注音觶。【疏】釋曰：自此盡賓反位，論賓媵爵於公之節。【注】釋曰：云古者觶字或作角旁氏由此誤爾者，案冬官梓人爲飲器，勺一升，爵一升，觚三升，獻以爵而酬以觚，一獻而三酬，則一豆矣。鄭引南郡太守馬季長云：觚當爲觶，豆當爲斗。鄭康成云：古者觶角傍氏，似觚，故誤爲觚。時人又多聞觚寡聞觗是以誤爲觚此注與彼同也賓坐祭卒爵再拜稽首公答再拜賓降洗象觶升酌膳坐奠于薦南降拜小臣辭賓升成拜公答再拜賓反位【注】反位反席也今文曰洗象觚【疏】【注】釋曰知反位是反席者以其堂下無席堂上乃有之而云賓升成拜不云降明上反位者反席可知也

〇公坐取賓所媵觶興唯公所賜【注】至此又言興者明公崇禮不倦也今文觶又爲觚【疏】釋曰自此盡士旅酌卒論君爲士舉旅之事云唯公所賜者辭與爲大夫舉旅同也【注】釋曰云至此又言興者明公崇禮不倦也者以其說屨升坐之後理當倦今言興明不倦矣受者如初受酬之禮降更爵洗升酌膳下拜小臣辭升成拜公答拜乃就席坐行之【注】坐行之者若今坐相勸酒有執爵者【注】士有盥升主酌授之者【疏】【注】釋

曰無筭坐勸酒有執爵行之者今此爲士舉旅亦有執爵行之若無筭爵故云士有盥升主酌授之若若然前三舉旅皆酬者自酌授人也唯受于公者拜【注】公所賜者也其餘則否司正命執爵者爵辯卒受者與以酬士【注】欲令惠均【音義】令力呈反【疏】釋曰此所命者命大夫也以前三舉旅辯大夫則止今此爲士舉旅故及之【注】釋曰云欲令惠均者惠均於室及均於庭也士特牲爵止欲得神惠均於室及均於庭此據人君之惠均於庭也大夫卒受者以爵興西階上酬士士升大夫奠爵拜士答拜【注】興酬士者士立堂下無坐位【疏】釋曰此卿上文司正所命者也【注】釋曰云興酬士者士立堂下無坐位者凡禮堂上有席者坐堂下無席者立是以禮記檀弓工尹商陽是士而云朝不坐堂下無坐位者也大夫立卒爵不拜實之士拜受大夫拜送士旅于西階上辯【注】祝史小臣旅食皆及焉【疏】【注】釋曰知

旅食皆及者，以士未得獻時，旅酬不及，得獻之後，旅酬及之。旅食亦次士得獻，故知亦酬及之。其庶子以下未得獻者，至獻後，無筭爵及焉。

士旅酌。【注】旅，序也。士以次序自酌相酬，無執爵者。

卒，主人洗，升自西階，獻庶子于阼階上，如獻士之禮。辯，降洗，遂獻左右正與內小臣，皆于阼階上，如獻庶子之禮。【注】庶子，掌正六牲之體及舞位，使國子修德學道，世子之官也，而與膳宰、樂正聯事。樂正亦教國子以舞。左右正，謂樂正、僕人正也。小樂正立于西縣之北，僕人正、僕人師、僕人士立于其北，北上。大樂正立于東縣之北。若射，則僕人正、僕人士陪于工後。內小臣，奄人，掌君陰事陰令，后夫人之官也。皆獻于阼階上，別於外內臣也。獻正下及內小臣，則磬人、鍾人、鎛人、鼓人、僕人之屬盡獻可知也。凡獻皆薦也。【疏】釋曰：此一經獻庶子以下之節。

【注】釋曰：云「庶子掌正六牲之體及舞位，使國子修德學道，世子之官也」者，案《周禮·諸子職》云「大祭祀，正六牲之體。凡樂事，正舞位。國子存遊倅，使之修德學道」。彼天子諸子之官屬大子，若據諸侯，爲世子之官。引之者，以天子謂之諸子，諸侯謂之庶子，掌公卿大夫士之適子，掌事寔同，故取諸子職解此庶子之事。云「而與膳宰、樂正聯事」者，以掌正六牲之體，得與膳宰聯事；掌國子修德學道，得與樂正聯事。以其樂正亦掌敎國子故也。言此者，欲見膳宰得獻，此庶子亦得獻之意。云「樂正亦敎國子以舞」者，欲見庶子掌國子，得與樂正聯事。云「左右正謂樂正、僕人正也。僕人正以下至北上」，鄭知義然者，見《大射禮》而知。云「左右正」者，據中庭爲左右。《大射禮》工遷於東，僕人正亦與樂正同處，名曰左正，復云右正，明是小樂正在西爲右也。若小樂正不在西，《大射》之禮不得有左右正之文。又兩面俱縣，明大小樂正各監一縣。又知僕人正以下在小樂正之北北上者，以《鄉射》弟子相

乾隆四年校刊

儀禮注疏卷六　燕禮　卷六　一

工皆在西。今僕人正以下亦是相工之人。故知亦在西方也。又工堂上西階之東。相工者宜近其事。故在西方樂正之北也。又知北上者。以大射鄉射工遷在下之時。皆北上統於樂正。今相者以工爲主。明在堂下。則宜北統於堂上矣。又知大樂正在東縣北者。約鄉射云縣于洗東北。至射時遷樂於阼階下之東南。堂前三笴西面北上坐。樂正北面立于其南。是得爲一證也。云若射以下至工後者。案大射將射之時。工遷於下東坫之東南。西面北上坐。相者以工爲主。故知相工陪於東。即在工後也。云内小臣奄人掌君陰事陰令后夫人之官也者。案天官小臣序官云。内小臣奄上士四人。其職云。掌王之陰事陰令。鄭注云。陰事羣妃御見之事。陰令王所求爲於北宮。彼后之官兼云夫人者。欲見諸侯夫人内小臣亦與后之内小臣職同。故雙言之。云皆獻於阼階上別於外内臣也者。臣云外内者。案周禮肆師有外内命男。鄭注云。外命男。六卿以出也。内命男。朝廷卿大夫士。則諸侯臣在鄉遂及采地者爲外臣。在朝廷者爲内臣。但外内臣皆獻於西階上。此獻於阼階。故云別於外内臣也。云則磬人以下至盡獻可知也者。此據周禮天子有此官。諸侯並以下士爲之。則諸侯亦有此官。以其庭中之樂軒縣。別有鍾磬鏄鼓。故知也。兼言僕人者。此經也見僕人正。不見僕人師僕人士。大射見之。內小臣奄人之賤者尚得獻。明此等皆得獻可知也。知凡獻皆薦者。以經云如獻士。獻士有薦。凡此等獻訖。明皆有薦也。

○無筭爵。注 筭數也。爵行無次無數。唯意所勸。醉而止。疏 釋曰。自此盡無筭樂。論酒行樂作無次數之節。注 釋曰。云爵行無次無數者。此對四舉旅以前皆有次有數。此則無次數也。

士也有執膳爵者。有執散爵者。執膳爵者酌以進公。公不拜受。執散爵者酌以之公。命所賜。所賜者興受爵。降席下奠爵。再拜稽首。公答拜。注 席下席西也。古文曰公答再拜。疏 釋曰。自旅酬已前受公爵皆降拜升成拜。至此不復降拜者。禮殺故也。注 釋曰。云席下席西也者。賓與卿大夫席皆南面。統於君。皆以東爲上。故知席下爲席西也。受賜爵者以爵就席坐。公卒爵然後飲。注 不敢先虛爵。明此勸

乾隆四年校刊

惠從尊者來也。〔疏〕〔注〕釋曰：上已言君命所賜，至此經云受賜，自然惠從尊者來。但先君受爵，似惠不由君來，故後飲，然後授虛爵，是由尊者來，故後飲之也。此執爵者皆酬行之以徧，唯卒受爵者與內酬士自酌與之，是以鄉飲酒、鄉射皆云辯卒受者與以旅在下者。注云「不使執觶者酌，以其將旅酬，不以己尊於人也」。執膳爵者受公爵，酌，反奠之。〔注〕宴歡在於飲酒，成其意。〔疏〕〔注〕釋曰：云「成其意」者，君意欲得皆醉，今執膳者酌反奠于君前，望當君心，故云宴歡在於飲酒，成其意也。受賜爵者興，授執散爵，執散爵者乃酌行之。〔注〕予其所勸者。唯受爵於公者拜。卒受爵者興，以酬士于西階上。士升，大夫不拜，乃飲，實爵。〔注〕乃猶而也。〔疏〕〔注〕釋曰：轉乃爲而者，乃是綴辭。此將勸士，士已升階，大夫卽飲，不可爲乃，故從而解之也。士不拜，受爵。大夫就席。士旅酌，亦如之。公有命徹冪，則卿大夫皆降，西階下北面東上再拜稽首。公命小臣辭。公答再拜。大夫皆辟。

注 命徹冪者，公意殷勤，必盡酒也。小臣辭，不升成拜，明雖醉，正臣禮也。不言賓，賓彌臣也。君答拜於上，示不虛受也。

音義 辟音避，劉房益反。

疏 釋曰：云「士旅酬亦如之」者，亦如大夫相酬之法。云「公有命徹冪」者，此君尊在東楹之西，專大惠，故待無算爵乃徹冪。鄉飲酒尊在房戶之間，賓主共之，故賓至則徹之，與此異也。注釋曰：云「小臣辭，不升成拜，明雖醉，正臣禮也」者，臣之禮當下拜爲正，今不言升成拜者，於下已拜，是雖無算爵已醉，而不倦行臣禮，禮之正也。云「不言賓，賓彌臣也」者，經直言卿大夫皆降，不別言賓，是燕末賓同於臣。言彌者，上旅酬云若賓若長，稍言賓，但言賜，不言酬，已是賓卑，今乃沒賓不言賓，是賓彌臣，故同臣例也。云「君答拜於上，示不虛受也」者，案燕義云「禮無不答，言上之不虛取於下也」，彼釋此言也。但彼言不虛取於下者，總申此燕禮君答拜之事，不獨爲此言也。

遂升，反坐。士終旅於上，如初。注 卿

乾隆四年校刊

大夫降而爵止於其反席卒之。[疏]釋曰：云「卿大夫降而爵止」者，上文已云大夫不拜乃飲實爵，士不拜受爵，是大夫飲訖爵止也。云「於其反席卒之」者，謂上士受得大夫爵，此經云士終旅於上如初，是於大夫反席，士卒之也。

無算樂。[注]升歌閒合無數也。取歡而已，其樂章亦然。[疏]釋曰：此無筭對上升歌笙閒合各依次第而三終，有次有數。此則任君之情，無次無數。其詩樂章亦然，亦無次無數。

宵則庶子執燭於阼階上，司宮執燭於西階上，甸人執大燭於庭，閽人爲大燭於門外。[注]宵，夜也。燭，燋也。甸人，掌共薪蒸者。庭大燭，爲位廣也。閽人，門人也。爲，作也。作大燭以俟賓客出。[音義]甸，大練反。閽，音昏。燋，哉約反，劉哉妙反。共，音恭。[疏]釋曰：凡燕法，設燭者，或射之後終燕，則至宵也。或冬之日不射，亦宵。夏之日不射，未必至宵也。[注]釋曰：云「燭，燋也」者，古者無麻燭而用荊燋，故少儀云：主人執燭抱燋。鄭云：未爇曰燋。但在地曰燎。執之曰燭。於地廣設之則曰大燭。其燎亦名大燭。故詩云。庭燎之光。毛云。庭燎大燭也。鄭云。夜未央而於庭設大燭。毛鄭竝指此句人執大燭之文也。司烜氏云。凡邦之大事。共墳燭庭燎。鄭謂墳大也。樹於門外曰大燭。於門內曰庭燎。言樹則大燭亦在地廣設之而已。此閽人爲大燭於門外者。亦是大燭在地者。案郊特牲云。庭燎之百。由齊桓公始也。注云。僭天子也。庭燎之差。公蓋五十。侯伯子男皆三十。文出大戴禮也。此亦諸侯禮。以燕禮輕。故不言庭燎。設大燭而已。云甸人掌共薪蒸者。天官甸師氏職文。引之者。以其內有燭燋。故使之在門爲大燭也。云閽人門人也者。案天官。閽人掌守王中門之禁。諸侯亦當然。

○賓醉。北面坐取其薦脯以降。【注】取脯。重得君賜。奏陔。【注】陔。陔夏。樂章也。賓出奏陔夏。以爲行節也。凡夏。以鍾鼓奏之。【音義】夏。戶雅反【疏】【注】釋曰。云陔陔夏者。案鍾師。九夏之中有陔夏九夏皆是詩。詩爲樂章。故知樂章也。云賓出奏陔夏以爲行節也者。此及鄉飲酒皆於賓出奏陔夏。明此爲行節。戒之使不失禮。云凡夏以鍾鼓奏之者。案周禮鍾師云以鍾鼓奏九夏鄭注云先奏鍾次擊鼓是凡夏皆以鍾鼓奏之賓所執脯以賜鍾人於門內霤遂出【注】必賜鍾人鍾人掌以鍾鼓奏九夏今奏陔以節已用賜脯以報之明雖醉不忘禮古文賜作錫卿大夫皆出【注】隨賓出也公不送【注】賓禮訖是臣也○公與客燕【注】謂四方之使者【音義】使所吏反【疏】釋曰自此盡敢拜賜命論與異國臣將燕使卿大夫就館戒客之辭事但燕異國卿大夫與臣子同雖戒賓爲異故於禮末特見之也【注】釋曰云謂四方之使者以其云客以寡君對之故知四方使卿大夫來聘主君將燕之也曰寡君有不腆之酒以請吾子之與寡君須臾焉使某也以請【注】君使人戒客辭也禮使人各以其爵寡鮮也猶言少德謙也腆善也上介出請入告古文腆皆作殄今文

皆曰不腆酒無之。【音義】腆，天典反。鮮，息淺反。【疏】【注】釋曰：云禮使人各以其爵者，案《公食大夫》云使大夫戒，各以其爵，以其大聘使卿，小聘使大夫，爵不同，故主君亦以其爵戒之也。云上介出請入告者，亦約《公食》使者至館門外，客使者上介出請事，入告賓。但彼食禮重，故三辭；此燕禮輕，故再辭，爲異耳。又彼見賓出拜辱，大夫不答拜，此不言者，文不具。對曰：寡君，君之私也。君無所辱賜于使臣，臣敢辭。【注】上介出答主國使者辭也。私謂獨受恩厚也。君無所爲辱賜於使臣，謙不敢當也。敢者，怖懼用勢決之辭。【疏】【注】釋曰：云敢者怖懼用勢決之辭也者，謂若怖懼之事，不避危難，用勢往決之，故云用勢決之辭也。寡君固曰不腆，使某固以請。寡君，君之私也。君無所辱賜于使臣，臣敢固辭。【注】重傳命。固，如故。【音義】重，直用反。傳，丈專反。寡君固曰不腆，使某固以請。某固辭不得命敢不從注許之也於是出見主國使者辭以見許爲得命今文無使某致命曰寡君使某有不腆之酒以請吾子之與寡君須臾焉注親相見致君命辭也君貺寡君多矣又辱賜于使臣臣敢拜賜命注貺賜也猶愛也敢拜賜命從使者拜君之賜命猶謙不必辭也疏注釋曰主君使大夫往戒只爲燕事今客從之者來就燕而云拜主君用燕之命者謙不必有燕事

記燕朝服於寢注朝服者諸侯與其羣臣日視朝之服也謂冠玄端緇帶素韠白屨也燕於路寢相親昵也今辟雍十月行此燕禮玄冠而衣皮弁服與禮異也音義朝直遥反韠音畢辟音璧衣於旣反疏釋曰凡記皆記經不具者以經不言燕服及燕處故記人言之也注

曰。云謂冠玄端緇帶素韠白屨者。皆士冠禮文。案禮注。天子諸侯吉事皆舃。諸侯朝服素裳素韠應白舃而云白屨者。引士冠禮成文。其實諸侯當白舃。其臣則白屨也。鄭注周禮屨人云。複下曰舃。禪下曰屨。下謂底。以此為異也。云燕於路寢相親暱也。知燕於寢者。以其饗在廟。明燕在寢私處可知也。引漢法。欲見與古異者。周時玄冠服則緇布衣今衣皮弁服。是其異也。

○亨于門外東方。【注】亨於門外臣所掌也。【音義】亨普庚反【疏】【注】釋曰。此君禮。故云臣所掌。案公食記云。亨于門外東方。注云。必於門外者。大夫之事也。注不同者。以其饗食在廟。嚴凝。宜親監視。不得言臣所掌。故注云大夫之事也。鄉飲酒亨狗于堂東北者。非君禮。是臣。於堂東北。不在外者。宜主人親供。又法陽氣之所始。故三者注皆不同也。

○若與四方之賓燕。則公迎之于大門內。揖讓升。【注】四方之賓。謂來聘者也。自戒至於拜至。皆如公食。亦告饌具而後公即席。小臣請執冪請羞者。乃迎賓也。【音義】食音

乾隆四年校刊　　儀禮注疏卷六　燕禮記　　四二

嗣。【疏】【注】釋曰。云自戒至於拜至皆如公食者。此燕用狗。彼用大牢。此戒賓再辭。彼三辭。至於卿大夫立位皆不同。而云如公食者。謂除此之外如之。若然。依公食從首使大夫戒各以其爵。上介出請入告。已下至北面再拜稽首皆如之。饌具之等不如之也。云亦告饌具而後公即席小臣請執冪請羞者乃迎賓也者。言此者欲見燕四方賓。此等依上文與燕己臣子同。亦不如公食。以其公食公無席。又無入廟之事。又公食無請執冪羞膳。故別言此也。

賓爲苟敬席于阼階之西北面有脀不嚌肺不啐酒其介爲賓【注】苟且也假也主國君饗時親進醴于賓今燕又宜獻焉人臣不敢褻煩尊者至此升堂而辭讓欲以臣禮燕爲恭敬也於是席之如獻諸公之位言苟敬者賓實主國所宜敬也脀折俎也不嚌啐似若尊者然也介門西北面西上公降迎上介以爲賓揖讓升

如初禮。主人獻賓，獻公，既獻，苟敬，乃媵觚，羣臣即位，如燕也。【音義】饗，許兩反，或作鄉，非。燕燕爲之，爲，于僞反。【疏】注釋曰：云「主國君饗時親進醴于賓」者，謂行聘享訖，禮賓之時，君親酌醴進於賓。若然，前有饗食，不言之者，饗禮亡，無以引證，食禮又無酒醴所獻之事，故不言，而云饗時也。云「今燕又宜獻焉」者，案上燕己臣子，使宰夫爲主人，知此親獻者，若不親獻，即同己臣子。賓何須辭之而爲苟敬？故知若當親獻焉。云「至此升堂而辭讓」者，若此時升堂不辭，即行燕賓之禮，故知辭之在初升堂時。云「欲以臣禮燕爲恭敬也」者，此謂在阼西北面，故云席之如獻諸公之位也。云「言苟敬者，賓實主國所宜敬也」者，但爲辭讓，故以命介爲賓，不得敬之。今雖以介爲賓，不可全不敬，於是席之於阼階西北敬也，故云苟敬也。云「不齊卒，似若尊者然也」者，案此燕禮與大射，卿射皆不齊卒，是諸公如賓禮。今聘卿在諸公之坐，亦不齊不卒，是爲似若諸公尊者然也。云「介門西北面西上」者，約聘禮而知也。云「公降迎上介以爲賓，揖讓升，如初禮」者，此如上文燕己臣子，以大夫爲賓者，故云如初禮也。云「主人獻賓，獻公，既獻，苟敬，乃媵觚」者，若上燕己臣子之時，獻賓，獻公旣，卽媵觶以酬賓。但苟敬之前，宜有薦有俎，賓與君同。明知獻公後卽獻苟敬，乃可酬賓也。云「羣臣卽位如燕」者，如上燕己臣子同。若然，羣臣不待迎賓入乃從君入者，以其皆蒙獻酬，故因其先至寢門，故小臣引之卽入，不待賓入後也。無膳尊，無膳爵。【注】降尊以就卑也。【疏】【注】釋曰：郊特牲云「三獻之介，君專席而酢焉」，此降尊以就卑也。注云三獻，卿大夫來聘，主君饗燕之，以介爲賓，賓爲苟敬，則徹重席而受酢也。專，猶單也。彼與此事同，故鄭引彼經以證此。燕己臣子，不見有君親受賓酢；若燕異國臣子，得有專席受酢者。獻卿大夫之後，依次各爲此三人舉旅。獻士之後，賓乃媵觶於公，公取所媵觶爲士舉旅，應以此爲酢君，君專席而受之也。○與卿燕，則大夫爲賓。與大夫燕，亦大夫爲賓。【注】不以所與燕者爲賓者，燕爲序歡心，賓主敬也。公父文伯飲南宮敬叔酒，以路堵父爲客，此之謂也。君恒以大夫爲賓者，大夫卑，雖尊之，猶遠下君今文無則下無燕。【音義】爲□，于僞反。父音甫。飲於□反。緒音者。遠于萬反。【疏】釋曰。此謂與己臣子燕法。若與異國賓燕。皆用上介爲賓。如上說也。【注】釋曰。云公父文伯已下。是魯語文。此二人皆魯大夫。自相燕法。云此之謂也者。此謂不使所爲燕者爲賓之義。云君但以大夫爲賓者。大夫卑。雖尊之。猶遠於君者。案禮記燕義云。不以公卿爲賓。而以大夫爲賓。爲疑也。明嫌之義也。注云。公卿尊矣。復以爲賓。則尊與君大相近。是不用公卿爲賓。恐逼君。用大夫爲賓。雖尊之。猶遠於君。不畏逼君也。○羞膳者與執冪者。皆士也。【注】尊君也。膳宰卑於士。【疏】釋曰。經云與羞膳不辨其人。故記人言之。【注】釋曰。云尊君也。膳宰卑於士者。言膳宰。別小膳宰也。以其下云羞卿者小膳宰。明於君者士也。士尊於小膳宰也。若然。士則膳宰之長者。故下注小膳宰云。膳宰之佐也。羞卿者小膳宰也。【注】膳宰之佐也。○若以樂納賓。則賓及庭。奏肆夏。賓拜酒。主人答拜而樂闋。公拜受爵而奏肆夏。公卒爵主人升受爵以下而樂闋【注】肆夏樂章也今亡以鍾鎛播之鼓磬應之所謂金奏也記曰入門而縣興示易以敬也卿大夫有王事之勞則奏此樂焉【音義】闋苦穴反應應對之應易以豉反【疏】釋曰自此盡若舞則勺論臣子有王事之勞與之燕之事云若者不定之辭以其常燕己臣子無樂王事之勞或有或無故言若也【注】釋曰云肆夏樂章也今亡者鄭注鍾師云九夏皆詩篇名頌之族類也此歌之大者載在樂章樂崩亦從而亡是以頌不能具也云以鍾鎛播之鼓磬應之者鍾師云掌金奏鄭注云擊金以爲奏樂之節金謂鍾及鎛又云凡樂事以鍾鼓奏九夏鄭注云先擊鍾次擊鼓是奏肆夏時有鍾鎛鼓磬彼經注雖不言磬但縣內有此四者故鄭兼言磬也言所謂金奏也者所謂鍾師掌金奏也云記曰者此鄭引二記之文云入門而縣興是仲尼燕居之文仲尼燕居云兩君相見揖讓而入門入門而縣興揖讓而升堂升堂而樂闋郊特牲云賓入大門而奏肆夏示易以敬也必引二記文者以燕在寢賓及庭及

庭。與仲尼燕居入門而縣興事相類。故引之。證賓及樂作之義也。此肆夏以金奏之。故引郊特牲示易以證用肆夏之義也。不取賓入大門者。大門非寢門故也。云卿大夫有王事之勞則奏此樂焉。知者。以發首陳君與臣子常燕。及聘使之臣燕。交論四方賓燕。今此言賓及庭奏肆夏。則非尋常大夫爲賓。與宰夫爲主人相對者。謂若賓爲苟敬。四方賓之類。特奏肆夏。其事旣重。若非有王事之勞。何以致此。故知是臣有王事之勞者。乃奏此樂也。

升歌鹿鳴下管新宮笙入三成。注 新宮小雅逸篇也。管之入三成。謂三終也。疏 釋曰。鹿鳴不言工歌。新宮不言笙奏。而言升歌下管者。欲明笙奏異於常燕。常燕卽上所陳四節是也。今工歌鹿鳴三終。與笙奏全別。故特言下管新宮乃始笙入三成者。正謂笙奏新宮三終。中說下管之義。注 釋曰。云新宮小雅逸篇也。知在小雅者。以配鹿鳴而言。鹿鳴是小雅。明新宮小雅可知。

遂合鄉樂。注 鄉樂周南召南六篇。言遂者不閒也。

若舞則勺。注 勺頌篇。告成大武之樂歌也。其六

乾隆四年校刊　　儀禮注疏卷六　燕禮記　四

詩曰：於鑠王師，遵養時晦。又曰：實維爾公允師。既合鄉樂，萬舞而奏之，所以美王侯，勸有功也。【音義】勺音灼。於鑠，上音烏，下舒若反。【疏】釋曰：言若者，或爲之舞，或不爲之舞，在於君意，故以不定而言。云舞則勺者，謂爲之舞則歌勺詩以爲曲。【注】釋曰：云勺頌篇告成大武之樂歌也者，勺詩序文。云其詩曰於鑠王師遵養時晦者，鑠，美也，言於呼美武王之師，遵，循也，循養晦昧之紂，三分天下猶服事於殷。又曰實維爾公允師者，公，事，允，信也，言成王代時實維汝武王之事，信得用師之道。云既合鄉樂者，以文承合鄉樂之下，故知既合鄉樂也。云萬舞而奏之者，釋經舞時作周萬舞之舞而奏勺詩。宣八年公羊傳云：壬午猶繹，萬入去籥。傳曰：萬者何？干舞也。謂秉干舞以奏勺詩也。云所以美王侯勸有功也者，天子諸侯作之，是美王侯，亦所以勸有功也。

○惟公與賓有俎。【注】主於燕，其餘可以無俎。【疏】【注】釋曰：主於燕其餘可以無俎者，對大射辨尊卑，公卿皆有俎，其牲用狗則同也。

○獻公曰：臣敢奏爵以聽命。【注】設

公。釋此辭。不敢必受之。【疏】釋曰：謂若主人獻公，賓媵觶於公。雖非獻，亦釋此辭也。

○凡公所辭，皆栗階。【注】栗，蹙也。謂越等急趨君命也。【音】蹙，子六反。凡栗階不過二等。【注】其始升猶聚足連步，越二等，左右足各一發而升堂。【疏】釋曰：凡堂及階，尊者高而多，卑者庳而少。案禮器云：天子之堂九尺，諸侯七尺，大夫五尺，士三尺。士冠禮降三等受爵弁，鄭注云：降三等下至地。則士三等階。以此推之，則一尺爲一階。大夫五尺五等階，諸侯七尺七等階，天子九尺九等階可知。今云凡栗階不過二等，言凡則天子九等已下至士三等，皆有栗階之法。栗階不過二等，據上等而言，故鄭云其始升猶聚足連步也。故曲禮云：涉級聚足，連步以上。鄭注云：涉等聚足，謂前足躡一等，後足從之併。連步，謂足相隨不相過也。此即聚足也。天子以下，皆階上等爲栗階，左右足各一發而升堂，其下無問多少，皆連步。襍記云：主人之升降散等。鄭注云：散等，栗階。則栗階亦名散等。凡升階之法有四等：連步一也，栗階二也，歷階三也。歷階謂從下至上皆越

乾隆四年校刊　　儀禮注疏卷六　燕禮記　　四三

公食大夫禮注不拾級而下曰辵疏云義已盡于此疏

等無連步。若禮記檀弓云。杜蕢入寢歷階而升。是也。越階四也。越階謂左右足越三等。若公羊傳云。趙盾避靈公躇階而走。是也。○凡公所酬。既拜。請旅侍臣。注既拜。謂自酢升拜時也。擯者阼階下告于公。還西階下告公許旅行也。請行酒于羣臣。必請者。不專惠也。疏注釋曰。云既拜謂自酢升拜時也者。此即上賓得君酬酒飲訖。自酢降拜升時。請旅侍臣。云擯者阼階下告于公還西階下告公許旅行者。此約大射而知也。○凡薦與羞者。小膳宰也。注謂於卿大夫以下也。上特言羞卿者小膳宰。欲絕於賓。羞賓者亦士。疏注釋曰。云謂於卿大夫以下者。以其執冪與羞膳於君是士。則知此凡者於卿大夫也。云上特言羞卿者小膳宰者。欲絕於賓羞賓者亦士者。鄭意於此言凡。總卿大夫於文足矣。上文君下特言羞卿者小膳宰者。欲見直言君不須言賓。以其賓之薦俎與君同。明羞膳亦與君同。不使小膳宰。故云欲絕於賓羞賓者亦士也。○有羞【注】謂羞豆之實，酏食糝食；羞籩之實，糗餌粉餈。【音義】酏，以支反。食，音嗣。糝，素感反。糗，去久反，乾飯屑也。劉，香久反。餌，音二。餈，才私反。【疏】【注】釋曰：云「謂羞豆之實，酏食糝食」者，天官醢人云：羞豆之實，酏食糝食。鄭注云：酏，餈也。內則曰：取稻米舉溲之，小切狼臅膏，以與稻米為餈。又曰：糝，取牛羊豕之肉，三如一，小切之，與稻米，稻米二，肉一，合以為餌，煎之，是也。云「羞籩之實，糗餌粉餈」者，籩人職云：羞籩之實，糗餌粉餈。鄭注云：此二物皆粉稻米黍米所為也。合蒸曰餌，餅之曰餈。糗者，擣粉敖大豆，為餌餈之粘著，以粉之耳。餌言糗，餈言粉，互相足是也。糗熬之亦粉之，其粉擣之亦糗之，是互相足也。

○君與射，則為下射，袒朱襦，樂作而后就物。【注】君尊。【音義】袒，徒旱反。襦，如朱反。小臣以巾授矢，稍屬。【注】君尊，不搢矢。【音義】屬，章欲反。不以樂志。【注】辟不敏也。【音義】辟，音避。既發，則小臣受弓以授弓人。【注】俟復發也。不使大射正，燕射輕。【音義】復，扶

乾隆四年校刊

教作謂公曩者酬之也

又反。上射退于物一笴，既發，則荅君而俟。【音義】笴，工但反，又工老反。若飲君，燕，則夾爵。【注】謂君在不勝之黨，賓飲之，如燕媵觚，則又夾爵。【疏】釋曰：夾爵者，將飲君，先自飲；及君飲訖，又自飲，爲夾爵。君在，大夫射，則肉袒。【注】不纏襦，厭於君。【音義】厭，涉反。【疏】注釋曰：鄉射記，大夫對士射，袒纏襦，此對君肉袒，故云厭於君也。○若與四方之賓燕，媵爵，曰：「臣受賜矣。臣請贊執爵者。」【注】受賜，謂公卿者酢之。至燕主人事賓之禮殺，賓降洗，升媵觶于公，荅恩惠也。【音義】卿，許亮反。【疏】注釋曰：云「公卿者酢之」者，謂公取二大夫所媵觶上者以酬賓是也。云「賓降洗，升媵觶于公」者，謂上獻士訖，賓媵觶于公，是荅恩惠也。相者對曰：「吾子無自辱焉。」【注】辭之也。對，荅也。亦告公，以公命荅之也。【音義】相，息亮反。○有房中之樂。【注】

絃歌周南召南之詩，而不用鍾磬之節也。謂之房中者，后夫人之所諷誦，以事其君子。【疏】注釋曰：云「絃歌周南召南之詩而不用鍾磬之節」者，此文承四方之賓燕下，而云有，明四方之賓而有之。知不用鍾磬者，以其此二南本后夫人侍御于君子用樂節，是本無鍾磬。今若改之而用鍾磬，當云有房中之奏樂。今直云有房中之樂，明彼本無鍾磬也。若然，案磬師云：「教縵樂燕樂之鍾磬。」注云：「燕樂，房中之樂，所謂陰聲也。二樂皆教其鍾磬。」房中樂得有鍾磬者，彼據教房中樂，待祭祀而用之，故有鍾磬也。房中及燕則無鍾磬也。

經三千二百二十三字

注四千六百二十字

儀禮注疏卷六

儀禮注疏卷六考證

膳宰具官饌于寢東疏下記云燕朝服于寢王處在路寢○朱子云于寢下疑脫既朝服則宜于六字

設洗篚于阼階東南當東霤○敖繼公云諸篇設洗無連言篚者此有之衍文耳下別云篚在洗西則於此言篚文意重複且篚在洗西亦不可以東霤爲節其衍明矣

小臣納卿大夫疏正常在君左右○監本脫正字臣學健按常在君左右者小臣正也此與小臣師對言補之乃明

主人盥洗象觚升實之○實監本譌作賓今依石經及朱子本楊本敖本改

注象觚觚有象骨飾也○敖繼公云注象骨恐當作象齒臣紱按鄭每言象骨蓋其所指者卽象齒耳

更爵洗升酌膳酒以降○敖繼公云上下文酌膳皆無酒字此有者衍也

主人盥洗升媵觚于賓○敖繼公云觚當作觶

西階上坐奠爵拜賓賓降筵北面答拜○石經及敖本俱不登賓字

若君命皆致疏按鄉飲鄉射皆云奠者於左將舉者於

右○監本脱鄉飲二字臣紱按既有皆字則當兼鄉飲明矣

公有命則不易不洗反升酌膳觶○敖繼公云觶字衍文大射儀無之

小臣又請媵爵者二大夫媵爵如初○石經疊大夫二字衍

請致者疏非賓也○賓監本譌作賓今改正

卒射人乃升大夫大夫皆就席○石經及楊本敖本就席上有升字

升授主人○敖繼公云授主人下當有爵字如鄉飲鄉

射之所云此文脫耳

太師告樂正曰正歌備○石經及楊本敖本樂正上有
于字○

注教六詩以六律爲之音○六詩訛大師今改正○

疏對小師已下三百人爲下工也○三百人監本譌
作上士今考春官大師小師職文改正

升自西階東楹之東請徹俎降公許告于賓○敖繼公
云此降字衍大射儀無之臣清植按此降字或當在
告于賓之下而傳寫者誤寫於公許之上與

主人拜送觶○送監本譌作受今依石經及朱子本敖

本改正

大夫立卒爵不拜實之○實監本譌作賓今依石經及
朱子本敖本楊本改正

受賜爵者興授執散爵○敖繼公云大射儀授執散爵
者此脫一者字

士不拜受爵疏今乃沒賓不言賓○沒監本譌作設　臣
紱按謂經沒其文而不見也大射儀卿大夫皆降節
疏亦有沒賓之語可證

閽人爲大燭於門外○石經無大字

賓所執脯以賜鍾人於門內霤○　臣紱按鍾鼓之鍾古

皆作鍾三禮無鐘字俗本或作鐘皆後人所改也

亭于門外東方○石經及楊本敖本上文有其牲狗也四字

若與四方之賓燕疏以其公食公無席又無入廟之事○臣紱按公食大夫禮於廟行之乃云無入廟之事何也疏蓋有誤

凡薦與羞者小膳宰也○朱子本無與字

儀禮注疏卷六考證

四月初七日閲汪君容甫以所撰沈椒園先生行狀見示

儀禮注疏卷七

漢鄭氏注　唐陸德明音義　賈公彥疏

大射儀第七

大射之儀【音義】射食夜反○君有命戒射【注】將有祭祀之事當射。宰告於君。君乃命之。言君有命。政教宜由尊者。【疏】釋曰。自此盡西紘。論射前預戒諸官及張侯設樂縣之事。不言禮言儀者。以射禮盛威儀多。故以儀言之。是以射義云。孔子曰。射者何以射。何以聽。循聲而發。發而不失正鵠者。其唯賢者乎。若夫不肖之人。則彼將安能以中。是其射容難。故稱儀也。【注】釋曰。云將有祭祀之事當射者。按射義云。天子將祭。必先習射於澤。澤者所以擇士也。已射於澤。而后射於射宮。射中者得與於祭。不中者不得與於祭。是其將祭必射也。云宰告於君。君乃命之者。鄭意下云宰戒百官者。宰先告君。君使之戒。乃戒。即云戒百官是也。云言君有命政教宜由尊者。其經云

乾隆四年校刊

戒射。此戒亦政教之類。故以政教言之也。宰戒百官有事於射者。注宰。於天子冢宰。治官卿也。作大事。則掌以君命戒於百官。疏釋注日。按周禮大宰職云。掌百官之誓戒。此言宰戒百官。其事同。故鄭以天子冢宰言之也。其實諸侯兼官。無冢宰。立地官司徒以兼之。故聘禮云。宰命司馬。注云。宰上卿貳君事者也。諸侯謂司徒爲宰。是諸侯立司徒兼冢宰之事也。言大事則掌以君命戒於百官者。周禮大宰職云。作大事。則戒于百官。贊王命。是鄭之所引以證宰戒之事也。射人戒諸公卿大夫射司士戒士射與贊者。注射人。掌以射法治射儀。司士。掌國中之士治凡其戒令。皆司馬之屬也。殊戒公卿大夫與士。辨貴賤也。贊。佐也。謂士佐執事不射者。疏釋曰。上文宰官尊。總戒。此射人司士色別。重戒之。謂若天官冢宰戒百官。宗伯大司寇之等。重戒也。注釋曰。云射人掌以射法治射儀者。夏官射人文。云司士掌國中之士治凡其戒令者。此司士職文。云國中之士。彼士總公卿大夫士而言。此射人已戒公卿大夫。則司士戒士贊者唯有士。不兼大夫已上。不同者。斷章取義。故與本職不同也。云皆司馬之屬也者。射人、司士皆屬司馬。故云司馬屬也。此上下文所云戒者。皆謂祭前旬有一日。知者。祭統云先期旬有一日。宮宰宿夫人。夫人亦散齋七日。致齋三日。若然。卜及戒皆在旬有一日。是大宰云。前期十日帥執事而卜日遂戒。注云。前期。前所諏之日也。十日、容散齋七日。致齋三日。其天子又有天地及山川社稷宗廟、諸侯直有境內山川社稷宗廟。卜日及戒皆同也。按郊特牲云。卜郊。受命于祖廟。作龜于禰宮。卜之日。王立于澤。親聽誓命。又云。獻命庫門之內。戒百官也。大廟之命。戒百姓也。注云。王自澤宮而還。以誓命重相申勑也。王自此還齋路寢之室。若然。卜日在澤宮。又至射宮。皆同在旬有一日。竝十日。故後日乃齋也。

前射三日。宰夫戒宰及司馬。射人宿視滌。

注　宰夫。冢宰之屬。掌百官之徵令者。司馬於天子政官之卿。凡大射則合其六耦。滌謂溉器。埽除射宮。

【義】滌，大歷反。溉，古代反。【疏】釋曰：此宰夫戒，是再戒之宿，不云宿者，辟下宿視滌。何者？宰夫戒是申戒，下宿是夕宿。是以宗伯云：凡祀大神，享大鬼，祭大示，帥執事而卜日，宿視滌濯。注云：宿，申戒也。皆前有射人戒，是七日前期。此宰夫戒是申戒。又知宿是夕宿者，以戒宿同文，明不同日。以其上云前射三日戒，明此非三日，是前一日矣。【注】釋曰：云宰夫冢宰之屬者，按大宰云：小宰中大夫二人，宰夫下大夫四人，屬冢宰，故云冢宰之屬。云掌百官之徵令者，宰夫職文。云司馬於天子政官之卿者，小宰職云：四曰司馬，其屬六十，掌邦政，是也。云凡大射則合其六耦者，大司馬職云：若大射，合諸侯之六耦。是將祭而射，故使諸侯為耦。若其餘射，則卿大夫以下爲耦也。云滌謂溉器掃除者，以其諸侯射，先行燕禮，宿視滌器，明滌器是射器及掃除射宮也。○司馬命量人量侯道與所設乏以貍步。大侯九十，參七十，干五十，設乏各去其侯西十北十。【注】量人，司馬之屬，掌量道巷塗數者。侯，謂所射布也。尊者射之以威不寧侯，卑者射之以求爲侯量侯道。謂去堂遠近也。容謂之乏。所以爲獲者之禦矢。貍之伺物。每舉足者止視遠近。爲發必中也。是以量侯道取象焉。鄉射記曰。侯道五十弓。考工記曰。弓之下制六尺。則此貍步六尺明矣。大侯。熊侯。謂之大者。與天子熊侯同。參讀爲糝。糝雜也。雜侯者。豹鵠而麋飾。下天子大夫也。干讀爲豻。豻侯者。豻鵠豻飾也。大夫將祭於己。射麋侯。士無臣。祭不射。【音義】參。依注音糝。素感反。干。依注音豻。五旦反。鵠。古毒反。【疏】【注】釋曰。云量人司馬之屬。掌量道巷塗數者。量人職文。量人屬司馬。故云司馬之屬也。云侯謂所射布也者。以其三侯皆以布爲之。而以皮爲鵠。旁又飾以皮也。云脅者射之以威不寧侯者。卽梓人云。毋或若汝不寧侯。不屬于王所。故抗而射汝。是也。云卑者射之以求爲侯者。射義云。故天子之大射謂之射侯。射侯者射爲諸侯也。射中則得爲諸侯射不中則不得爲諸侯。是也。云容謂之乏所以爲獲者之禦矢者。此云乏。周禮射人云容。所以爲獲者之禦矢。解容乏之義。以其容身。故得禦矢。言乏之。矢於此乏匱不去也。云則此貍步六尺明矣。鄭云此者。陰破先鄭案先鄭注射人。貍步謂一舉足爲步。於今爲半步。故鄭彼注亦引弓之下制六尺以非之也。云大侯熊侯謂之大者與天子熊侯同者。司裘職云。王大射則共虎侯熊侯豹侯。設其鵠。諸侯則共熊侯豹侯。彼畿內諸侯二侯以熊侯爲首。此畿外諸侯亦得用三侯。其數上同于天子。而非畿內諸侯所可比。故於熊侯加大以別之。然不嫌於逼上者。天子三侯。則虎侯熊侯豹侯。諸侯不得用虎侯。而以熊侯糝侯犴侯爲三侯。若畿內則但有熊侯豹侯。此其所以別也。云參讀爲糝。糝雜也。雜侯者豹鵠而麋飾下天子大夫也者。司裘云。卿大夫則共麋侯。此則以豹皮爲鵠。以麋飾其側。不用純麋。是下天子大夫也。必知以豹爲鵠以麋爲飾者。天子卿大夫用麋侯。諸侯卿大夫亦用麋侯。並據己家用之。若助祭亦射君之第二侯。明君之第二侯用麋飾其側。侯以飾得名。又畿內諸侯。第二侯用豹爲鵠。故知畿外諸侯亦以豹皮爲鵠可知。云「丁讀爲犴。犴，矦者，犴鵠犴飾也」者，亦取捷黠意。「大夫將祭於己射麋矦」者，司裘云「卿大夫共麋矦」，是天子卿大夫。以孝經云「大夫有爭臣三人」，以有臣，故將祭得大射擇士。鄭言此者，以己射用麋矦，又見助君祭亦射君之麋矦。云「士無臣，祭不射」者，孝經云「士有爭友」，不言臣，以僕隸爲友。司裘卿大夫下不言士，故祭不言士大射。若然，士有賓射、燕射，不得大射，雖不得大射，得與君賓射，故射人注「不言士者，此與諸矦之賓射，士不與也」。若然，諸侯之士亦然也。

遂命量人巾車張三矦，大矦之崇見鵠於參，參見鵠於干，干不及地武，不繫左下綱，設乏西十北十，凡乏用革。【注】巾車，於天子宗伯之屬，掌裝衣車者，亦使張矦。矦，巾類。崇，高也。高必見鵠。鵠，所射之主。射義曰「爲人君者以爲君鵠，爲人臣者以爲臣鵠，爲人父者以爲父鵠，爲人子者以爲子鵠」，言射中此乃能任己位也。鵠之言較，較，直也。射者所以直己志。或曰鵠，鳥名。射之難中，中之爲儁，是以所射於侯取名也。淮南子曰：鳱鵠知來。然則所云正者，正也，亦鳥名。齊魯之閒名題肩爲正。正、鵠皆鳥之捷黠者。考工記曰：梓人爲侯，廣與崇方，參分其廣而鵠居一焉。則大侯之鵠方六尺，糝侯之鵠方四尺六寸大半寸，豻侯之鵠方三尺三寸少半寸。及，至也。武，迹也。中人之足長尺二寸。以豻侯計之，糝侯去地一丈五寸少半寸，大侯去地二丈二尺五寸少半寸。凡侯北面，西方謂之左。前射三日張侯設乏，欲使有事者豫志焉。【音義】見，賢遍反。裝音莊。所射之射，食亦反，然下射之所射侯同。中，丁仲反，下難中中之皆同。任，音壬。較，音角。鳱，音干。劉音岸，又音鴈。正，音征。題，大西反。縣，戶八反。參，七南反，又音三。大，音泰。下大侯同。【疏】釋曰：上文直命量人量侯道及乏遠近之處，此經論張侯高下之法也。云「設乏西十北十」者，鄉射云「乏參侯道，居侯黨之一，西五步」。注云「此乏去侯北十丈，西三丈」。此經云西十北十，則西與北皆六丈，不得為三分居侯黨之一者，以其三侯，入堂深故也。若然，此三侯之下，總云西十北十，則三侯之乏皆西十北十矣。西亦六丈者，以三侯恐矢揚傷人，與一侯亦異也。侯之廣狹取度於侯道。【注】釋曰：云「巾車於天子宗伯之屬」者，周禮巾車屬宗伯，故云宗伯之屬也。云「掌裝衣車者」，天子五路：木路無革輓，革路有革無異飾，玉路金路象路有革輓，又有玉金象為飾。孤乘夏篆，卿乘夏縵，皆以物為飾，故云裝衣車者也。云「侯巾類」者，侯亦有飾，故鄉射記云凡畫者丹質，及正鵠之飾，故云巾類也。引射義者，欲證射以鵠為主也。云「鵠之言較，較，直也，射者所以直己志」，并下注云「然則所云正者，正也」。此取射義解之，故射義云「射者內志正，外體直，然後持弓矢審固」，注云「內正外直」。正鵠之名出自此，是也。云「或曰鵠，鳥名，射之難中，中之為俊，是以所射於侯取名也」，并下云「亦鳥名，齊魯之

乾隆四年校刊　　儀禮注疏卷七　大射儀　　五

間名題肩為正正鵠皆鳥之捷黠者。鄭以正鵠之名有此二義。故兩解之也。云考工記梓人為侯廣與崇方參分其廣而鵠居一焉者。三等皆高廣等。引之者。將欲解經見鵠之義。故先知侯鵠廣狹尺寸也。云則大侯之鵠方六尺者。以侯道九十弓。弓取二寸。二九十八。侯中丈八尺。三分其侯而鵠居一。故知鵠方六尺也。云糝侯之鵠方四尺六寸大半寸者。以侯道七十弓。弓取二寸。則侯中丈四尺。三分其侯鵠居其一。丈四取丈二。三分得四尺。尺於二尺之內取尺八寸。又得六寸。又二寸。一寸為三分。總六分取二分。二分於三分為二分寸之二。三分寸之二。即是大半寸。故云糝侯之鵠方四尺六寸大半寸也。云豻侯之鵠方三尺三寸少半寸者。豻侯侯道五十弓。弓取二寸。則侯中方一丈。三分其侯鵠居一焉。一丈且取九尺。得三尺。一尺取九寸。得三寸。一寸分為三分。得一分。為三分寸之一。則是少半寸。故云豻侯之鵠方三尺三寸少半寸也。云中人之足長尺二寸者。無正文。以目驗而知。云以豻侯計之者。以大侯糝侯高下無文。豻侯云下綱不及地武。則豻侯下綱去地尺二寸。以是從豻侯計之也。豻侯侯中一丈。上下躬及上下舌各二尺。合八尺。是丈八尺矣。又下不及地只二寸。則豻侯上綱去地丈九尺二寸也。糝侯侯中丈四尺，中上中下各四尺。得八尺。并之二丈二尺也。鵠居侯中三分之一。則鵠下亦有四尺六寸大半寸。通躬與舌四尺爲八尺六寸三分寸之二矣。張法。糝侯。鵠下畔與豻侯之上綱齊。所謂見鵠於豻。自餘糝侯鵠下畔八尺六寸大半寸在掩豻侯亦如之。豻侯上綱本去地丈九尺二寸。直掩八尺。上有一丈一尺二寸在。復掩六寸。上有一丈六寸在。復掩三分寸二。唯有一丈五寸三分寸一在。少半寸者即三分寸一也。言大半寸者即三分寸二也。故知糝侯下綱去地一丈五寸少半寸也。大侯中丈八尺。中之上下各四尺。即八尺矣。中方丈八尺。更加八尺。二丈六尺也。糝侯去地丈五寸少半寸。本上綱下綱相去二丈二尺。其舉也。上綱去地三丈二尺五寸少半寸也。大侯鵠下畔與糝侯上綱齊。所謂見鵠於糝也。侯中丈八尺。三分之則鵠下亦有六尺。下躬身四尺。一丈矣。則大侯自鵠以下掩糝侯一丈也。自一丈以下。猶有二丈二尺五寸少半寸在。是大侯下綱去地亦然。故注依此數也。云前射三日張侯設之。知三日者。前文云前射三日下云樂人宿縣。下云厥明。自前射三日以後論事不著異日。故知張侯與設之。同是射前三日矣。

○樂

乾隆四年校刊

人宿縣于阼階東笙磬西面其南笙鍾其南鑮皆南陳

注 笙猶生也東爲陽中萬物以生春秋傳曰太蔟所以金奏贊陽出滯沽洗所以脩絜百物考神納賓是以東方鍾磬謂之笙皆編而縣之周禮曰凡縣鍾磬半爲堵全爲肆有鍾有磬爲全鑮如鍾而大奏樂以鼓鑮爲節

音義 縣音懸注同鑮本又作鎛音博蔟七豆反沽音姑洗西典反編必連反又甫千反下同堵丁古反

疏 注釋曰云東爲陽中萬物以生者陽氣起於子盛於午故東方爲陽中也萬物以生以其正月三陽生太蔟用事故萬物生焉云春秋傳者是外傳泠州鳩對周景王辭引之者證鍾磬爲笙之事太蔟者寅上候氣之管據度律均鍾金即鍾也故奏之所以贊陽出滯云姑洗所以脩絜百物考神納賓者亦據度律均鍾姑洗在辰三月百物脩絜而出考神納賓謂祭祀而有助祭之賓客但東方陽管唯有此二律故據此二律言之是以

君東方鍾磬爲笙也。云皆編而縣之者。言皆者。欲解鑮
非應律之物。與鍾同言之者。以其鑮與鼓雖同西面。與
鍾同。不編之。而磬與鍾同十六枚而在一虡。與鍾同編。
又同宮。故兼言磬。是以磬師職云。掌教擊磬擊編鍾。注
云。磬亦編。於鍾言之者。鍾有不編。不編者鍾師擊之。是
其磬與鍾編之。此東方云笙而西方言頌者。以其東則
無射。主西方成功收藏。故稱頌。頌者美盛德之形容。故
云頌也。但天有十二次。地有十二辰。按書傳云。天子出
撞黄鍾之鍾。右五鍾皆應。入則撞蕤賓之鍾。左五鍾皆
應。左右云五。則除黄鍾蕤賓。蕤賓爲陽。而應鍾林鍾已西
爲右五也。大呂中呂已東爲左五也。云周禮曰凡縣鍾
磬半爲堵全爲肆者。周禮小胥職文。鼓鑮亦縣而直言
鍾磬者。據編縣者爲文。鼓鑮特虡之上各縣一而已。不
編之。鄭彼注云。半之者。謂諸侯之卿大夫半天子之卿
大夫。天子之卿大夫判縣。東西各有鍾磬。是全之爲肆。
諸侯卿大夫雖同判縣。半天子卿大夫。取一相鍾磬。分
爲兩相。西縣鍾。東縣磬。而天子之士特縣。直東有鍾磬。
亦是全之爲肆。諸侯之士直特縣。半天子之士縣磬而
已。或於階間。或於東方。又天子宮縣。四面皆有。諸侯軒
縣。闕南面。面皆有鍾磬鑮及鼓具有也。卿大夫士皆無

鑮者若有鑮則諸侯臣半天子臣不得具是以闕之云鑮如鍾而大者特牲注亦云鑮如鍾而大竝據國語而注之以言鑮形如鍾而復大以大故特一縣不編之也云奏樂以鼓鑮爲節者按周禮鑮師云掌金奏之鼓注云謂主擊晉鼓以奏其鍾鑮也以此言之則先擊鼓後擊鍾鑮皆是與樂爲節故鄭注以鼓鑮爲節不言鍾磬已注解故不言也

建鼓在阼階西南鼓應鼙在其東南鼓【注】建猶樹也以木貫而載之樹之跗也南鼓謂所伐面也應鼙應朄鼙也先擊朔鼙應鼙應之鼙小鼓也在東便其先擊小後擊大也鼓不在東縣南爲君也【音義】應應對之應注同鼙步迷反跗方于反便婢面反後皆同【疏】釋曰下西面北面建鼓者言一此建鼓不言一者彼在本方故須言一見無他鼓此鼓本東方以爲君故移來在北方故異其文不言一也【注】釋曰云建猶樹也以木貫而載之樹之跗也者按明堂位云殷楹鼓周縣鼓注云楹爲之柱貫中上出也縣縣之於簨虡也此云以木貫而載

之。則爲之柱，貫中上出也。周人縣鼓，今言建鼓，則殷法也。若醮用酒之類。主於射，略於樂，故用先代鼓。云鼓不在東縣南爲君者，決下一建鼓在其南，東鼓者爲賓，復不在東縣北者，取順君面故也。

西階之西，頌磬東面，其南鍾，其南鑮，皆南陳。一建鼓在其南東鼓，朔鼙在其北。

注 言成功曰頌。西爲陰中，萬物之所成。春秋傳曰：夷則所以詠歌九則，平民無貳。無射所以宣布哲人之令德，示民軌儀。是以西方鍾磬謂之頌。朔，始也。奏樂先擊西鼙，樂爲賓所由來也。鍾不言頌，鼙不言東鼓，義同，省文也。古文頌爲庸。

音義 頌，如字，一音容。射，音亦。爲，于僞反，下同。省，所景反。

疏 注釋曰：言春秋傳者，亦是外傳文。云詠歌九則者，謂六府三事九功之德是也。以此九則平民，使無差慝。云無射所以宣布哲人之令德者，哲人謂后稷。后稷以稼穡之功成於季秋。先王之業以農爲本，故

乾隆四年校刊

云示民軌義。謂軌法義理也。云先擊西鼙樂爲賓所由來也者。解先擊朔鼙之義。賓向外來位在西。其樂主爲樂賓。故先擊朔鼙應之也。云鍾不言頌磬不言東鼓義同省文也者。決上東方言笙鍾。應鼙言南鼓。此當言頌鍾東鼓。義與上文同。亦合有而不言者。省文也。云古文頌爲庸者。此雖疊古文不從。義亦通也。尚書云笙庸以閒。笙東方。鍾磬西方。是庸亦功也。亦有成功之義也。

一建鼓在西階之東南面。【注】言面者。國君於其羣臣。備三面爾。無鍾磬。有鼓而已。其爲諸侯則軒縣。【疏】【注】釋曰。云言面者國君於其羣臣備三面爾者。言國君合有三面。爲辟射位。又與羣臣射。闕北面。無鍾磬鎛。直有一建鼓而已。故不言南鼓而言南面也。云其爲諸侯則軒縣者。若與諸侯饗燕之類。則依諸侯制。縣三面皆有鼓與鍾磬鎛。

簜在建鼓之閒。【注】簜竹也。謂笙簫之屬。倚於堂。【音義】簜。大黨反。【疏】【注】釋曰。按禹貢云。篠簜既敷。注云。簜竹。故知此簜亦竹也。其器則管也。是以下云乃管新宮。注云。管謂吹簜。若鈔竹管也。按小師職注云。管如篴而小。併兩而吹之。今大予樂官有焉。爾雅云：大笙謂之巢，小者謂之和。簫大者二十三管，長尺四寸；小者十六管，長尺二寸。大笙十九簧，小者十三簧。若然，笙簫與管器異，以其皆用竹，故云笙簫之屬也。云倚於堂者，管擬吹之，不奇正兩建鼓間者，以不得倚於鼓，故知倚於堂也。

鼗倚于頌磬西紘。【注】鼗如鼓而小，有柄，賓至搖之以奏樂也。紘，編磬繩也。設鼗於磬西，倚于紘也。王制曰：天子賜諸侯樂，則以柷將之；賜伯子男樂，則以鼗將之。【音義】鼗，大刀反。倚，於綺反。紘，音宏。柄，彼命反。劉本作秉，音同。柷，尺六反。【疏】【注】釋曰：知鼗如鼓而小者，按那詩云：猗與那與，置我鼗鼓。傳云：猗，歎辭。那，多也。鄭讀置為植。植鼗鼓者，為楹貫而樹之。美湯受命伐桀，定天下而作濩樂，故歎之。多其改夏之制，乃始植我殷家之樂。鼗與鼓也。鼗雖不植，貫而搖之，亦植之類。以其殷人植鼓，以木貫之而下有跗，鼗亦以木為柄而貫之，但手執而不植為異，故云亦植之類。鼗與鼓同文，是鼗如鼓而小也。知有柄賓至搖之以奏樂者，按眡瞭職云：掌凡樂事，播鼗，擊頌磬笙磬磬言擊鼗言播播爲搖搖之可知鼗所以節樂賓至乃樂作故於賓至搖之以奏樂也云紘編磬繩也者紘若天子諸侯冕而朱紘用組之類磬在編縣之用紘故知紘編磬繩也知設鼗於磬西倚於紘者以其鍾磬皆面向東人居其前西面故知鼗在磬西倚之於紘也引王制者證鼗爲節樂之器柷狀如漆筩中有椎柄以節樂鼗亦節樂柷大於鼗故賜公侯樂則以柷將命賜伯子男樂則以鼗鼓將命自餘樂器陳於外也○厥

明司宮尊于東楹之西兩方壺膳尊兩甒在南有豐冪用錫若絺綴諸箭蓋冪加勺又反之皆玄尊酒在北【注】膳尊君尊也後陳之尊之也豐以承尊也說者以爲若井鹿盧其爲字從豆曲聲近似豆大而卑矣冪覆尊巾也錫細布也絺細葛也箭篠也爲冪蓋卷辟綴於篠橫之也又反之爲覆勺也皆玄尊二者皆有玄酒之尊重

本也。酒在北，尊統於君，南爲上也。唯君面尊，言專惠也。今文錫或作緆，絺或作綌。古文鬵作晉。［音義］錫，悉歷反。絺，敕其反。綴，陟衛反，又丁劣反。近，附近之近。畢，如字。劉音婢。篠，素了反。爲羃，于僞反。下注爲諦、爲有、爲射同。辟，必亦反。橫，如字。劉古曠反。鍚，悉歷反。劉余章反，又羊豉反。［疏］釋曰：自此盡羹定，論豫設尊洗具僎之事。按禮記燕義，諸侯射先行燕禮，自此至東陳，皆陳設器物，與燕禮同，但文有詳略耳。［注］釋曰：云說者以爲若井鹿盧之形，卽葬下棺椑閒重鹿盧之輦，其形兩頭大而中央小，今見井上豐柱夾之，以索繞而挽之，是也。云其爲字從豆曲聲者，此謂上聲下形之字。年和穀豆多有，故從豆爲形也。豐者承尊之器，象形也。是以豐年之字，曲下著豆。今諸經皆以承尊爵之曲，不用豐字之曲，而用豐年之豐。故鄭還依豐字解之。故云其爲字從豆，爲形以豐爲聲也。云近似豆大而卑矣者，既用豆爲形，還近似籩豆之豆。舉漢法而知。但豆口徑尺，柄亦長尺，口徑小而又高，此承尊之物，口足徑各亦差寬，中央亦大，其高比常豆而差矩。故云近似豆大而卑。但斲一大木爲之，取其安穩。

乾隆四年校刊

此豐若在宗廟。或兩君燕。亦謂之坫。致爵在於上。故論語云。邦君爲兩君之好有反坫。鄭注云反坫反爵之坫是也。必用豐年之豐爲坫者。以其時和年豐。萬物成熟粢盛豐備。以共郊廟神歆其祀。祝嘏其福。至鄉飲酒鄉射燕禮大射。或君與臣下及四方之賓燕。家富民足。人情優暇。旨酒嘉肴。盈尊滿俎。於以講道論政。既獻酬侑酢。至無算爵。行禮交樂。和上下相歡。勸飲爲樂故也。云錫細布也者。喪服記曰。錫者十五升抽其半。無事其縷有事其布曰錫。故知錫是細布也。謂之錫者。治其布使之滑易也。云雖君而尊者。玉藻文。注云面鄉尊也。彼謂人君燕臣子。專其恩惠。此大射亦謂人君燕臣下。與彼是同。專惠之道。故皆尊鼻嚮君。云言專惠者。決鄉飲酒尊於房戶之間賓主夾之不得專惠故也。

尊士旅食于西鑮之南。北面兩圜壺。【注】旅衆也。士衆食未得正祿。謂庶人在官者。圜壺變於方也。賤無玄酒。【音義】圜音圓。【疏】釋曰。前設縣時。鑮南更有一建鼓。今設尊不應在鼓北。而云鑮南者。其實在鼓南。門西北面。與燕禮同。而云鑮南者。遙繼鑮而言。必繼鑮者。樂以縣爲主故也。

又尊于大侯之乏東北兩壺獻酒【注】爲隸僕人巾車參侯豻侯之獲者獻讀爲沙沙酒濁特泲之必摩沙者也兩壺皆沙酒郊特牲曰汁獻涚于醆酒服不之尊俟時而陳於南統於侯皆東面【音義】獻素何反出注下注獻並同沙素河反下同泲子禮反涚始銳反醆壯簡反【疏】【注】釋曰知爲隸僕人巾車參侯豻侯之獲者以其此人皆有功又下文以此尊獻之故知也知沙酒濁者以五齊從下向上差之醍沈清於泛醴盎卽又在五齊之上故知沙酒濁也云特泲之必摩沙者也者此解名沙酒之意云郊特牲曰汁獻涚于醆酒者此以五齊中取醆酒盎齊泲鬱鬯之事獻沙也泲鬱鬯之時和盎齊以手摩沙出其香汁涚清也泲之使清也此爲隸僕以下卑賤之人而獻鬱鬯者此所得獻皆因祭侯爲侯之神故用鬱鬯也云服不之尊俟時而陳於南統於侯皆東面知此不爲大侯服不設者按下文云服不之尊東面南上故鄭云俟時而陳於南統於侯皆東面也

設洗于阼階

東南罍水在東篚在洗西南陳設膳篚在其北西面【注】或言南陳或言西面異其文也【疏】【注】釋曰云異其文也者洗篚言南陳亦西面膳篚言西面亦南陳異其文實同所從言異尊君故也設洗于獲者之尊西北水在洗北篚在南東陳【注】亦統於侯也無爵因服不也有篚為奠虛爵也服不之洗亦侯時而陳於其南【疏】【注】釋曰云亦統於侯也者前設尊兩獻酒亦云服不之尊侯時而陳於南統於侯今此設篚在南後設服不之洗在南亦統於侯。小臣設公席于阼階上西鄉司宮設賓席于戶西南面有加席卿席賓東東上小卿賓西東上大夫繼而東上若有東面者則北上席工于西階之東東上諸公阼階西北面東上【注】唯賓及公席布之也其餘樹之於位後耳。小卿命於其君者也。席于賓西，射禮辨貴賤也。諸公，大國有孤卿一人，與君論道，亦不典職，如公矣。【音義】卿，許亮反。【疏】【注】釋曰：知賓及公席布之，其餘樹之於位後者，下文更有孤卿大夫席文，故知也。此賓未布而言布之者，欲辨尊卑，故先言也。孤尊而後言之者，言若是有無不定，故後言也。云「小卿命於其君者也」者，按王制云：「大國三卿，皆命於天子。次國三卿，二卿命於天子，一卿命於其君。小國亦三卿，一卿命於天子，二卿命於其君。」若言小卿，據次國已下有之。云「射禮辨貴賤也」者，決燕禮大小卿皆在尊東西，無小卿位，彼主於燕，不辨貴賤故也。云「與君論道，亦不典職，如公矣」者，成王周官云：「立太師、太傅、太保，茲惟三公，論道經邦，燮理陰陽。」是三公論道無職也。大國立孤一人，論道與公同，亦無職，故云不典職如公也。從鄭不見周官，於周禮三公亦無職。考工記云「或坐而論道」，亦通及王公矣。官饌。【注】百官各饌其所當共之物。【音義】共，音恭，劉居倖反。【疏】釋曰：燕禮宰饌，此不言宰而言官者，欲見非獨宰，故鄭云百官各饌

○羹定【注】亨肉熟也射義曰諸侯之射也必先行燕禮燕禮牲用狗【音義】羹定多佞反射人告具于公公升即位于席西鄉小臣師納諸公卿大夫諸公卿大夫皆入門右北面東上士西方東面北上大夫在下侯之東北北面東上士旅食者在士南北面東上小臣師從者在東堂下南面西上【注】大夫在干侯東北士旅食者在士南爲有侯故入庭深也小臣師正之佐也正相君出入君之大命【音義】干音岸從才用反相息亮反【疏】釋曰自此盡少進論羣臣立位之事【注】釋曰云大夫在干侯東北士旅食者在士南爲有侯入庭深也者決燕禮士旅食者立于門西東上此不繼門而在士南繼士者爲有侯故入庭深也云小臣師正之佐也者下有小臣正正長也故以師爲佐云正相君出入君之大命者小

臣正，小臣中辨，如天子大僕，故引大僕職解之也。公降立于阼階之東南，南鄉。小臣師詔揖諸公卿大夫，諸公卿大夫西面北上。揖大夫，大夫皆少進。注詔，告也。變爾言揖，亦以其入庭深也。上言大夫，誤衍耳。疏注釋曰：燕禮言爾，以其近門去君遠而言爾，爾，近也，移也，揖之使移近。此入庭深，故不言爾而言揖，揖之而已，不須移近之也。云上言大夫誤衍者，以其大夫與公卿面有異，故下別言大夫，大夫少進，明上有大夫，誤衍大夫大夫四字也。○大射正擯。注大射正，射人之長。音義長，丁丈反。疏釋曰：自此盡門外北面，論請立賓之事。大射正對射人為長，若小臣正對小臣師亦為長。擯者請賓，公曰：命某為賓。注某，大夫名。擯者命賓，賓少進，禮辭。注命賓者東面南顧。辭，辭以不敏。反命。注以賓之辭告於君。又命之，賓再拜稽首，受命。注又，復

【音義】復，扶又反。擯者反命賓出立于門外北面公揖卿大夫
升就席小臣自阼階下北面請執冪者與羞膳者【注】請
士可使執君兩甒之冪及羞脯醢庶羞於君者方圓壺
獻無冪【疏】釋曰自此盡公卿者論卿大夫庭位及請執冪之事【注】釋曰云請士可使者鄭知請士者
據燕禮而知云方圓壺獻無冪者方圓壺臣尊獻獲者尊皆無冪乃命執冪者執冪者
升自西階立于尊南北面東上【注】命者於西階前以公
命命之東上執玄尊之冪為上羞膳者從而東由堂東
升自北階立于房中西面南上不言命者不升堂略之
【疏】【注】釋曰知命之在西階前者以其小臣位在東堂下於阼階請公命乃就西階命執冪者以其執冪者士
位在西故也云羞膳者從而東者已於燕禮釋訖云不升堂者但不由南方升略之升自北堂是亦升堂矣

膳宰請羞于諸公卿者。【注】膳宰請者，異於君也。【疏】釋曰：不言命者，對君言命，於臣略之。○擯者納賓，賓及庭，公降一等揖賓，賓辟。【注】及，至也。辟，逡遁，不敢當盛。【音義】辟，婢亦反，又音避。逡，七旬反。遁，音旬。【疏】釋曰：自此盡賓答再拜，論主人迎賓、賓拜至及獻賓之事。云公降一等揖賓，不言請賓至位就席者，亦是以賓與主人爲禮，禮不參，故不請也。此言賓辟，燕禮不言，文略也。公升即席。【注】以賓將與主人爲禮，不參之。奏肆夏。【注】肆夏，樂章名，今亡。呂叔玉云：肆夏，時邁也。時邁者，太平巡守祭山川之樂歌。其詩曰：明昭有周，式序在位。又曰：我求懿德，肆于時夏。奏此以延賓，其著宣王德、勸賢與？周禮曰：賓出入奏肆夏。【音義】夏，戶雅反。守，手又反。【疏】【注】釋曰：云肆夏樂章名今亡者，按周禮鍾師云：以鍾鼓奏九夏。杜子春引呂叔玉云

乾隆四年校刊

爲肆夏時邁也。繁過執競也。渠思文也。後鄭云。以文王鹿鳴言之。則九夏皆詩篇名頌之族類也。此歌之大者。載在樂章。樂崩亦從而亡。是以頌不能具。鄭彼注破呂叔玉。此注亦云肆夏樂章名。今亡。與彼注亦同。今此又引呂叔玉於下者。以無正文。叔玉或爲一義。故鄭於此兩解之也。云祭山川之樂歌者。以其時邁序云巡守告祭柴望也。謂巡守祭當方山川。則王制及尚書云望秩於山川是也。云明昭有周者。美武王有明昭於周。云式序在位者。式用也。位賢用能序之使在官位。云我求懿德者。懿美也。我求取美德之人也。云肆于時夏者。肆遂也。夏大也。能如此遂於王道之大。云奏此以延賓其著宣王德勸賢與者。今國君歌此詩延賓入者。其欲賓著明諸侯宣布王之德以勸賢人使有德。言與者。鄭以義解之無正文。故云與以疑之也。云周禮曰賓出入奏肆夏者。按大司樂云王出入則令奏王夏。尸出入則令奏肆夏。牲出入則令奏昭夏。下云大饗不入牲。其他皆如祭祀。鄭注云。大饗饗賓客也。彼賓客謂諸侯來朝者也。不入牲。牲不入。亦不奏昭夏也。其他謂王出入賓客出入亦奏王夏肆夏。以此言之。王用肆夏以饗諸侯來朝。今引之者。證燕時納賓亦奏之。按燕禮記云。若以樂納賓則賓及庭奏肆夏。鄭云：卿大夫有王事之勞，則奏此樂焉。此亦同彼注也。若臣無王事之勞，則如常燕，無以樂納賓法也。又此納賓樂，故諸侯亦得用者。升歌則不可。若賓醉而出，奏陔夏，與此異也。

○賓升自西階，主人從之。賓右北面至，再拜。賓荅再拜。注主人，宰夫也。又掌賓客之獻飲食，君於臣雖爲賓，不親獻，以其莫敢亢禮。

○主人降洗，洗南西北面。注賓將從降，鄉之。不於洗北，辟正主。疏釋曰：自此至虛爵降，論主人獻賓之事也。注釋曰：云「不於洗北，辟正主」者，按鄉飲酒、鄉射，主人降洗，洗北南面，是正主。此宰夫代君爲主，故不於洗北南面也。

賓降階西，東面。主人辭降，賓對。注對，荅。

主人北面盥，坐取觚，洗。賓少進，辭洗。主人坐奠觚于篚，興對。賓反位。注賓少進者，所辭異，宜遵其位也。獻不用爵，辟正主。

主人卒洗，賓揖

乃升。【注】賓每先升揖之。主人升，賓拜洗。主人賓右奠觚答拜，降盥。賓降，主人辭降。賓對，卒盥。賓揖升。主人升，坐取觚。【注】取觚，將就瓦甒酌膳。執冪者舉冪。主人酌膳。執冪者蓋冪。酌者加勺，又反之。【注】反之，覆勺。筵前獻賓。賓西階上拜，受爵于筵前，反位。主人賓右拜送爵。【注】賓既拜於筵前，受爵，退復位。【疏】【注】釋曰：云「賓既拜於筵前受爵」者，鄭恐讀者以拜下讀爲句。宰胥薦脯醢。【注】宰胥，宰官之吏也。不使膳宰薦，不主於飲酒，變於燕。【疏】【注】釋曰：云「不使膳宰薦」者，「不主於飲酒，變於燕」者，決燕禮使膳宰薦，主於飲酒故也。賓升筵，庶子設折俎。【注】庶子，司馬之屬，掌正六牲之體者也。《鄉射記》曰：「賓俎脊、脅、肩、肺。」不使膳宰設俎，爲射變於燕賓坐左執觚右祭脯醢奠爵于薦右興取肺坐絶祭嚌之興加于俎坐捝手執爵遂祭酒興席末坐啐酒降席坐奠爵拜告旨執爵興主人答拜【注】降席席西也旨美也【音義】捝始鋭反啐七内反樂闋【注】闋止也樂止者尊賓之禮盛於上也【音義】闋苦穴反【疏】釋曰此上經云奠爵拜告旨下經云賓卒爵則此經者是賓啐酒節即樂闋燕禮記亦云賓及庭奏肆夏賓拜酒主人答拜而樂闋亦據啐酒時按郊特牲賓入大門而奏肆夏又曰卒爵而樂闋與此啐酒樂闋不同者彼注謂朝聘者彼卒爵而樂闋此燕己臣子法故啐酒而樂闋也【疏】釋曰云尊賓之禮盛於上也者賓及庭奏肆夏至升堂飲酒乃樂止是尊賓之禮盛於堂上者也賓西階上北面坐卒爵興坐奠爵拜執爵興主人答拜○賓以虚爵降【注】既卒爵將酢也【疏】釋曰自此盡西序東面論賓酢

主人之事。主人降，賓洗南西北面坐奠觚，少進辭降。主人西階西東面少進對。賓坐取觚，奠于篚下，盥洗。[注]篚下，篚南。主人辭洗。賓坐奠觚于篚，興對，卒洗，及階揖升。主人升，拜洗如賓禮。賓降盥，主人降，賓辭降，卒盥，揖升，酌膳，執冪如初，以酢主人于西階上。主人北面拜受爵，賓主人之左拜送爵。[注]賓南面授爵，乃於左拜，凡授爵鄉所受者。[疏]注釋曰：云"賓南面授爵，乃於左拜，凡授爵鄉所受者"，知者，只經云主人北面，明凡授爵鄉所受者。鄉飲酒、鄉射獻酬酢皆然，故云凡。謂南面授與所受者也。主人坐祭，不啐酒。[注]辟正主也。未薦者，臣也。不拜酒。[注]主人之義。燕禮曰：不拜酒，不告旨。遂卒爵，興，坐奠爵，拜，執爵興。賓答拜。主人不崇酒。以虛爵降，奠于篚。【注】不崇酒，辟正君也。崇，充也。謂謝酒惡相充實。賓降，立于西階西，東面。【注】旣受獻矣，不敢安盛。【疏】釋曰：以堂上爲盛，故降下。下文於酬，賓降筵西，東南面立，注云「不立於序內，位彌尊」。燕禮注云「位彌尊，禮彌卑」，是未酬已前禮盛者也。擯者以命升賓，賓升，立于西序，東面。【注】命，公命也。東西牆謂之序。【疏】【注】釋曰：知公命者，命由尊者出故也。云「東西牆謂之序」者，爾雅釋宮文。○主人盥，洗象觚，升酌膳，東北面獻于公。【注】象觚，觚有象骨飾也。取象觚東面，不言實之，變於燕。【疏】釋曰：自此盡下篚，論主人獻公之事。云「取象觚東面」者，鄉公爲敬故也。云「不言實之，變於燕」者，燕禮云「實之」，主於飲酒。此云「酌」，不云「實之」，主於射，略於飲酒故也。公拜受爵，乃奏肆夏。【注】言乃者，其節異於賓。【疏】【注】釋曰：言「異」者，賓及庭奏，此君受爵乃奏，是其節異故也。

乾隆四年校刊

儀禮注疏卷七　大射儀

云乃者，綏辭也。主人降自西階，阼階下北面拜送爵。宰胥薦脯醢，由左房。庶子設折俎，升自西階。【注】自，由也。左房，東房也。人君左右房。鄉射記曰：主人俎脊脅臂肺也。【疏】釋曰：以人君左右房，故云左房，對大夫士東房而已。故云東房，不言左，以無右所對故也。公祭如賓禮。庶子贊授肺，不拜酒，立卒爵，坐奠爵，拜，執爵興。【注】凡異者，君尊，變於賓。【疏】釋曰：言異者，使庶子授肺，不拜酒，立卒爵之等，皆異於賓也。主人答拜。樂闋，升受爵，降奠于篚。○更爵洗，升酌散以降，酢于阼階下，北面坐奠爵，再拜稽首。公答拜。【注】更，易也。易爵不敢襲至尊。古文更為受。【音義】散，思但反，下音同。【疏】釋曰：自此盡于篚，論主人受公酢之事。主人坐祭，遂卒爵，興，坐奠爵，再拜稽首。公答拜。主人奠爵于篚。○主人盥洗，升，媵觚于賓，酌散，西階上坐奠爵，拜。賓西階上北面荅拜。注媵，送也。散，方壺之酒也。古文媵皆作騰。疏釋曰：自此盡南面立，論主人酬賓之事。主人坐祭，遂飲，賓辭。卒爵，興，坐奠爵，拜，執爵興。賓荅拜。注辭者，辭其代君行酒，不立飲也。此於正主酬也。疏釋曰：上文公飲立卒爵，此則坐飲，故以公決之。云此於正主酬也者，謂於鄉飲酒、鄉射是正主酬賓之節也。主人降洗，賓降，主人辭降。賓辭洗。卒洗，賓揖升，不拜洗。注不拜洗，酬而禮殺也。音義殺，所界反。主人酌膳，賓西階上拜，受爵于筵前，反位。主人拜送爵。賓升席，坐祭酒，遂奠于薦東。注遂者，因坐而奠之，不北面也。奠之者，酬不舉也。疏釋曰：云不北面也者，此決鄉飲酒、鄉射

賓北面坐奠觶于薦東。注皆云酬酒不舉。引曲禮君子不盡人之歡，不竭人之忠，以全交也。主人降

復位。賓降筵西，東南面立。【注】賓不立於序內，位彌尊。【疏】

【注】釋曰：案鄉飲酒注云：位彌尊，禮彌卑。引雜記一張一弛。此對酢時立于西序之時，不降于下，禮稍卑，位稍尊。此在席西東面，位彌尊，禮彌卑也。○小臣自阼階下請媵爵者，公命長。

【注】命之使選於長幼之中也。卿則尊，士則卑。【音義】長，丁丈反。注及下皆同。【疏】釋曰：自此盡反位，論將爲賓舉旅，使二人媵爵之事。【注】釋曰：云命之使選於長幼之中，知不取卿大夫之年長者，以其作下大夫，不取年長。又知不取臣中位長者，以共不取卿，故鄭云卿則尊，士則卑。故不取之，而取下大夫尊卑處中者。小臣作下大夫二人媵爵。【注】作，使。媵

爵者阼階下皆北面再拜稽首，公答拜。【注】再拜稽首，拜

君命。媵爵者立于洗南，西面北上，序進盥，洗角觶，升自

西階序進酌散交于楹北降適阼階下皆奠觶再拜稽首執觶興公荅拜注序次第也猶代也先者既酌右還而反與後酌者交於西楹北相左俟於西階上乃降往來以右爲上古文曰降造阼階下媵爵者皆坐祭遂卒觶興坐奠觶再拜稽首執觶興公荅再拜媵爵者執觶待于洗南注待待君命小臣請致者注請君使一人與二人與不必君命音義與音餘若命皆致則序進奠觶于篚阼階下皆北面再拜稽首公荅拜媵爵者洗象觶升實之序進坐奠于薦南北上降適阼階下皆再拜稽首送觶公荅拜注既酌而代進往來由尊北交於東楹北

亦相左。奠於薦南，不敢必君舉。【疏】【注】釋曰：言亦者，亦前酬酌自飲時，相左於西楹之北。時後者南相東向，先者北相西向，向西階右旋北面，待後至降也。今此二人，先者於尊西東面酌訖，於東楹之北東向，向公前奠之。右旋於東楹之北北畔西過。後者亦於尊西東面酌訖，於東楹之北南過東向，於公前奠之。是亦交於楹北相左也。云「尊於薦南，不敢必君舉」者，凡舉者於右，不舉者於左。今奠於薦左，是不舉之處，故云不敢必君舉也。

媵爵者皆退反位。【注】反門右北面位。【疏】【注】釋曰：但大夫初與卿在門右北面，得揖少進，中庭北面，今當於庭中位而立。云門右北面位者，大夫雖得揖少進，仍是門右北面位，少進而已，故鄭還以門右北面言之。

○公坐取大夫所媵觶，興以酬賓。賓降西階下，再拜稽首。小臣正辭。賓升成拜。【注】公起酬賓於西階，降尊以就卑也。正，長也。小臣長辭，變於燕。升成拜，復再拜稽首。先時君辭之，於禮若未成然。【疏】釋曰。自此盡復位。論爲賓舉旅下及大夫之事。【注】釋曰。云小臣長辭變於燕者。燕禮直使小臣辭。亦是燕主歡。此射禮辨尊卑。故使小臣長辭。異於飲酒禮。故云變於燕也。

公坐奠觶。答拜。執觶興。公卒觶。賓下拜。小臣正辭。賓升再拜稽首。【注】不言成拜者。爲拜故下。實未拜也。下不就拜。禮殺也。下亦降也。發端言降拜。因上事言下拜。【音義】爲。于僞反。【疏】釋曰。自此已下皆云公答拜。不言再拜。燕禮皆言公答再拜。不同者。燕主歡。不明尊卑。故公拜皆再拜。此射禮主辨尊卑。故直云答拜。答一拜。此一拜者正禮也。故周禮大祝辨九拜。一曰稽首。首至地。臣拜君法。二曰頓首。頓首平敵相拜法。三曰空首。君答臣下拜。後不爲再拜。即七曰奇拜是也。【注】釋曰。因上云下亦降也者。此非謂下爲降。故以發端言降拜。因上事言下拜。直因降有上文。即云下也。經云公卒觶賓下拜者。公尊不拜既爵。賓降拜。若爲君拜既爵也。

公坐奠觶。答拜。執觶興。賓進受虛觶。降。奠于篚。易觶興洗。

【注】賓進，以臣道就君，受虛爵，君不親酌。凡爵不相襲者，於尊者言更，自敵以下言易。更作新，易有故之辭也。不言公酬賓於西階上，及公反位者，尊君，空其文也。公有命則不易不洗，反升酌膳，下拜。小臣正辭，賓升再拜稽首，公答拜。【注】不易，君義也。不洗，臣禮也。賓告于擯者，請旅諸臣，擯者告于公，公許。【注】旅，序也。賓欲以次序勸諸臣酒。賓以旅大夫于西階上，擯者作大夫長升受旅。【注】作，使也。使之以長幼之次，先孤卿，後大夫。賓大夫之右坐奠觶，拜，執觶興，大夫答拜。【注】賓在右，相飲之位。【音義】飲，於鴆反。【疏】【注】釋曰：賓位在左，而在大夫之右者，是相飲之位，非賓主之正位也。賓坐祭，立卒

戴云宋本作席卿

觶不拜。【注】酬而禮殺。若媵觶也，則降更觶，洗，升實散。大夫拜受，賓拜送，遂就席。【注】言更觶，尊卿。尊卿則賓禮殺。【疏】注釋曰：上注云不相襲者，於尊者言更，自敵以下言易。此賓於卿，是自敵以下，當言易。今言更者，尊卿。尊卿則卑賓，禮殺也。大夫辯受酬，如受賓酬之禮，不祭酒，卒受者以虛觶降，奠于篚，復位。【注】卒，猶已也。今文辯作徧。【音義】辯音遍。【疏】釋曰：言復位者，亦如上復門右北面位，即庭中北面位也。○主人洗觚，升實散，獻卿于西階上。【注】酬賓而後獻卿，飲酒禮成於酬。司宮兼卷重席，設于賓左，東上。【注】言兼卷，則每卿異席。重席，蒲筵緇布純。卿席言東上，統於君。席自房來。【音義】重，直容反。純，之閏反，又章允反。【疏】釋曰：上文設席之下，注謂唯賓及公席布之，其餘樹之於位後，至獻卿乃布之。

乾隆四年校刊

儀禮注疏卷七　大射儀　三二

則此云兼卷者不謂至是始卷之直是鋪設之時兼卷而設之也。卿升拜受觚主人拜送觚卿辭重席司宮徹之【注】徹猶去也重席雖非加猶爲其重累辭之辟君【音義】去起呂反乃薦脯醢卿升席庶子設折俎【注】卿折俎未聞蓋用脊脅臑折肺卿有俎者射禮尊【音義】臑奴到反【疏】【注】釋曰云卿折俎未聞者以燕禮卿無俎故云未聞又云蓋用脊脅臑折肺者案鄉射記云賓俎脊脅肩肺主人俎脊脅臂肺又獲者之俎折脊脅肺臑彼注云臑若膊骼觳之折以大夫之俎體以次言之則此賓俎亦用脊脅肩肺君俎亦脊脅臂肺前體有肩臂臑後體有膊骼觳尊卑以次用之故卿宜用臑若有公公用臑卿宜用膊也云卿有俎者射禮尊者對燕禮不辨尊卑故公卿等皆無俎也卿坐左執爵右祭脯醢奠爵于薦右興取肺坐絕祭不嚌肺興加于俎坐挩手取爵遂祭酒執爵興降席西階上北面坐卒爵，興，坐奠爵，拜，執爵興。【注】陳酒肴，君之惠也。不嚌肺，亦自貶於君。【疏】釋曰：案燕禮君在不嚌不啐者，彼爲臣有功，君與之燕，恩及於卿，故卿不敢啐也。卿有無俎者，自然不嚌也。主人答拜，受爵，卿降復位。【注】復西面位。不酢，辟君。辯獻卿。主人以虛爵降，奠于篚。擯者升卿，卿皆升就席。若有諸公，則先卿獻之，如獻卿之禮。席于阼階西，北面東上，無加席。【注】公，孤也。席之北面，爲大尊屈之也。亦因阼階上近君，近君則親寵，苟敬私昵之坐。【音義】先，悉薦反。大音泰。昵，女乙反。〇小臣又請媵爵者，二大夫媵爵如初。請致者，若命長致，則媵爵者奠觶于篚。【注】命長致者，使長者一人致也。公或時未能舉，自優暇。【疏】

釋曰自此盡奠于篚論舉旅之事一人待于洗南注不致者長致者阼階下再拜稽首公答拜注再拜稽首拜君命洗象觶升實之坐奠于薦南降與立于洗南者二人皆再拜稽首送觶公答拜注奠於薦南先媵者上觶之處也二人皆拜如初共勸君飲之○公又行一爵若賓若長唯公所賜注一爵先媵者之下觶也若賓若長禮殺也長孤卿之尊者也於是言賜射禮明尊卑疏釋曰燕禮爲卿舉旅言若賓若長唯公所酬燕禮主於飲酒此言所賜是以決之也以旅于西階上如初注賜賓則以酬長賜長則以酬賓大夫長升受旅以辯大夫卒受者以虛觶降奠于篚○主人洗觚升獻大夫于西階上

大夫升拜受觶。主人拜送觶。大夫坐祭。立卒爵。不拜既爵。主人受爵。大夫降復位。【注】既，盡也。大夫卒爵不拜，賤不備禮。【疏】釋曰。自此盡就席，論獻大夫之事。【注】釋曰。此注云大夫卒爵不拜賤不備禮。燕禮注云禮殺者。兩注相兼，其義乃足。對公卿拜既爵。此不拜。此獻卿後是禮殺。亦是賤不備禮也。

胥薦主人于洗北，西面。脯醢，無脀。【注】胥，宰官之吏。主人，下大夫也。先大夫薦之，尊之也。不薦于上，辟正主。脀，俎實。【音義】脀，之承反。

辯獻大夫，遂薦之，繼賓以西，東上。若有東面者，則北上。卒，擯者升大夫，大夫皆升就席。【注】辯獻乃薦，略賤也。亦獻後布席也。【疏】【注】釋曰。既言辯獻大夫遂薦之。後乃云繼賓以西東上以下云云者。上總言辯獻大夫。大夫乃一時薦之。下文更明布席位次就席之儀。故云辯獻乃薦略賤也。略賤則是獻訖降階獻辯。賓者乃總升之。就席。就席訖乃薦之。○乃席工于西階上少東小臣納工。工六人四瑟。注工謂瞽矇善歌諷誦詩者也。六人大師少師各一人。上工四人。四瑟者禮大樂衆也。疏釋曰自此盡西面北上坐。論作樂及獻工之事。注釋曰。云六人者大師少師各一人上工四人。皆據文而言也。云禮大樂衆也者。對燕禮工四人而言也。僕人正徒相大師僕人師相少師僕人士相上工。注徒空手也。僕人正僕人之長。師其佐也。士其吏也。天子視瞭相工。諸侯兼官。是以僕人掌之。大師少師工之長也。凡國之瞽矇正焉。杜蒯曰。曠也大師也。於是分別工及相者。射禮明貴賤。音義相息亮反。瞭音了。蒯苦怪反。疏注釋曰。云僕人正僕人之長。師其佐也者。以正爲長。師爲衆。故云僕人正爲長。僕人師爲佐也。云士其吏也者，以其在僕人之下，故知僕人之吏。吏則府史之類也。云天子視瞭相工者，見於眡瞭職文。云大師少師工之長也者，周禮春官大師下大夫二人，小師上士四人。鄭注云：凡樂之歌，必使瞽矇爲焉，命其賢知者以爲大師、少師，是樂工之長也。云杜蒯曰曠也大師也者，禮記檀弓文，引之者，證大師爲樂工之長也。云於是分別工及相者，射禮明貴賤者，對燕禮主歡，不明貴賤，故不分別工貴及相賤。相者皆左何瑟，後首內弦挎越，右手相。注 謂相上工者。後首，主於射，略於樂也。內弦，挎越以右手，相工由便也。越，瑟下孔，所以發越其聲者也。古文後首爲後手。音義 挎，口胡反，又口侯反。後者徒相入。注 謂相大師少師者也。上列官之尊卑，此言先後之位，亦所以明貴賤。凡相者以工出入。疏 注釋曰：上列官之尊卑，此陳先後之位，亦所以明貴賤者。上列官之尊卑，謂先言僕人正與大師，後言僕人士與上工，是列官尊卑也。此陳先後。則上工與瑟在前。大師少師在後。是先後之位。旣據入時行位。亦據升堂與坐先後之位。亦依此也。云凡相者以工出入者。欲見入時如此。出時亦然。小樂正從之。注從大師也。後升者變於燕也。小樂正於天子樂師也。疏注釋曰。云從大師也後升者變於燕也者。燕禮樂正先升。又不使小樂正者。彼主於樂。此則略於樂故也。升自西階北面東上。注工六人。坐授瑟乃降。注相者也。降立于西縣之北。音義縣音懸。下同。疏注釋曰。鄉飲酒注云。降立于西方近其事。以取近其事。故在西縣之北也。小樂正立于西階東。注不統於工。明工雖衆位猶在此。疏注釋曰。云不統於工。明工雖衆位猶在此者。決燕禮工四人。樂正升立于工之西。在西階東。不統于工。此雖六人衆於彼。猶統于階。而在西階東。不變。若使小樂正統之於工。恐工位移近西。故猶統于階也。乃歌鹿鳴三終。注鹿鳴。小雅篇也。人君與臣下及四方之賓燕。

講道脩政之樂歌也。言已有旨酒以召嘉賓與之飲者樂嘉賓之來示我以善道。又樂嘉賓有孔昭之明德可則傚也。歌鹿鳴三終而不歌四牡皇皇者華主於講道略於勞苦與諮事。【疏】【注】釋曰云主於講道略於勞苦者據四牡勞使臣。此不用之云與諮事者。謂皇皇者華有諮謀諮度諮詢之事。亦略之也。

主人洗升實爵獻工工不興。左瑟。【注】工歌而獻之以事報之也。洗爵獻工辟正主也。獻不用觚。工賤異之也。工不興不能備禮。左瑟。便其右。大師無瑟於是言左瑟者節也。【疏】【注】釋曰云洗爵獻工辟正主也者。案鄉飲酒鄉射云。大師則為之洗。謂君賜之樂者其餘工不為之洗。是正主法。今此工六人皆為之洗故云辟正主也。必知同洗者。以其更無別獻之文。故知同洗也。云獻不用觚工賤異之也者。燕禮大射獻賓獻卿大夫皆用觚

而獻工用爵。故云異之。鄉飲酒鄉射獻同觚者。變於

君故也。云大師無瑟。於是言左瑟者節也。也者。上言獻工。

下云一人拜受爵。則六人皆在工內。而云工不與左瑟

於是明大師亦入左瑟中。故須云大師無瑟。於是言左

瑟者。以其六人總當獻酒之節。一人拜受爵。[注]謂大師

故總入左瑟文。不謂有瑟也。[疏]釋曰。云謂大

也。言一人者。工賤同之也。工拜於席。[疏]師也。言一人者

工賤同之也者。鄉飲酒鄉射云。大師則為之洗。與鄉此

一人謂大師。不言大師對君。工賤。不異其文。故同之而

云一人也。主人西階上拜送爵。薦脯醢。[注]輒薦之。變於大夫

人。[疏]釋曰。案上文云辯獻大夫遂薦之。此工。使人相祭。[注]

[疏]得獻。不待辯輒薦之。故云變於大夫。也。祭薦祭酒者。此

使人相者。相其祭薦祭酒。[疏]文承[注]釋曰。一人知受爵薦脯醢之

下。明二者皆祭也。若下文卒爵不拜。主人受虛爵。衆工

衆工。直祭酒。不祭脯醢也。

不拜受爵。坐祭。遂卒爵。辯有脯醢。不祭。[注]相者。相其祭

酒而已。主人受爵降奠于篚，復位，大師及少師上工皆降，立于鼓北，羣工陪于後。【注】鼓北，西縣之北也。言鼓北者，與鼓齊面，餘長在後也。羣工陪于後，三人爲列也。於是時小樂正亦降立于其南，北面。工立，僕人立于其側坐，則在後。考工記曰：鼓人爲皋陶，長六尺有六寸。【音義】餘長，之長，丁丈反，下之長同。陶，音遥。長六之長，直亮反。【疏】【注】釋曰：知鼓北是西縣之北者，以其下文大師少師始還向東，明此降者降在西縣之北，可知。云言鼓北者與鼓齊面餘長在後也者，案前列樂縣之時，鼓在鏄南，今不言在鍾磬之北，遥據鼓面言之者，欲取形大，又面向東，工亦面向東，故遥取鼓面也。言餘長在後者，欲見鼓長六尺六寸，工面與鼓面齊，鼓有餘長在人後矣。言此者，工與鼓前面齊，後面不齊之意也。云羣工陪于後三人爲列也者，大師少師二人，上工四人，今若立時，三人爲列，大師後有工二人，少師後亦有工二人，故

乾隆四年校刊

云三人爲列也。云於是時小樂正亦降立于其南北面者。亦約還樂於東方。工西面。樂正北面。言亦者。亦東方也。云工立僕人立于其側坐則在後者。亦約還樂東方時面位得知也。云考工記曰鼓人爲皋陶長六尺有六寸者。彼云韗人爲皋陶。先鄭云。韗書或爲鞠。後鄭謂鞠者以皋陶名官。鞠則陶字從革。今云鼓人者誤。當作鞠人。鞠人掌鼓。後人誤言鼓。鼓人自在地官掌教六鼓矣。云爲皋陶者。鼓木之名。其穹隆二十板。謂鼓木長六尺六寸。賈侍中彼解爲晉鼓。引之者。證鼓東西長。工齊前面。於後有餘之義也。

乃管新宮三終。

【注】管謂吹簜以播新宮之樂。其篇亡、其義未聞。笙從工而入。旣管不獻。略下樂也。立于東縣之中。

【疏】【注】管謂吹簜。釋曰。云者。此云管。上云簜。故鄭合爲一事解之。云其篇亡其義未聞者。以其堂下詩故與由庚由儀之等同亡。但上由庚由儀之等有序無詩。故云有其義而亡其辭。此則辭義皆亡。故云其義未聞。云笙從工而入者。案燕禮云。笙入立于縣中。有笙入之文。此上下不見笙入之文。故知笙從工而入也。上文簜與爲竹。謂笙簫之屬。竹卽管也。

今此經云管。已解簜爲管。復云笙從工而入者。燕禮記云。下管新宮。笙入三成。則吹管者亦吹笙。故兼言笙。欲見笙管相將也。云立于東縣之中者。燕禮笙入立于縣中。則近於亡縣而言。此辟射位。故知立于東縣之中也。

卒管。大師及少師上工。皆東坫之東南。西面北上坐。【注】不言縣。北統於堂也。於是時大樂正還北面立于其南。

【疏】釋曰。工人前不即還于東者。爲管笙所作。不以無事亂有事。故待卒管。大師乃東坫西面北上坐。不言表堂遠近。當知鄉射遷工阼階下之東南堂前三笴西面北上。【注】釋曰。云不言縣北統於堂也者。上云鼓北。不統於堂者。彼權立。非正位故也。

○擯者自阼階下請立司正。【注】三爵既備。上下樂作。君將留羣臣而射。宜更立司正以監之。察儀法也。【音義】監。古銜反。【疏】釋曰。自此盡北面立。論將射立司正察儀安賓之事。

公許。擯者遂爲司正。【注】君許其請。因命用之。不易之者。俱相禮其事同也。司正適洗，洗角觶，南面坐奠于中庭。【注】奠觶者，著其位以顯其事，威儀多也。【疏】【注】釋曰：燕禮及此射禮，司正不以觶升而奠之於地，北鄉飲酒及鄉射為顯其事，威儀多。自此已後還與二鄉同也。升東楹之東受命于公，西階上北面命賓、諸公、卿、大夫。公曰：以我安賓。諸公、卿、大夫皆對曰：諾，敢不安。【注】以我安者，君意殷勤，欲西之以我故安也。司正降自西階，南面坐取觶，升酌散，降，南面坐奠觶。【注】奠於中庭故也。興，右還，北面少立，坐取觶，興，坐不祭，卒觶，奠之，興，再拜稽首，左還，南面坐取觶，洗，南面反奠于其所，北面立。【注】皆所以自昭明於眾也。將於觶南北面，則右還；於觶北南面，則左還。如是得從觶西往來也。必從觶西往來者，爲君在阼，不背之也。

○司射適次，袒決遂，執弓，挾乘矢於弓外，見鏃於弣，右巨指鉤弦。[注]司射，射人也。次，若今時更衣處，張幃席爲之。耦次在洗東南。袒，左免衣也。決，猶闓也，以象骨爲之，著右巨指，所以鉤弦而闓之。遂，射韝也，以朱韋爲之，著左臂，所以遂弦也。方持弦矢曰挾。乘矢，四矢。弣，弓把也。見鏃焉，順其射也。右巨指，右手大擘，以鉤弦。弦在旁，挾由便也。古文挾皆作接。[音義]挾，音協，又子協反。乘，繩證反。見，賢遍反。鏃，子木反，又七木反。弣，芳甫反。闓，音開。韝，古侯反。把，音霸。擘，彼革反。[疏]釋曰：自此至于次，論射事將至，誓射者及比三耦之事。[注]釋曰：云「司射，射人也」者，案燕禮「射人告具」，注云「射人主此禮」，以其或射。又云「射人納賓」，又云「射人請立司正。公許。射人遂爲司正。則射人司正一人也。又云乃薦司正與射人一人。注。天子射人司士皆下大夫二人。諸侯則上士。其人數亦如之。又曰若射則大射正爲司射。注。大射正射人之長。此篇云射人告具。又曰大射正擯。自此以後皆止云擯。擯者自阼階下請立司正公許。遂爲司正。則此篇司正與大射正爲一人也。下云公就物。小射正奉決拾以笥。大射正執弓。注云。大射正。舍司正親其職。乃薦司正。注云。司正大射正。是也。云耦次在洗東南者。此無正文。案鄉射記云。設楅橫奉之。南面坐奠之。南北當洗。此下云三耦出次。西行拾取矢。又當北行向楅。則次在洗東南矣。云方持弦矢曰挾者。以自矢橫爲方。鄉射記云。凡挾矢於二指閒橫之是也。

阼階前曰。爲政請射。注 爲政謂司馬也。司馬政官。主射禮。疏 注釋曰。云爲政謂司馬。司馬政官者。案大宰云。四曰夏官。其屬六十。掌邦政。是爲政謂司馬也。云司馬政官主射禮者。其屬有射人主射事。故司馬政官主射禮也。

遂告曰。大夫與大夫。士御於大夫。注 因告選三耦於君。御猶侍也。大夫與大夫爲耦。不足則士侍於大夫與爲耦也。今文於爲于。【疏】【注】釋曰：云不足則士侍於大夫與爲耦也者，以曲禮云君使士射，注謂以備耦是也。○遂適西階前，東面右顧，命有司納射器。【注】納，內也。【疏】釋曰：命謂司射命之也。言有司，則前文司士戒士射與贊者，注云謂士佐執事不射者是也。鄉射西階前西面命弟子納射器，此言東面者，君在阼，宜向之，故東面。右顧者，以其有司是士，士在西階南東面，是以右顧向之。射器皆入。君之弓矢適東堂，賓之弓矢與中、籌、豐皆止于西堂下，衆弓矢不挾，總衆弓矢、楅皆適次而俟。【注】中，閭中，算器也。籌，算也。豐，可奠射爵者。衆弓矢，三耦及卿大夫以下弓矢也。司射矢亦止西堂下。衆弓矢不挾，則納公與賓弓矢者挾之。楅，承矢器。今文俟作待。【音義】楅音福。數音朔。【疏】【注】釋曰：云中閭中算器也者鄉射記云於郊則閭中據此大射故知閭中中所以盛算故云算器也云司射矢亦止西堂下者下文云司射卒誘射遂適堂西改取一个挾之是也若然司射有矢無弓在堂西有弓者謂或則據司射將獻釋獲者適作階西去扑適堂西釋弓脫決拾是時弓在西堂下也

工人士與梓人升自北階兩楹之閒疏數容弓若丹若墨度尺而午射正涖之

【注】工人士梓人皆司空之屬能正方圓者一從一橫曰午謂畫物也射正司射之長【音義】從子容反【疏】【注】釋曰知工人士與梓人皆司空之屬能正方圓者冬官雖亡不知官屬之號見今考工記有三十官有梓人之官此工人士又與梓人同事故知冬官未亡時屬司空也云能正方圓者以工巧能知之也繢人職云火以圜土以黃其象方梓人職張五采之侯之類是知方圓也云一從一橫曰午謂畫物也者則鄉射記長與距隨是也但未知從者橫者若為用丹若為用墨或科用其一云午十字謂之先以左足履物右足隨而並立也云度尺者卽鄉射記從如笴

三尺。横如武尺二寸。是也。卒畫自北階下。司宮埽所畫物自北階下。

注 埽物重射事也。工人士梓人司宮位在北堂下。疏 釋曰。知工人士梓人司宮位在北堂下。雖無正文。南方不見有位。其人升降自北階。明位在北堂下。

○大史俟于所設中之西東面以聽政。注 中未設也。大史俟焉。將有事也。鄉射禮曰。設中。南當楅。西當西序。東面。疏 注 釋曰。注引鄉射者。欲見大史位之所在此也。

司射西面誓之曰。公射大侯。大夫射參。士射干。射者非其侯中之不獲。卑者與尊者爲耦不異侯。大史許諾。注 誓。猶告也。古文異作辭。音義 中。丁仲反。疏 釋曰。卑者與尊者射不異侯。言此者。以其誓云君射大侯。大夫射參侯。士射干侯。恐與尊爲耦。耦亦各射已侯。故覆言此。賓與君爲耦。同射大侯。士與大夫爲耦。同射參侯。以其既與尊者爲耦。不可使之别侯。别侯者則非耦類故也。遂比三耦。【注】比，遂次之也。不言面者，大夫在門右北面，士西方東面。【音義】比，毗志反。【疏】【注】釋曰：云不言面者，以下云面，故決之。云大夫在門右北面士西方東面者，仍依朝位，以其設朝之班位以來，其位未改，明知司射命誓及比次須還依舊位，司射面皆向之而比次也。若耦及侯數，天子大射賓射六耦三侯，畿內諸侯則二侯四耦，畿外諸侯大射賓射皆三侯三耦。但諸侯畿外畿內各有一申一屈，故畿外三侯，遠尊得申，與天子同，三耦則屈；畿內二侯，近尊則屈，屈四耦則申。若燕射則天子諸侯例同二耦一侯而已，以其燕私屈也。若卿大夫士例同一侯二耦，略言之，數備禮記射義也。三耦俟于次北，西面北上。【注】未知其耦。今文俟為立。【疏】【注】釋曰：云未知其耦者，下經始命之，故云未知其耦。若然，此經已言面位者，為三耦雖未知與誰為耦，要須為三耦，故立於此。司射命上射曰：某御於子。命下射曰：子與某子射。卒，遂命三耦取弓矢于次。【注】取弓矢不拾者矢中隱蔽處。[音義]拾，其業反。[疏][注]釋曰：云取弓矢不拾者，矢中隱蔽處者，對鄉射堂西顯露之處。拾，取矢也。○司射入于次，搢三挾一个，出于次西面揖，當階北面揖，及階揖，升堂揖，當物北面揖，及物揖，由下物少退，誘射。[注]搢，捷也。挾，一个挾於弦也。个，猶枚也。由下物而少退，謙也。誘，猶教也。夫子循循然善誘人。[音義]捷，初洽反。本又作扱。[疏]釋曰：自此至東面，論司射誘射之事。此射人誘射與鄉射同，但鄉射往階西取弓矢。此則入次取弓矢為異。然此云入次搢三挾一个，則已前皆挾乘矢不改。鄉射亦然。[注]釋曰：引論語者，彼夫子教弟子學問事，司射教人射。事雖不同，同是教法，故引為證也。射三侯，將乘矢，始射干，又射參，大侯再發。[注]將，行也。行四矢，象有事於四方。詩云：四矢反兮，以御亂兮。[音義]射，食亦反。卒射，北面揖。[注]

乾隆四年校刊

揖於當物之處。不南面者。爲不背卿。【疏】釋曰。案鄉射誘射卒南面揖者。彼尊東。或公或卿大夫位同不別。故司射不特尊之。此大射辨尊卑。尊東。唯有天子命卿。其餘小卿及大夫背賓西。故特尊之。不背之也。及階揖降。如升射之儀。遂適堂西。改取一个挾之。【注】改。更也。不射而挾矢。示有事也。遂取扑搢之以立于所設中之西南。東面。【注】扑。所以撻犯教者也。於是言立。著其位也。鄉射記曰。司射之弓矢與扑。倚于西階之西。【音義】扑。普卜反。【疏】【注】釋曰。云於是言立著其位者。案鄉射司射先立所設中之西南。三耦從之。立於西南。司射却就之。搢三挾一个。乃誘射。此則誘射卒乃始來就位者。由此有次。就次取弓矢。射訖。無事乃於此立。故云於是言立著其位也。引鄉射記者。此不言司射倚弓矢之處。引之。證此與彼記文同也。

○司馬師命負侯者執旌以負侯。【注】司馬師。正之佐也。欲令射者見侯與旌，深志於侯中也。負侯，獲者也。天子服不氏，下士一人，徒四人，掌以旌居乏，待獲。析羽爲旌。〔音義〕令，力呈反。〔疏〕釋曰：自此盡「而俟」，論司馬師命服不負侯之事也。〔注〕釋曰：引天子服不氏下士一人、徒四人者，欲見諸侯亦三侯，亦使服不氏與徒爲獲者也。云「析羽爲旌」，周禮司常文。

負侯者皆適侯，執旌負侯而俟。司射適次，作上耦射。〔注〕作，使也。司射反位。〔疏〕釋曰：此不言先反位者，爲三耦始出次，未有次前位，無所先，故不言先也。

上耦出次，西面揖進。上射在左，並行。當階北面揖，及階揖。上射先升三等，下射從之，中等。〔注〕上射在左，便射位也。中猶閒也。〔疏〕釋曰：云「上射在左，便射位也」者，鄉射亦云上射在左，不云便射位者，彼東面位，上射在北，故在左不取便射位之義。此次北西面位，亦上射在北居右，故上射須在左，以其發位並行，及升北面就物位皆言居左。履物南面。上射乃在上。射升堂少左。下射升上右。故云上射在左便射位也。

射揖並行。【注】並，併也。併東行。皆當其物。北面揖。及物揖。皆左足履物。還視侯中。合足而俟。【注】視侯中。各視其侯之中。大夫耦則視參中。參中十四尺。士耦則視干中。干中十尺。○司馬正適次。袒決遂。執弓。右挾之。出。升自西階。適下物。立于物間。左執弣。右執簫。南揚弓。命去侯。【注】司馬正。政官之屬。簫。弓末。揚弓者。執下末。揚。猶舉也。適下物。由上射後東過也。命去侯者。將射當獲也。鄉射禮曰。西南面立於物間。【疏】【注】釋曰。云司馬正政官之屬者。非大司馬。大司馬之下屬大司馬。故云司馬屬。案天子有大司馬卿一人。小司馬中大夫二人。此雖諸侯禮。亦應有小司馬。號爲司馬正也。知適下物由上射後東適也者案鄉射司馬命去侯時由上射後過適西下射西西南面揚弓命去侯故引鄉射證此亦在物間西南面也。負侯皆許諾以宮趨直西及乏南又諾以商至乏聲止【注】宮爲君商爲臣其聲和相生也鄉射禮曰獲者執旌許諾古文聲爲磬【疏】注釋曰云宮爲君商爲臣樂記文云聲和相生者宮生徵徵生商而云相生者雖隔徵亦是相生之義也云聲和者宮數八十一商數七十二彈宮則商應故云聲和也引鄉射者彼臣禮直云諾聲不絕不言宮商引之證與此不同之意。授獲者退立于西方獲者興共而俟【注】大侯服不氏負侯徒一人居乏相代而獲參侯干侯徒負侯居乏不相代鄉射禮曰獲者執旌許諾聲不絕以至於乏坐東面偃旌興而俟古文獲皆作護非也。【音義】共九勇反【疏】注釋曰云大侯服不氏負侯徒一人居乏

乾隆四年校刊

儀禮注疏卷七　大射儀　三

相代而獲者。上注引周禮服不氏下士一人徒四人。是以鄭分之於三侯之上。大侯尊故使服不氏與一徒居乏。自餘徒三人分之於二侯。徒以少一人不得相代也。引鄉射者。此文不具。宜與彼同。司馬正出于下射之南。還其後降自西階遂適次釋弓說決拾襲反位。【注】拾遂也。鄉射禮曰。司馬反位。立于司射之南。【音義】還戶串反。說吐活反。又始銳反。【疏】【注】釋曰。引鄉射者。於此司馬不言位。宜與鄉射同。故引爲證。

司射進與司馬正交于階前相左由堂下西階之東北面視上射命曰。毋射獲毋獵獲。上射揖司射退反位。【注】射獲矢中乏也。從旁爲獵。【音義】射獲。食亦反。

○乃射上射既發挾矢而后下射射拾發以將乘矢。【注】拾更也。將行也。【音義】更音庚。

獲者坐而獲。【注】坐言獲也。舉旌以宮偃旌以商。

鄉射注作再戴云宋本作再

[注]等言獲也。獲而未釋獲。[注]但言獲，未釋算。古文釋爲舍。[疏][注]釋曰：云但言獲未釋算者，鄭注鄉射云但大言獲，此注不言大，省文也。卒射，右挾之，北面揖，揖如升射。[注]右挾之，右手挾弦。上射降三等，下射少右，從之，中等，並行，上射于左。與升射者相左，交于階前，相揖，適次，釋弓，說決拾，襲，反位。三耦卒射亦如之。[注]上射於左，由下射階上少右，乃降待之。言襲者，凡射皆袒。[疏]釋曰：云上射降三等者，諸侯階有七等，言三等者，欲明下射中等，是降一等之上下。下射過向西畔由右，故上射至地待之，乃得二人並行，上射于左也。云與升射者相左交于階前者，降射者仍南行，故得階前交往來也。[注]釋曰：云上射於左由下射階上少右乃降待之者，此鄭解在階下而上射得在左之意。由下射階上少右向西畔乃降，上射於地待之，故並行時得上射在左也。云凡射皆袒者，案鄉射，命三耦各與其耦

數三當作二

乾隆四年校刊　儀禮注疏卷七　大射儀　三五

讓。取弓矢拾。三耦取弓。遂至卒射云脫決拾襲而俟于堂西南面。此則前遂命三耦取弓矢于次。不言袒。至此亦言襲。故須言凡射皆袒。決在此不見袒。亦袒可知也。

司射去扑倚于階西適阼階下北面告于公曰三耦卒射反搢扑反位。【疏】釋曰。云司射去扑倚于西階西適阼階下北面告于公者。案鄉射司射去扑向于西階之西。升堂北面告于賓曰。三耦卒射。注云去扑乃升。不敢佩刑器即尊者之側。此不升堂而在阼階下而亦去扑者。尊公故也。

○司馬正袒決遂執弓右挾之出與司射交于階前相左。【注】出。出于次也。袒時亦適次。【疏】釋曰。自此至與反位。論取矢設楅之事。【注】釋曰。云出于次也。袒時亦適次者。以此而言則袒時入次。今更出次。知不在位上袒而入次取弓者。凡袒襲皆於隱處。鄉射無次。司馬適堂西袒執弓。矢不在位。此大射有次。明入次袒。不在位可知。

升自西階自右物之後立于物間西南面揖弓命取矢。【注】揖。推之負侯許諾如初。去侯，皆執旌以負其侯而俟。【注】俟小臣取矢，以旌指教之。司馬正降自西階，北面命設楅。【注】此出于下射之南，還其後而降之。【疏】釋曰：此出于下射之南，還其後而降之者，鄉射文。此亦然，故引爲證也。小臣師設楅。司馬正東面，以弓爲畢。【注】畢，所以教助執事者。鄉射記曰：乃設楅于中庭南，當洗，東肆。【疏】釋曰：【注】云畢所以教助執事者，以畢是助載鼎實之物，故司馬執弓爲畢，以指授，若周禮執殳以爲鞭度然。引鄉射禮文者，證經設楅處亦當洗。既設楅，司馬正適次，釋弓，說決拾，襲，反位。小臣坐委矢于楅，北括。司馬師坐乘之。【注】乘，四四數之。【音義】乘，繩證反。數，所主反。若矢不備，則司馬正又袒執弓，升，命取矢如初，曰：「取矢不索。」乃復求矢，加于楅。卒，司馬正進

乾隆四年校刊

坐左右撫之，興，反位。注 左右撫，分上下射。此坐皆北面。

○司射適西階西，倚扑，升自西階，東面請射于公，公許。

注 倚扑者，將卽君前，不敢佩刑器也。升堂者，欲諸公卿大夫辯聞也。疏 釋曰：自此盡「不降」，請君行第二番射并命耦之事。注 釋曰：云「倚扑者，將卽君前，不敢佩刑器也」者，上以去扑告君不注，至此乃注者，彼告在阼階下，遠君，故不注；至此升堂乃注，義與彼同也。上不升者，以告三耦卒射事綴，故在下；此告欲諸公卿大夫徧聞之，故升。但升者是其正，故鄉射亦升堂。大射告公，故前在堂下，此升者，欲公卿聞之故也。

○遂適西階上，命賓御于公，諸公卿則以耦告于上，大夫則降，卽位而後告。注 告諸公卿於堂上，尊之也。司射自西階上北面告于大夫曰：「請降。」司射先降，搢扑，反位。大夫從之降，適次，立于三耦之南，西面北上。【注】適次，由次前而北，西面立。【疏】釋曰：云告于大夫曰請降者，以諸公卿在上，故請大夫降。鄉射降告主人與賓爲耦，遂告于大夫，又曰賓主人與大夫皆未降，注云言未降者，見其志在射。大夫未降者，彼亞禮，主人與賓皆卑，故大夫未降。與此異也。【注】釋曰：云適次由次前而北西面立者，上云司射等適次，謂入次中。此適次者，大夫降自西階，東行適次，所過向堂東西面立，因過次爲適次，非入次也。

司射東面于大夫之西北，耦大夫與大夫，命上射曰：某御於子。命下射曰：子與某子射。卒，遂比衆耦。【注】衆耦，士也。

衆耦立于大夫之南，西面北上。若有士與大夫爲耦，則以大夫之耦爲上。【注】爲上，居羣士之上。【疏】【注】釋曰：云爲上居羣士之上也者，若是士與大夫之尊者爲耦，故居羣士之上也。鄭云羣士之上者，既爲上射，恐在大夫之上，故云羣士之上。是以下注云士雖爲上射，其辭猶尊大夫也。若然，國皆有三卿五大夫。三耦六人而已。而云使士爲耦者。卿大夫或有故。或出使。容其不足。使士備耦之法也。命大夫之耦曰子與某子射。告於大夫曰。某御於子。注士雖爲上射。其辭猶尊大夫。命衆耦。如命三耦之辭。諸公卿皆未降。注言未降者。見其志在射。疏注釋曰。言未者。後當降。故云未也。若終不射。不得言未。是以鄉射記云。衆賓不與射者不降。注。不以無事亂有事。是不射不得云未也。〇遂命三耦各與其耦拾取矢。皆袒決遂。執弓。右挾之。注此命入次之事也。司射既命而反位。不言之者。上射出當作取矢。事未訖。疏釋曰。自此盡襲反位。論命拾取矢之事。注釋曰。鄭知此是命入次之事者。上來未有三耦入次袒決遂之事。又下文乃云一耦出。明此是命入次之事。若然。司射命訖當反位。不言者。以其三耦入次出乃當作取矢。待作取矢。即是事未訖。故不言反位也。仍未知令入次之後未出之閒。且在西方位。且在階下位。二者雖無文。以事緩急言之。三耦入次。出則作之。並在階下位。於義可也。又鄉射云。司射反位者。司射反位則有三耦位。得言反位。此司射位在西方。去次遠。又司射位若階下。去次亦遠。不得言反。故不言也。

一耦出西面揖。當楅北面揖。及楅揖。注 三耦同入次。其出也。一上射出西面立。司射作之。乃揖行也。當楅。楅正南之東西。

上射東面。下射西面。上射揖進。坐橫弓。卻手自弓下取一个。兼諸弣。興。順羽。且左還。毋周。反面揖。注 橫弓者。南踣弓也。卻手自弓下取矢者。以左手在弓表。右手從裏取之。便也。兼。并也。并矢於弣。當順羽。既又當執弦。順羽者。手放而下。備不整理也。左還。反其位。毋周。右還而反東面也。君在阼。還周則下射將背之。古文且爲阻。音義

宋本注重上字

還音患。一音環。蹢步北反。【疏】【注】釋曰：云「左還反其位，毋周，右還而反東面」也者，毋周者，左還行至位，即位右還而反東面，是還不周也。云「君在阼，還周則下射將背之」者，上射左還，已還背君，而據下射而言者，上射去君遠，故據下射而言。以其下射若又還周，爲背君。若下射左還向東，覆即右還西面，是不背君，周即背故也。

下射進坐，橫弓，覆手自弓上取一个，兼諸弣，興，順羽，且左還，毋周，反面揖。【注】橫弓亦南踣弓也。人東西鄉，以南北爲橫。覆手自弓上取矢，以左手在弓裏，右手從表取之，便也。【音義】覆芳伏反。【疏】【注】釋曰：云「橫弓亦南踣弓也」者，謂南踣弓，以左手仰執弓裏，以覆右手於弓表，向下取矢便也。上射、下射俱南踣弓者，取不背君，向南爲順也。

既拾取矢，梱之。【注】梱，齊等之也。古文梱作魁。【音義】梱口本反。

兼挾乘矢，皆內還，南面揖。【注】內還者，上射左，下射右，不皆右還，亦以君在阼，嫌

下射故左還而背之也。上以陽爲內，下以陰爲內。因其
宜可也。【疏】注釋曰：云不皆右還亦以君在阼嫌下射故
左還而背之者。若上下俱向內。是相向爲瀆。
若上射左還。是不故背君。若下射右還背君。少亦左還。
初時面向君。轉身南向背君多。以故背君。故不左還也。
云上以陽爲內。下以陰爲內。因其宜可也者。上射東面
左還時。以左手還取東相陽方爲內。下射西面右還時。
以右手還取西相陰方爲內。隨其
陰陽得左右相向。是因其宜也。
適楅南，皆左還，北面
揖。搢三挾一个。【注】楅南。鄉當楅之位也。揖以耦左還。上
射於左。【注】以猶與也。言以者。耦之事成於此。意相人耦
也。上射轉居左。便其反位也。上射少北乃東面。【疏】注釋
曰。云
言以者耦之事成於此意相人耦也者。揖不須言以。今
云以者。必有義意。故鄭云言以者耦之事成於此。謂成
於此拾取矢。以其取矢後一番了。更無事。故云成於此
人意相存耦也。云上射轉居左便其反位也者。位在次

乾隆四年校刊

北西面是以上射居左至次北右還西面便也云上射少北乃東面知不少南者以其次在楅東南北面揖時已在次西故知上射少北乃東面得東當次也退者與進者相左相揖還退釋弓矢于次說決拾襲反位二耦拾取矢亦如之後者遂取誘射之矢兼乘矢而取之以授有司于次中皆襲反位注有司納射器因留主授受之○司射作射如初一耦揖升如初司馬命去侯負侯許諾如初司馬降釋弓反位○司射猶挾一个去扑與司馬交于階前適阼階下北面請釋獲于公注猶守故之辭於此言之者司射既誘射恒執弓挾矢以掌射事備尚未知當教之也今三耦卒射眾已知之矣猶挾之者君子不必也公許反

搢扑，遂命釋獲者設中，以弓爲畢，北面。【注】北面立于所設中之南，當視之也。鄉射禮曰：設中南當楅，西當西序。

大史釋獲。小臣師執中，先首，坐設之，東面，退。大史實八筭于中，横委其餘于中西，興，共而俟。【注】先猶前也。命大史而小臣師設之，國君官多也。小臣師退反東堂下位。鄉射禮曰：横委其餘于中西，南末。【疏】【注】釋曰：此不見執筭之人。案鄉射命釋獲者，釋獲者執鹿中，一人執筭以從之。彼臣禮官少，釋獲者自執中設之，尚使人執筭，見國君官多，大史不自執中，豈得自執筭，明亦使人執之。小臣師退反東堂下位者，其位已見篇首也。引鄉射者，證筭以南末爲順也。

司射西面命曰：中離維綱，揚觸梱復，公則釋獲，衆則不與。【注】離猶過也，獵也。侯有上下綱，其邪制躬舌之角者爲維。或曰維當爲縜。縜，綱耳。揚觸者，謂矢中他物。揚而觸侯也。梱復，謂矢至侯不著而還復。復，反也。公則釋獲。優君也。衆當中鵠而著。古文梱作魁。【音義】中，丁仲反。邪，似嗟反。縜，劉侯犬反，又于貧反，一古縣反，又古犬反。著，直略反。【疏】【注】釋曰：中謂中侯。注不言，可知。云離猶過也。獵也者，謂矢過獵，因著維與綱二者。云侯有上下綱，其邪制躬舌之角者爲維者，案梓人云：上綱與下綱出舌尋，縜寸焉。注：綱所以繫侯於植者也。上下皆出舌一尋者，亦人張手之節也。鄭司農云：縜，籠綱者。維持侯者。若然，則綱與維皆用繩爲之，又以布爲縜，籠綱，然後以上个下个邊綴著縜，兩頭以繩繫著植者，於上个下个上下躬兩頭皆有角，又以小繩綴角繫著植。故矢或離綱或離維也。云或曰維當爲縜，縜，綱耳者，鄭更爲一解。縜則維也。云縜，綱耳者，以縜爲綱耳，離著縜也。云衆當中鵠者，大射鵠，則梓人云張皮侯而棲鵠是也。

唯公所中，中三侯皆獲。【注】值中一侯，則釋獲。【疏】【注】釋曰：云中三侯皆釋獲。

則離維綱及揚觸梱復亦釋之。不言者，以中爲主也。釋獲者命小史，小史命獲者。注 傳告服不，使知此司射所命。疏 注 釋曰：據在大侯而言，告服不，則參侯、干侯告可知，舉遠見近。司射遂進由堂下，北面視上射，命曰：「不貫不釋。」上射揖。司射退，反位。注 貫，猶中也。射不中鵠，不釋算。古文貫作關。疏 注 釋曰：案上文離維綱，公則釋獲言之，則此云不中不釋算者，據除君而言也。

釋獲者坐取中之八算，改實八算于中，興，執而俟。注 執所取算。乃射。若中，則釋獲者每一个釋一算，上射於右，下射於左。若有餘算，則反委之。注 委餘算，禮貴異。又取中之八算，改實八算于中，興，執而俟。三耦卒射。○賓降，取弓矢于堂西。注 不敢與君並俟告，取之以升，俟君事畢。疏注釋曰自此盡共而俟論第二番射三耦訖次公卿大夫之事但此賓先降取弓矢即升堂者以其不敢與君竝待告故下云司射告射于公小射正取公之決拾并授弓拂弓是君得告乃取弓矢是不敢與君竝俟告也云取之以升俟君事畢者案下又云公將射則賓降適堂西袒決遂執弓搢三挾一个升自西階是君事畢君事畢賓降袒決遂乃更升若然賓於此不即袒決遂者去射時遠故不可即袒也

諸公卿則適次繼三耦以南注言繼三耦明在大夫北疏釋曰言適次者但射位在堂東次在洗東南今諸公卿東南適次前行至其三耦之南以次西面立注釋曰云繼三耦明在大夫北者以其三耦在北大夫在南而言繼三耦明在大夫之北也

公將射則司馬師命負侯皆執其旌以負其侯而俟注君尊若始焉疏注釋曰云君尊若烏始者案上始時司馬命負侯三耦將射司馬命去侯今三耦卒射君將射司馬使更命負侯是君尊若始焉

司馬師反位隸僕人埽侯道注新之司射去扑適阼

敎云授弓當作受弓注同

階下，告射于公。公許。適西階東，告于賓。【注】告當射也。今文曰作階下，無適。遂搢扑，反位。小射正一人取公之決拾於東坫上，一小射正授弓拂弓，皆以俟于東堂。【注】授弓當授大射正。拂弓，去塵。【疏】釋曰：據此經上下，或云六射正，或云司射，或云小射正，不同者，今行射禮，大射正一人爲上，司射次之，或云小射正。若然，大射正與司射各一人，據其行事，小射正不止一人而已。此云小射正一人取弓之決拾於東坫上，下云小射正奉決拾以笥，與此一人，此又云小射正授弓，與取決拾別，則小射正二人也。【注】釋曰：云授弓當授大射正者，下云大射正執弓，以袂以授公，明此小射正授弓者，當授大射正也。

公將射，則賓降，適堂西，袒，決，遂，執弓，搢三挾一个，升自西階，先待于物北，北一笴，東面立。【注】不敢與君并。笴，矢幹。東面立，鄉君也。【音義】笴，工但反，劉古老反。【疏】釋曰：云公將射則賓降者。案前文賓降適堂西取弓矢。無賓升堂之文。但文不具。其實即升矣。是以此文云賓降。【注】釋曰。云笴矢幹者。案周禮矢人。矢幹長三尺。則此賓立於物北三尺矣。

司馬升命去侯如初。還右乃降釋弓反位。【注】還右。還君之右也。猶出下射之南還其後也。今文曰右還。【疏】【注】釋曰。云還右還君之右也者。君爲下射。賓爲上射。司馬在君之西南。揚弓命去侯訖。還君之右。東而南。西向。降自西階。猶出下射之南還其後也者。猶如上文初將射時。司馬立於物間。南揚弓命去侯訖。出於下射之南。還其後。降自西階。前後是同。故取彼解此。云今文曰右還不從右還者。若右還則右還於上射。不得還君。故不從也。

公就物。小射正奉決拾以笥。大射正執弓。皆以從於物。【注】笥。萑葦器。大射正舍司正。親其職。【音義】笥。息嗣反。字林先字反。劉音司。萑音丸。葦于鬼反。【疏】【注】釋曰。前解大射正與司射別人。案此注大射正舍司正親其職。則大射正與司正爲一人。又案上文司射請立司正。遂立司

射爲司正，則司射又與大射正爲一人，與上解似相違

者。以大射正與射人俱掌射事相當，則大射正與司射

別。若通而言之，射人不對大射正，射人

亦名大射正，故此以射人爲大射正也。小射正坐奠笥

于物南，遂拂以巾，取決，興，贊設決，朱極三。注極猶放也。

所以韜指，利放弦也。以朱韋爲之。三者，食指、將指、無名

指。無極放弦，契於此指，多則痛。小指短，不用。音義韜，土刀反。

將，子匠反。契，苦計反。小臣正贊袒，公袒朱襦。卒袒，小臣正退俟于

東堂。小射正又坐取拾，興，贊設拾，以笥退奠于坫上，復

位。注既袒，乃設拾。拾當以韝襦上。疏注釋曰：案上文設

決訖，乃云公袒朱

襦，始云小臣正贊設拾。拾當拾斂膚體，宜在朱襦之上。

故鄭云既袒乃設拾，拾當以韝襦上。鄉射云袒決遂，以

其無襦，故遂與決得俱時設。若大夫

對士射，袒纁襦，設遂亦當在袒後。大射正執弓以袂

順左右隈，上再下壹，左執弣，右執簫，以授公。公親揉之。【注】順，放之也。隈，弓淵也。揉，宛之，觀其安危也。今文順爲循，古文揉爲紐。【音義】隈，烏回反。揉，而九反。【疏】【注】釋曰：云「順放之也」者，以袂向下於弓隈順放之。云「觀其安危也」者，案考工記弓人云：其弓安，其弓危者，以弓弱者爲危，其弓强者爲安。則此云觀安危者，謂試弓之强弱。

小臣師以巾內拂矢而授矢于公，稍屬。【注】內拂，恐塵及君也。稍屬，不搢矢。【音義】屬，之玉反。

大射正立于公後，以矢行告于公。【注】若不中，使君當知而改其度。

下曰留，上曰揚，左右曰方。【注】留，不至也。揚，過去也。方，出旁也。

公旣發，大射正受弓而俟拾發以將乘矢。【注】公下射也，而先發，不留尊也。【疏】【注】釋曰：案上三耦射者，上射射訖，乃次下射。此公爲下射，當後射，今君射前於賓故鄭云先發不留尊也公卒射小臣師以巾退反位大射正受弓注受弓以授有司於東堂小射正以笥受決拾退奠于坫上復位大射正退反司正之位小臣正贊襲公還而后賓降釋弓于堂西反位于階西東面注階西東面賓降位疏釋曰案上文賓受獻訖降立於階西東面此云反位於階西東面故云反位也公即席司正以命升賓賓升復筵而后卿大夫繼射諸公卿取弓矢于次中袒決遂執弓搢三挾一个出西面揖揖如三耦升射卒射降如三耦適次釋弓說決拾襲反位眾皆繼射釋獲皆如初注諸公卿言取弓矢眾言釋獲互言也疏釋曰此公與賓復升即位者公卿以下當繼射公與賓當觀之故升就位也

卒射，釋獲者遂以所執餘獲適阼階下，北面告于公曰：「左右卒射。」【注】司射不自告者，釋獲者於是有事，宜終之也。餘獲，餘算也。無餘算則無所執。古文曰餘算。反位，坐委餘獲于中西，興，共而俟。○司馬袒執弓，升，命取矢如初，負侯許諾以旌負侯如初，司馬降，釋弓如初。小臣委矢于楅如初。【注】司馬，司馬正。於是司馬師亦坐乘矢。【疏】釋曰：自此盡就席，論射訖取矢委于楅之事。【注】釋曰：知司馬是司馬正與司馬師亦坐乘矢者，此經皆言如初，案上番射司馬正與司馬師乘矢，故知也。賓諸公、卿、大夫之矢，皆異束之以茅，卒，正坐，左右撫之，進束，反位。【注】異束大夫矢，尊殊之也。正，司馬正也。進，前也。又言束，整結之，示親也。【疏】【注】釋曰：公辨皆異東。但言大夫者。公卿自相對。其矢俱東之。及其脫之亦拾取。但三耦之內。大夫以士耦之。士矢不東。大夫東之。故曰尊殊之。下注云。不言君矢。小臣以授矢人於東堂下可知。知者以其小臣取矢。明取之以授矢人。

賓之矢則以授矢人于西堂下。注 是言矢人則納射器之有司。各以其器名官職。不言君矢。小臣以授矢人于東堂下可知。

司馬釋弓反位。而后卿大夫升就席。注 此言其升。前小臣委矢於楅。疏 注釋曰。云此言其升前小臣委矢於楅者。案上文司馬降釋弓如初。在小臣委矢之上。其司馬降釋弓之時卿大夫即升就席。委矢當在司馬命取矢之下。不失其次。故不即見卿大夫升事。是以於此特言司馬降釋弓與卿大夫升爲大節耳。故鄭亦言其次第也。○司射適階西釋弓去扑。襲。進由中東立于中南北面眡算。注 釋弓去扑。射事已也。音義 眡音視。本亦作視。疏 釋曰。自此盡其而俟。論數算之事直言去扑不言去矢矢亦去之是以下文司射執弓挾一个搢扑明此時去矢後更挾之釋獲者東面于中西坐先數右獲【注】固東面矣復言之者少南就右獲【音義】數所主反二算爲純【注】純猶全也耦陰陽也一純以取實于左手十純則縮而委之【注】縮從也於數者東西爲從古文縮皆作蹙【音義】縮所六反每委異之【注】易校數【音義】易以豉反有餘純則橫諸下【注】又異之也自近爲下【音義】近附近之近下注近其同一算爲奇奇則又縮諸純下【注】又從之【音義】奇居宜反興自前適左【注】從中前北也更端故起東面坐【注】少北於故坐兼斂算實于左手一純以委十則異之【注】變於右也其餘如右獲【注】謂所縮所橫者司射復

位。釋獲者遂進取賢獲，執之，由阼階下，北面告于公。【注】賢獲，勝黨之算也。執之者，齊而取其餘。若右勝，則曰右賢於左；若左勝，則曰左賢於右。以純數告，若有奇者，亦曰奇。【注】告曰某賢於某若干純若干奇。若左右鈞，則左右各執一算以告，曰左右鈞。還復位，坐，兼斂算，實八算于中，委其餘于中西，興，共而俟。○司射命設豐。【注】當飲不勝者射爵。【音義】飲，於鴆反。【疏】釋曰：自此盡徹豐與觶，論二番射訖行射爵之事。司宮士奉豐由西階升，北面坐設于西楹西，降復位。勝者之弟子洗觶，升酌散，南面坐奠于豐上，降反位。【注】弟子，其少者也。不授者，射爵猶罰爵，略之。【音義】奉，芳勇反。少，詩召反。【疏】

【注】釋曰。自此以上。其疏見於鄉射。於此不復言。云不授者射爵猶罰爵略之者。案詩云。兕觥其觩。旨酒思柔。注云。觩陳設貌。觥罰爵。不手授。此飲射爵亦不手授。故云猶罰爵也。案獻酬之爵皆手授之。此不手授。故云略之也。若然。士以下飲罰爵者取於豐。大夫已上皆手授。尊之。故下注云。授爵而不奠豐。尊大夫也。其三耦之內雖大夫亦取於豐者。以其作三耦與衆耦同事。故不復殊之。

司射袒執弓。挾一个。搢扑。東面于三耦之西。命三耦及衆射者。勝者皆袒決遂。執張弓。【注】執張弓。言能用之也。右手挾弦。不勝者皆襲。說決拾。卻左手。右加弛弓于其上。遂以執弣。【注】固襲說決拾矣。復言之者。起勝者也。不勝者執弛弓。言不能用之也。兩手執弣。無所挾也。【音義】弛。尸氏反。【疏】【注】釋曰。云固襲說決拾矣復言之者起勝者也者。起勝者。射畢之時。降堂皆就次襲說決拾矣。故云固襲。今復言之者。以其勝者更袒決遂。故復言不勝襲說決拾卻欲與勝者相起復發故復言之也。司射先反位注居前俟所命入次而來飲三耦及衆射者皆升飲射爵于西階上注不勝之黨無不飲疏注釋曰以其經云三耦及衆射者皆升飲射爵者言升之明知不勝之黨無不飲但大射者所以擇士以助祭今若罰爵在於不勝之黨雖數中亦受罰及其助祭雖飲射爵亦得助祭但在勝黨雖數不飲罰爵若不數中亦不得助祭以其飲罰據一黨而言及其助祭取一身之藝義故不同也。小射正作升飲射爵者如作射一耦出揖如升射及階勝者先升升堂少右注先升尊賢也少右辟飲者亦因相飲之禮然疏注釋曰云亦因相飲之禮然者案鄉飲酒鄉射燕禮獻者在右酬者在左故云亦也。不勝者進北面坐取豐上之觶興少退立卒觶進坐奠于豐下興揖注立卒觶不祭不拜受罰爵不備禮也。右手執觶，左手執弓。〔疏〕〔注〕釋曰：案鄉飲酒皆祭，坐卒爵拜，既爵，故此決之。受罰不備禮也。云右手執觶，左手執弓者，以其執弛弓不釋於地，明知來飲時兩手執弓，今受罰爵，右手執爵爲便，左手執弓可知。不勝者先降。〔注〕後升先降，略之不由次也。降而少右，復竝行。〔疏〕〔注〕釋曰：云後升先降略之不由次也者，案上文勝者先升，此文不勝者先降，故云略之不由次。云降而少右復竝行者，見下文與升飲者相左，明降至堂下，此二人少右復竝行，以其辟升者在左故也。與升飲者相左，交于階前，相揖，適次，釋弓，襲，反位。僕人師繼酌射爵，取觶實之，反奠于豐上，退俟于序端。〔注〕僕人師酌者，君使之代弟子也。自此以下，辯爲之酌。〔音義〕爲之，于僞反，下爲大侯、當爲獲、爲爲復、爲將皆同。升飲者如初。三耦卒飲。若賓、諸公、卿、大夫不勝，則不降，不執弓，耦不升。〔注〕此耦謂士也。諸公卿或闕，士爲之耦者不升其諸公卿大夫相爲耦者不降席重恥尊也【疏】釋曰知此耦謂士者以大夫坐於上士立於下經云耦不升故云此耦謂士也是以鄭解其意云諸公卿或闕士爲之耦者不升其諸公卿大夫相爲耦者不降席以大夫在堂上故云不降席云重恥尊也者解士不升大夫已上不降席意以其卑者對飲尊者是可恥之事不對飲是重恥尊者也僕人師洗升實觶以授賓諸公卿大夫受觶于席以降適西階上北面立飲卒觶授執爵者反就席【注】雖尊亦西階上立飲不可以己尊枉正罰也授爵而不奠豐尊大夫也【疏】釋曰云【注】不可以己尊枉正罰也者正罰謂上文飲者在左勝者在右於西階之上北面取豐上之觶飲之是也今雖不取於豐亦於西階北面是不可以己尊枉正罰也若飲公則侍射者降洗角觶升酌散降拜【注】侍射賓也飲君則不敢以爲罰從致爵

之禮也。疏注釋曰。云侍射賓也者。以其賓與君對射耦。自柤飲。故知侍射者賓也。云飲君則不敢以爲罰從致爵之禮也者。罰爵如上文罰者飲之而已。今則從燕臣致爵於君之禮。下文所謂夾爵者是也。但此經云角觶、與上文觶皆是三升曰觶。觶與角連。故謂之角觶。或單言角。或單言觶。是以禮記少儀云。侍射則約矢。侍投則擁矢。勝則洗爵而請。不角。注云。角謂觥。罰爵也。於尊長與客。如獻酬之爵。又詩云。我姑酌彼兕觥。毛傳云。兕觥角爵。箋云。兕觥罰爵。是其角觶兕觥皆罰爵。此角觶以兕角爲之。非謂四升曰角者也。若然。此角觶對下文飲君云象觶。故云角觶也。

公降一等。小臣正辭。賓升再拜稽首。公答再拜。賓坐祭。卒爵。再拜稽首。公答再拜。賓降洗象觶。升酌膳以致。下拜。小臣正辭。升再拜稽首。公答再拜。公卒觶。賓進受觶。降洗散觶。升實散。下拜。小臣正辭升再拜稽首。公答再拜。注賓復酌自飲者。夾爵也。但如致

吴云上不言㑨此㑨字衍或上脱負字

爵則無以異於燕也。夾爵亦所以恥公也。所謂若飲君燕則夾爵。疏注所謂鄉射文。彼云燕者則此經夾爵也。賓坐不祭卒觶降奠于篚階西東面立。注不祭象射爵。疏釋曰案上文受罰者取爵於豐飲之不祭此云君爵不祭是以賓飲夾爵亦不祭。皆與射同故云也。擯者以命升賓賓升就席。注擯者司正也。今文席爲筵若諸公卿大夫之耦不勝則亦執弛弓特升飲。注此耦亦謂士也。特猶獨也。以尊爲耦而又不勝使之獨飲若無倫匹孤賤也。衆皆繼飲射爵如三耦射爵辯乃徹豐與觶。注徹除也。○司宫尊侯于服不之東北兩獻酒東面南上皆加勺設洗于尊西北篚在南東肆實一散于篚注

乾隆四年校刊　儀禮注疏卷七大射儀　五八一

爲大侯獲者設尊也。言尊侯者，獲者之功由侯也。不於初設之者，不敢必君射也。君不射則不獻大侯之獲者。散，爵名，容五升。【音義】獻，素多反。【疏】釋曰：自此盡侯而侯，論設尊獻服不之事。【注】釋曰：云不於初設之者，不敢必君射也，君不射則不獻大侯之獲者，若然，此設大侯之獲者，君不射則不設之，不豫設者，不敢必君射。案上張侯，先設大侯，君射大侯，張之必君射者，但聖人射法，一與一奪，以大射者爲祭擇士，所以助祭，人君不可不觀，故奪其尊，使之必射，故豫張大侯。至此設大侯之尊，君射訖乃設之者，許其自優服容有不射之理，是以不射則不設，射乃設之。云散，爵名，容五升者，案《韓詩傳》云：一升曰爵，二升曰觚，三升曰觶，四升曰角，五升曰散。是其散容五升也。

司馬正洗散，遂實爵獻服不。【注】言服不者，著其官尊大侯也。服不，司馬之屬，掌養猛獸而教擾之者。洗酌皆西面。【音義】擾，而小反。【疏】【注】釋曰：云服不者，著其官尊大侯也者，自是已前皆以事名之。於此而言服不著其官。言尊大侯故也。云服不司馬之屬者。以其服不在大司馬下。六十官之屬者。云掌養猛獸而教擾之者。猛獸熊羆之屬。教之使擾馴人意。象王者服不服諸侯使歸服王者。云洗酌皆西面者。以其設尊設洗皆東面。故知洗爵酌酒皆西面向之也。若然。獻旅食尊後酌者爲背君。此西面不嫌背君。以其南統於侯故也。

服不侯西北三步北面拜受爵。【注】近其所爲獻。【疏】注釋曰。云近其所爲獻者。以其服不得獻。由侯所爲。故不近之而近侯獻之。故云近其所爲獻也。

司馬正西面拜送爵反位。【注】不俟卒爵。略賤也。此終言之。獻服不之徒乃反位。【疏】注釋曰。云不俟卒爵略賤也者。案上文獻服不訖。又案下文。卒祭。左个之西北三步東面設薦俎。立卒爵。若然。卒爵在祭諸侯訖。今司馬反位在未祭侯之前。故略賤也。云此終言之。獻服不之徒乃反位者。但大侯尊。服不與其徒二人。其在獲所獻。服不亦兼獻其徒。此經唯見獻服不。不見獻其徒。即云司馬反位。明獻徒後始反位。是以知反位者終言之。其實獻徒後乃反位。故下司馬正皆獻之。是也。宰夫有司薦。庶子設折俎。【注】宰夫有司。宰夫之吏也。鄉射記曰。獲者之俎。折脊脅肺。【疏】【注】釋曰。云宰夫有司宰夫之吏也者。諸侯宰夫是士。而宰夫有司。明是宰夫之吏府史也。引鄉射記者。此俎實無文。故引之為證。

卒錯。獲者適右个。薦俎從之。【注】不言服不。言獲者。國君大侯。服不負侯。其徒居乏待獲。變其文。容二人也。司馬正皆獻之。薦俎已錯。乃適右个。明此獻已。已歸功於侯也。適右个。由侯內。鄉射記曰。東方謂之右个。【音義】錯。劉音厝。个。劉音幹。【疏】【注】釋曰。云國君大侯服不負侯其徒居乏待獲變其文容二人也者。案上注云。天子服不氏下士一人。徒四人。掌以旌居乏待獲。鄭言容二人者。欲見服不與徒二人皆得獻。故鄭云司馬正皆獻之。云適右个由侯內者。以其既祭左个。次祭右个。乃祭於中。故云適右个由侯內。

獲者左執爵。右祭

薦俎二手祭酒〔注〕祭俎不奠爵不備禮也二手祭酒者獲者南面於俎北當爲侯祭於豆閒爵反注爲一手不能正也此薦俎之設如於北面人焉天子祝侯曰唯若寧侯無或若女不寧侯不屬於王所故抗而射女彊飲彊食詒女曾孫諸侯百福諸侯以下祝辭未聞〔音義〕祝侯之又反女音汝射食亦反彊其丈反下同〔疏〕〔注〕釋曰云祭俎不奠爵不備禮也者言祭俎者謂祭俎上肺但肺有二種此云祭是祭肺也非是離肺知者案鄉射記云獲者之俎折脊脅肺臑又曰釋獲者之俎折脊脅肺皆有祭則此俎祭肺亦離肺若然凡祭祭肺皆不奠爵是其常云此不奠爵不備禮者但祭肺離肺兩有祭肺皆不奠爵若全有祭肺亦不奠爵今祭俎不奠故云不備禮云天子祝侯曰以下則禮梓人文云諸侯以下祝辭未聞知諸侯不與天子祝辭同而云未聞者以本所射侯天子中之則能服諸侯諸侯中之則得爲諸侯若天子

云抗而射女。諸侯則不得云抗而射女。是以知亂辟有之。但未聞耳。適左个，祭如右个中。亦如之。【注】先祭个後中者，以外卽之至中。若神在中。鄉射禮曰：獻獲者俎與薦，皆三祭。【疏】【注】釋曰：以其左右及中，故三者皆三祭。非謂一處有三祭。卒祭，左个之西北三步，東面。【注】此鄉受獻之位也。不北面者，嫌爲侯卒爵。【疏】【注】釋曰：云不北面者，嫌爲侯卒爵者，前服不受獻之時，侯西北面者，欲歸功於侯故也。今卒爵雖同舊處而東面者，以其前受獻爲己，今卒爵還爲己卒爵，故東面。是以云不北面者，嫌爲侯卒爵也。設薦俎，立卒爵。【注】不言不拜既爵，司馬正已反位，不拜可知也。鄉射禮曰：獲者薦右東面立飲。【疏】【注】釋曰：云不言不拜既爵，司馬正已反位，不拜可知也者，決鄉射獲者薦右東面立飲，不拜既爵。此則不言之，以其司馬在，對司馬不拜既爵；司馬已反位，不拜既爵可知，故不言。引鄉射禮者，此不言立位之處。

當同鄉射薦者東面立。司馬師受虛爵，洗，獻隸僕人與巾車、獲者，皆如大侯之禮。【注】隸僕人埽侯道，巾車張大侯及參侯、干侯之獲者，其受獻之禮如服不也。隸僕人、巾車於服不之位受之，功成於大侯也。不言量人者，此自後以及先可知。【疏】【注】釋曰：云「隸僕人埽侯道」者，謂君射時初埽之時，亦是隸僕人也。云「巾車張大侯」者，舉尊者而言，其參侯、干侯亦張之，是以上文司馬遂命量人巾車張三侯，此直云大侯，舉尊而言也。云「及參侯、干侯之獲者」，以其上文已獻大侯服不獲者，明知是參侯、豻侯之獲者可知。云「隸僕人、巾車於服不之位受之」，知者，以其隸僕人、巾車素無其位，而經云如大侯之禮，明就大侯之位受獻，是以鄭云「功成於大侯也」。云「不言量人者，此自後以及先可知」者，案上張侯之時，先言量人，後言巾車，君射之時，乃有隸僕人埽侯道，及獻，先言隸僕人，後言巾車，是自後以及先，隸僕而得獻，明量人在巾車之先，得獻可知。卒，司馬師受虛爵。

乾隆四年校刊

奠于篚。注獲者之篚。獲者皆執其薦，庶子執俎從之，設于乏少南。注少南，爲復射妨旌也。隸僕人、巾車、量人自服不而南。疏注釋曰。知自服不而南者，雖無正文，以其受獻於服不之位，明繼服不而南可知。服不復負侯而俟。○司射適階西，去扑，適堂西，釋弓，說決拾，襲，適洗，洗觶，升實之，降，獻釋獲者于其位，少南。注獻釋獲者與獲者異，文武不同也。去扑者，扑不升堂也。少南，辟中。疏釋曰。自此盡反位，論獻釋獲者之事。注釋曰。言文武不同者，以其獻獲者於侯西北面受獻，歸功於此侯，是其武。獻釋獲者升堂酌酒，東面獻之，就釋算之所，是其文。故云文武不同。薦脯醢，折俎，皆有祭。注俎與服不同，唯祭一爲異。疏注釋曰。云俎與服不同者，以其俱用一俎。云唯祭一爲異者，上祭侯之俎引鄉射獲者俎與薦皆三祭。鄭鄉射注云：祭侯三處至此獻釋獲者不主祭矦。止唯一祭脯耳。故云唯祭一爲異。釋獲者薦右東面拜受爵。司射北面拜送爵。釋獲者就其薦坐。左執爵。右祭脯醢。興。取肺。坐祭。遂祭酒。【注】祭俎不奠爵。亦賤不備禮。【疏】【注】釋曰。上祭矦之時。祭俎不奠爵不備禮。至此祭俎。亦祭肺不奠爵。賤亦不備禮。興。司射之西。北面立。卒爵。不拜既爵。司射受虛爵。奠于篚。釋獲者少西辟薦。反位。【注】辟薦少西之者。爲復射妨司射視筭。亦辟俎也。【音義】辟。婢亦反。【疏】【注】釋曰。以其薦俎相將。薦既辟。俎亦辟可知。司射適堂西。袒決遂。取弓挾一个。適階西。搢扑以反位。【注】爲將復射。【疏】釋曰。自此盡于公如初。論司射請公爲三番射事。○司射倚扑于階西。適阼階下。北面請射于公。如初。【注】不升堂。賓諸公卿大夫既射矣聞之可知【疏】【注】釋曰云不升堂賓諸公卿大夫既射矣聞之可知者決前司射升堂請射于公升令不升者諸公卿大夫前已射聞之矣○反搢扑適次命三耦皆袒決遂執弓序出取矢【注】鄉言拾是言序互言耳【音義】拾其業反【疏】釋曰自此盡襲反位論三耦與卿大夫取矢之事【注】釋曰云鄉言拾者謂第一番射時三耦拾取矢云是言序者謂序出次時三耦先後互者皆次序出次在庭拾取矢司射先反位【注】言先先三耦也司射既命三耦以入次之事卽反位三耦入次袒決遂執弓挾矢乃出反次外西面位鄉不言司射先反位三耦未有次外位無所先也【疏】【注】釋曰云鄉不言司射先反位三耦未有次外位無所先也者此言反位者謂前已有位今乃反之是今禮反於舊位舊位第一番之時三耦次外位舊無位司射雖先有位不得言先反位是以決之三耦拾取矢如初小

射正作取矢，如初。【注】小射正，司射之佐。作取矢，禮殺代之。【疏】【注】釋曰：云「禮殺代之」者，決第一番不言小射正作取矢。三耦既拾取矢，諸公卿大夫皆降，如初位，與耦入于次，皆袒決遂，執弓，皆進，當楅，進坐，說矢束，上射東面，下射西面，拾取矢，如三耦。【注】皆進當楅，進三耦揖之位也。凡繼射，命耦而已，不作射，不作取矢，從初。【音義】說，詩悅反，又始銳反。【疏】【注】釋曰：云「凡繼射，命耦而已，不作射，不作取矢，從初」者，言凡繼射命耦者，前三耦卒射後，大夫降至三耦之南，西面北上，司射東面于大夫西北，耦大夫與大夫，命上射曰「某御於子」，命下射曰「子與某子射」。卒，遂比眾耦，云云，至「公即席」後，賓升階復位，還筵，而後卿大夫繼射，後眾皆繼射，釋獲皆如初。注云「諸公卿言取弓矢，眾言釋獲，互言也」。既司射不作，唯上耦。是此文小射正但作三耦拾取矢，公以下亦無作拾文，故曰「不作取矢，從初」，從三耦法也。若士與大夫爲耦。士東面，大夫西面。大夫進坐，說矢束，退反位。【注】說矢束，自同於三耦，謙也。【疏】注釋曰：云「自同於三耦，謙也」者，以其三耦是士，不束；既是大夫，若束則異於三耦，故云「說矢束，自同於三耦，謙也」。鄉射「坐說矢束」注云：「說矢束者，下耦以將拾取。」彼不言同三耦者，彼三耦非大夫故也。耦揖進，坐，兼取乘矢，興，順羽，且左還，毋周，反面揖。【注】兼取乘矢，不敢與大夫拾。大夫進，坐，亦兼取乘矢，如其耦，北面，搢三挾一个，揖進。大夫與其耦皆適次，釋弓，說決拾，襲，反位。諸公卿升就席。【注】大夫反位，諸公卿乃升就席，大夫與己上下位。【音義】个，古賀反，下同。【疏】【注】釋曰：諸公卿大夫自爲耦者，拾取矢在前；大夫與士耦者，說矢束，拾取矢在後。今待大夫反位，公卿乃升就席者，以其上大夫與下大夫同是大夫爵，但上下異耳，故上大夫待大夫反位後乃升就席。衆射者繼拾取矢皆如三耦。遂入于次。釋弓矢。說決拾。襲。反位。○司射猶挾一个以作射如初。一耦揖升如初。司馬升命去侯。負侯許諾。司馬降。釋弓。反位。○司射與司馬交于階前。倚扑于階西。適阼階下。北面請以樂于公。公許。【注】請奏樂以爲節也。始射獲而未釋獲。復釋獲。復用樂行之。君子之於事也。始取苟能中。課有功。終用成法。教化之漸也。射用應樂爲難。孔子曰。射者何以聽。循聲而發。發而不失正鵠者。其唯賢者乎。【音義】正音征。【疏】釋曰。云請奏樂以爲節也者。請若天子騶虞九節。諸侯貍首七節。大夫采蘋士采蘩皆五節。云始射獲而未釋獲者。謂第一番三耦射中時。雖唱獲未釋算。云復釋獲者。謂第二番衆耦皆射釋算未作樂。云復用樂行之者。謂第三番射。非直釋算

乾隆四年校刊

復用樂焉。云射用應樂爲難者。但禮射。其容體比於禮。其節奏比於樂。又須中於侯。名爲應樂節。云孔子曰者。禮記射義文。引之者。證射用應樂爲難之意。

司射反搢扑。東面命樂正曰。命用樂。【注】言君有命用樂射也。樂正在工南。北面。【疏】【注】釋曰。云樂正在工南北面者。此時工在洗東西面。樂正在工南北面。司射在西階下東面。經云命樂正者。東面遙命之。

樂正曰。諾。司射遂適堂下。北面眡上射。命曰。不鼓不釋。【注】不與鼓節相應。不釋算也。鼓亦樂之節。學記曰。鼓無當於五聲。五聲不得不和。凡射之鼓節。投壺其存者也。周禮射節。天子九。諸侯七。卿大夫以下五。【音義】當。丁浪反。【疏】【注】釋曰。引學記者。證鼓得與樂爲節之事。云凡射之鼓節。投壺其存者也者。射之鼓節多少無文。案今禮記投壺篇。圖出魯鼓薛鼓。云取半以下爲投壺節。盡用之爲射節。是投壺存者。云周禮射節天子九以下者。是射人樂師皆有此文。引之者，證射節多少。上射揖，司射退反位。樂正命大師曰：奏貍首，間若一。【注】樂正西面受命，左還東面命大師，以大射之樂章使奏之也。貍首，逸詩曾孫也。貍之言不來也，其詩有射諸侯首不朝者之言，因以名篇，後世失之，謂之曾孫。曾孫者，其章頭也。射義所載詩曰曾孫侯氏是也。以爲諸侯射節者，采其既有弧矢之威，又言小大莫處御於君所，以燕以射，則燕則譽，有樂以時會君事之志也。間若一者，調其聲之疏數，重節。【音義】數，音朔。【疏】【注】釋曰：云「貍首，逸詩曾孫也」者，以其貍首是篇名，曾孫是章頭，知者，以其射義上文云：「其節，天子以騶虞，諸侯以貍首，卿大夫以采蘋，士以采蘩。」以類言之，騶虞、采蘋是篇名，貍首篇名可知。射義下文「諸侯君臣盡志於射」，文云故詩曰。曾孫侯氏。四正具舉。小大莫處。御於君所。注云此曾孫之詩。諸侯之射節也。四正。正爵四行也。四行者。獻賓獻公獻卿獻大夫。乃後樂作而射也。上云貍首下云曾孫。曾孫章頭也。是以鄭云曾孫其章頭射義所載曾孫侯氏是也。云後世失之謂之曾孫者。以曾孫爲篇名。是失之。云曾孫其章頭一是正世人也。云小大莫處已下則燕則譽以上皆射義文。彼注以燕以射先行燕禮乃射是也。云開若一者調其聲之疏數重節者謂九節七節五節中間相去或希疏或密數中間使如一必疏數如一者重此樂節故也。

大師不興許諾。樂正反位。奏貍首以射。三耦卒射。賓待于物如初。公樂作而后就物。稍屬。不以樂志。其他如初儀。注不以樂志。君之射儀遲速從心。其發不必應樂。辟不敏也。志意所擬度也。春秋傳曰。吾志其目。音義度大各反。疏釋曰。此經云如初者。皆如上第二番射法。唯作樂爲異耳。注釋曰。云辟不敏也者。若以樂志。不與樂節相應。則見君不敏。今不以樂志。遲速從心。其發不必應樂。是辟不敏也。引春秋傳者定八年左氏傳文。正月公侵齊。門于陽州。其時顏息射人中眉。退曰。我無勇。吾志其目也。服氏注云。志中其目是非其誠。詐以自矜。引之者。證志是意所擬度也

卒射如初。賓就席。諸公卿大夫衆射者皆繼射。釋獲如初。卒射。降反位。釋獲者執餘獲。進告左右卒射如初。○司馬升。命取矢。負侯許諾。司馬降。釋弓反位。小臣委矢。司馬師乘之。皆如初。司射釋弓視算。如初。釋獲者以賢獲與鈞告。如初。復位。○司射命設豐。實觶如初。遂命勝者執張弓。不勝者執弛弓。升飲如初。卒退豐與觶如初。○司射猶袒決遂。左執弓。右執一个。兼諸弦。面鏃。適次。命拾取矢如初。注側持弦矢曰執。面猶尚也。兼矢於弦

尚鏃。將止。變於射也。【音義】乘，繩證反。【疏】【注】釋曰。上文皆云挾一个。此經云執一个。故上注云方持弦矢曰挾。以其將射故也。此注云側持弦矢曰執。謂鏃向上。故云兼矢於弦而鏃向上。將止變於射也。案鄉射禮云矢不挾兼諸弦弣。不言面鏃。此言面鏃不言兼弣。各舉一邊。省文之義。言兼弦弣者。一矢兼弦。三矢兼弣也。司射反位。三耦及諸公卿大夫眾射者皆袒決遂。以拾取矢如初。矢不挾。兼諸弦面鏃。退適次。皆授有司弓矢。襲反位。【注】不挾。亦謂執之如司射。○卿大夫升就席。司射適次。釋弓說決拾。去扑。襲反位。司馬正命退楅解綱。小臣師退楅。巾車量人解左下綱。司馬師命獲者以旌與薦俎退。【注】解。猶釋也。今文司馬師無司馬。司射命釋獲者。退中與算而俟。【注】諸所退射器皆俟備君復射。釋獲者亦退其薦俎。【疏】【注】釋曰。云皆俟備君復射者。但射已三番。於後或射或否。但臣不敢必君射。故備擬於君也。云釋獲者亦退其薦俎者。前辟薦俎。今既退中與算。薦俎不可虛置。明亦退之可知。○公又舉奠觶。唯公所賜。若賓若長。以旅于西階上。如初。大夫卒受者以虛觶降。奠于篚。反位。【疏】釋曰。此一節論射訖爲大夫舉旅之事。○司馬正升自西階。東楹之東北面告于公。請徹俎。公許。【注】射事既畢。禮殺人倦。宜徹俎燕坐。【疏】釋曰。自此盡反位坐。論徹俎升坐安燕之事。遂適西階上。北面告于賓。賓北面取俎以出。諸公卿取俎如賓禮。遂出授從者于門外。【注】自其從者。【音義】從，才用反。大夫降復位。【注】門東北面位。【疏】釋曰。云大夫降者。大夫雖無俎。以賓及公卿皆送俎。不可獨立於堂。故降復位。【注】釋曰。云門東北面

乾隆四年校刊

儀禮注疏卷七　大射儀

位者謂初小臣納卿大夫門東北面揖位。案下文賓諸公卿皆入門東面北上。謂在西階下。知大夫不復在西階下位者。以其言復位者復前位。其西階下舊無位。故知非西階下。若然。公卿入西階下。鄭云諸公卿不入門而右以將燕亦因從賓者也。大夫以公卿未入不可猶居西階。故在門東北面也。庶子正徹公俎。降自阼階以東。【注】降自阼階若親徹也。以東去藏。【音義】去起呂反。○賓諸公卿皆入門東面北上。【注】諸公卿不入門而右以將燕亦因從賓。司正升賓。賓諸公卿大夫皆說屨升就席。公以賓及卿大夫皆坐乃安。【注】鼎命以我安臣於君尚猶踧踖至此乃敢安。【音義】說吐活反。羞庶羞。【注】羞進也。庶衆也。所進衆羞謂膷肝膋狗胾醢也。或有炮鼈膾鯉雉兔鶉鴽。【音義】膷音損。又才悶反。又士戀反。膋力彫反。胾壯吏反。炮薄交反反。膾古外反。鶉市春反。鴽音如。疏注釋曰。知有脾肝膋者。此大射先行燕禮。燕法其牲唯有狗。又案內則云。肝膋。取狗肝一。幪之以其膋。濡炙之。舉燋。其膋不蓼。注云。膋。腸閒脂。故知此羞中有肝膋也。又知有狗胾醢者。以其公食大夫有牛胾炙羊胾炙豕胾炙。此燕無三牲。故知胾醢亦用狗。知有炮鼈膾鯉者。案六月詩云。吉甫燕喜。既多受祉。又云。飲御諸友。包鼈膾鯉。故知有此也。公食大夫有王事之勞。乃有之。故六月詩鄭注以吉甫遠從鎬地來。又日月長久。今飲之酒。使其諸友恩舊者待之。又加其珍美之饌。所以極勸之也。是有王事之勞乃有之。無王事之勞則無。故公食大夫不見也。又知有雉兔鶉鴽者。公食大夫二十豆。有此四者。此仍引內則上大夫二十豆者。不引二十豆盡。以其二十豆有三牲之物。此狗。故唯引此四者。

大夫祭薦。注燕乃祭薦。不敢於盛成禮。疏注釋曰。云燕乃祭薦不敢於盛成禮者。此大夫卑。不敢與公卿同時於盛成禮者也。

司正升受命。皆命。公曰。衆無不醉。賓及諸公卿大夫皆興。對曰。諾。敢不醉。皆反位坐。注皆命者。

命賓命諸公命卿大夫。皆鄉其位也。興對必降席。敬也。司正退立西序端。疏 注興。釋曰。云興對必降席者。經直云興。不言降席。鄭知降席者。以爲反坐。故知降席也。言敬也者。決上文司正命賓與大夫以我安。雖未坐。不云降而對。故以此爲敬。若然。上不降席者。彼直云安。未盡慇懃。故不降。此命使醉。是盡慇懃。故興降加敬也。知司正退立西序端者。案司正監酒。此將獻士事未訖。亦如鄉飲酒監旅時立于西序端也。○主人洗酌獻士于西階上。士長升拜受觶。主人拜送。注 獻士用觶。士賤也。今文觶作觚。疏 釋曰。自此盡奠于篚。論獻士及祝史等之事。注釋曰。云獻士用觶士賤也者。言獻士用觶。對上獻大夫用觚。觚二升。觶三升。用大者賤。用小者尊。故云士賤也。其他不拜。坐祭立飲。注 其他謂衆士也。升不拜受爵。疏 注釋曰。上云長。謂士中之長。此云士。謂長已下。下云其他謂衆士者。亦謂二十七士。以其下經旅食謂庶人在官。故知此非府吏以下。乃薦司正與射人于觶南，北面東上。司正爲上。注 司正、射人，士也。以齒受獻，既乃薦之也。司正，大射正也。射人，小射正，略其佐。疏 釋曰：案燕禮薦司正與射人一人、司士一人、執冪二人。此不言其數，又不言司士與執冪者二人，文不具。辯獻士。士既獻者立于東方，西面北上。乃薦士。注 士既獻易位者，以卿大夫在堂，臣位尊東也。畢獻薦之，略賤。疏 注 釋曰：云畢獻薦之略賤者，案上獻士立飲，是畢獻訖。乃云乃薦司正與射人于觶南，是獻士又獻司正已下。若然，薦士當在乃薦司正上，至此言之者，其實薦士在乃薦司正上。今此更言士得獻訖立在東方，立畢乃薦，不待畢獻，司正薦乃薦士也。是以薦司正言乃者，緩辭，明司正已下薦在士後也。祝史、小臣師亦就其位而薦之。注 亦者，亦士也。辯獻乃薦也。祝史門東北面東上，主人就士

乾隆四年校刊

旅食之尊而獻之旅食不拜受爵坐祭立飲【注】主人既酌西面士旅食北面受之不洗者於賤略之也【疏】【注】釋曰知主人既酌西面士旅食北面受之者以其不可背君南面授故知位之如此若然大史等亦北面則亦西面授酒也其小臣師等案上文位在阼階東南自然北面授　主人執虛爵奠于篚復位

○賓降洗升媵觶于公酌散下拜公降一等小臣正辭賓升再拜稽首公答再拜【注】賓受公賜多矣禮將終宜勸公序厚意也今文觶爲觚公答拜無再拜【疏】釋曰自酌論賓舉爵爲士舉旅行酬之事【注】釋曰云賓受公賜多矣禮將終宜勸公序厚意也者上文爲賓爲卿爲大夫舉旅皆臣自致爵今此其賓爲士舉旅行酬因得爲賓致爵於君故鄭云序厚意也　賓坐祭卒爵再拜稽首公答再拜賓降洗象觚升酌膳坐奠于薦

南降拜小臣正辭賓升成拜公答拜賓反位【注】反位反席也此觚當爲觶【音義】觚作觶出注【疏】【注】釋曰自此已前賓位在西階下東面無席戶牖之閒位則有席此賓升成拜不言降反位明反位者反於戶牖之閒席位云此觚當爲觶者凡旅酬皆用觶獻士尚用觶故知觚當爲觶下經觚亦當爲觶○公坐取賓所賸觚興唯公所賜受者如初受酬之禮降更爵洗升酌膳下再拜稽首小臣正辭升成拜公答拜乃就席坐行之【注】坐行之若今坐相勸酒有執爵者【注】士有盥升主酌授之【疏】【注】釋曰知士有盥升者以其爲公卿大夫使行旅不可不潔知是士者案下文云士有執膳爵者有執散爵者故知士有盥升主酌授之唯受于公者拜【注】公所賜者拜其餘則否司正命執爵者爵辯卒受者興以酬士【注】欲令惠均【音義】

令力呈反【疏】注釋曰云欲令惠均者以堂上公卿大夫旅徧并堂下之士也大夫卒受者以爵興西階上酬士士升大夫奠爵拜士答拜【注】與酬士者士立堂下與上坐者異【疏】注釋曰云與酬士者決向來堂上相旅皆坐相酬執爵者行之大夫末受酬者與西階上酬士故鄭云士立堂下與上坐者異也大夫立卒爵不拜賓之士拜受大夫拜送士旅于西階上辯【注】祝史小臣師旅食皆及焉【疏】注釋曰鄭知祝史以下皆得旅酬前得獻祝史與旅皆得獻明此旅酬得獻之可知士旅酌【注】旅序也士以次自酌相酬無執爵者【疏】注釋曰云無執爵者對上文卿大夫等有執爵者以其坐故也士無執爵者以其賤不坐故以次自酌以相酬無執爵者也○若命曰復射則不獻庶子【注】獻庶子則正禮畢後無事【音義】復扶又反【疏】注釋曰獻酬之禮庶子以下最後得獻若獻庶子之後正

禮畢不得更有射事。故命復射在獻庶子之前。司射命射唯欲。【注】司射命賓及諸公卿大夫射欲者則射，不欲者則止，可否之事從人心也。【疏】【注】釋曰。此乃三番射後。爵行無算。非直懈怠。復有醉者。是以不可恣心所欲。卿大夫皆降，再拜稽首，公答拜。【注】拜君樂與臣下執事無已。不言賓，賓從羣臣禮在上。【疏】【注】釋曰。云不言賓賓從羣臣禮在上者。謂初酬賓直言賓。再舉旅言若長。不專於賓。已是禮殺。第三舉旅云唯公所賜若賓若長。至此爲士舉旅。直云唯公所賜。復不言若賓若長。賓至此降。没不言賓。是賓禮以漸而殺。且從羣臣禮在上矣。壹發，中三侯皆獲。【注】其功一也，而和者亦多，尚歡樂也。矢揚觸，或有參中者。【音義】中，丁仲反；和，戶臥反；樂，音洛。【疏】【注】釋曰。上云第二番第三番。唯公得中二侯皆釋獲。今此燕後復射禮殺。臣與君同。是以鄭云和者益多尚歡樂也。云其功一也者。謂三侯所中皆是功。故云一也。云矢

乾隆四年校刊

揚觶或有參中者。卿大夫主射參侯。士主射豻侯。其中或揚觶。容中別侯。皆與釋。○主人洗。升自西階。獻庶子于阼階上。如獻士之禮。辯獻。降洗。遂獻左右正與內小臣。皆於阼階上。如獻庶子之禮。注庶子。師掌正六牲之體。又正舞位。授舞器。與膳宰樂正聯事。又掌國子戒令教治。世子之官也。左右正。謂樂正僕人正也。位在中庭之左右。小樂正在頌磬之北。右也。工在西則北面。工遷於東則東面。大樂正在笙磬之北。左也。工在西則西面。工遷於東則北面。僕人正相大師。工升堂。與其師士降立于小樂正之北。北上。工遷於東則陪其工後。國君無故不釋縣。二正。君之近官也。內小臣。奄人。掌君陰事陰令。后夫人之官也。獻三官於阼階。別內外臣也。同獻更洗，以時事不聯也。獻正下及內小臣，則磬人、鍾人、鎛人、鼓人、僕人師、僕人士，盡獻可知也。庶子內小臣。位在小臣師之東，少退，西上。

【音義】相，息亮反。縣，音懸。別，彼列反。

【疏】【注】釋曰：云小樂正在頌磬之北右也。工在西即北面者。工在西謂遷樂於下時。大師少師上工立於鼓北也。云工遷於東則東面者。案上遷樂於東之時，直云大師少師上工皆東坫之東。不見小樂正從之，明西在西縣之北東面向工矣。云大樂正在笙磬之北左也。工在西則西面者。案上文司射東面命樂正。單言樂正者，謂大樂正。既東面命之，則大樂正亦立於東矣。以其工在西階下，故知西面向之矣。云工遷於東則北面者，案上文樂正反位。大師既西面，明樂正北面可知。是以鄉射工遷於東南，西面北上，樂正北面立于其南。此亦與彼同北面也。云國君無故不釋縣，工正君之近官也，言此者。人君路寢之廷，樂縣不釋。樂正與僕人正同掌樂事。是君之近官也。云同獻更洗以時事不聯也者，以其雖同獻於阼階上，獻有前後，故更爵洗之。是以云時事不聯也。云庶子內小臣位在小臣師之東者，案公食堂上夾北有宰夫，內宰在東北。此射禮堂上夾北無宰位，則位不得在堂上。又非樂人，不得在樂正位，以其與小臣師同名小臣，故知小臣師之東也。又云少退西上者，見公食在宰東北少退，故知此亦少退。知西上者，以此位皆西上故也。○無算爵。注算數也。爵行無次數，唯意所勸，醉而止。疏釋曰：自此盡無算樂，論爵與恣意無數之事。

士也有執膳爵者，有執散爵者。執膳爵者酌以進公，公不拜受。執散爵者酌以之公，命所賜。所賜者興受爵，降席下，奠爵，再拜稽首，公荅再拜。注席下，席西。受賜爵者以爵就席坐，公卒爵，然後飲。注酬之禮，爵代舉。今爵竝行，嫌不代也。竝行猶代者，明勸惠從尊者來。疏注釋日月行酬之法。轉爵遞飲。今媵散兩有。宜得即飲。猶待公卒爵乃飲。猶代飲然。明惠從公來。嫌得即飲不代。故必卒爵然後飲。故曰嫌不代。執媵爵者受公爵酌反奠之。【注】燕之歡在飲酒成其意也。【疏】【注】釋曰。云燕之歡在飲酒者。諸安燕之歡正在於飲酒。故受公爵者更酌反奠於公所。擬公更賜爵。是其歡燕成之意也。受賜者與授執散爵者執散爵者乃酌行之。【注】與其所歡者。唯受于公者拜。卒爵者興以酬士于西階上。士升。大夫不拜乃飲。實爵。【注】乃。猶而也。【疏】【注】釋曰。鄭轉乃爲而者。乃是緩之辭。於禮不切。故爲而也。士不拜受爵大夫就席。士旅酌亦如之。公有命徹冪。則賓及諸公卿大夫皆降。西階下北面東上再拜稽首。【注】命徹冪者。公意殷勤欲盡酒。公命小臣正辭。公答拜。大夫皆辟。升反位。【注】

乾隆四年校刊

儀禮注疏卷七　大射儀

升不成拜。於將醉正臣禮。【疏】【注】釋曰。於側臣於堂下再拜稽首。得小臣以君命辭。其拜不成。當升成拜。今直升不成拜者。以其拜於下是臣之正禮。故鄭云於將醉正臣禮。士終旅於上如初。【注】卿大夫降而爵止於其反席卒之。【疏】【注】釋曰。上文卿大夫酬辯。始酬士。公命徹冪。公卿以下降而爵止。是以卿大夫升反席。士以下相酬而卒之。無算樂。【注】升歌間合無次數。唯意所樂。【音義】閒。閒厠之閒。樂。音洛。○宵則庶子執燭於阼階上。司宮執燭於西階上。甸人執大燭於庭。閽人爲燭於門外。【注】宵。夜也。燭。燋也。甸人掌共薪蒸者。庭大燭。爲其位廣也。爲。作也。作燭俟賓出。【音義】甸。大見反。閽。音昏。燋。哉約反。字林子召反。共。音恭。【疏】釋曰。自此盡篇終。論禮畢容公卿出入之事。賓醉。北面坐取其薦脯以降。【注】取脯。重得君之賜。奏陔。【注】陔夏樂章也。其歌。頌類也。以鍾鼓奏之。其篇今亡。賓所執脯。以賜鍾人于門內霤。遂出。【注】必賜鍾人。鍾人以鍾鼓奏陔夏。賜之脯。明雖醉。志禮不忘樂。【音義】霤，力又反。【疏】釋曰：案鄉飲酒鄉射。賓出無取脯賜鍾人之事者。彼是臣禮。此爲君法。故詳略不同。卿大夫皆出。【注】從賓出。公不送。【注】臣也。與之安燕交歡。嫌亢禮也。【疏】【注】釋曰。案燕義云。使宰夫爲獻主。臣莫敢與君亢禮。鄉來安燕交歡。君若送之。是臣與君亢禮。故君不送賓也。故燕禮注云賓禮訖是臣也。公入驁。【注】驁夏亦樂章也。以鍾鼓奏之。其詩今亡。此公出而言入者。射宮在郊。以將還爲入。燕不驁者。於路寢無出入也。【音義】驁，五刀反。【疏】【注】釋曰。云驁夏亦樂章也者。案周禮鍾師有九夏。皆樂章。其中有驁夏。卯陔夏。故云亦樂章也。云以鍾鼓奏之。案鍾師。以鍾鼓奏九夏。鄭云。先擊鍾次擊鼓。故云以鍾鼓奏之也。云其詩今亡者，鄭注鍾師云：九夏皆詩篇名頌之族類也。此歌之大者，載在樂章，樂崩亦從而亡。是以頌不能具。是其今亡。云此公出而言入者，射宫在郊，以將還爲入者。天子射在虞庠，周之小學在西郊。案鄉射記：於郊則閭中。鄭云：諸侯大學在郊，是諸侯大射所，故言入者射宫在郊，以將還爲入也。鄭知燕在路寢者，燕禮記云：燕朝服於寢，與羣臣賓客燕，不合在燕寢。故知從路寢也。此篇所解多不具者，以其諸侯大夫射，先行燕禮。大射三番，多依鄉射。是以與禮同者，於此不復重釋之也。

經六千八百九十字

注七千三百八字

儀禮注疏卷七

儀禮注疏卷七考證

前射三日宰夫戒宰及司馬射人宿視滌○臣恂按此節疏以宰夫戒爲句下九字爲句鄉射禮首節疏引此又以宰夫戒宰及司馬爲句故繼公則以宰夫戒貫下通作一句

樂人宿縣于阼階東注沽洗所以修絜百物○沽字從釋文疏作姑

簜在建鼓之閒疏今大予樂官有焉○臣學健按大予漢樂官名或本作子者誤

豐明疏故云其爲字從豆爲形以豐爲聲也○臣紱按

疏以曲爲豐之本字注亦作諸聲詁之而曲字字書未載

大夫繼而東上○敖繼公云繼而之下當有西字 臣紱按小卿在賓西大夫繼之則在小卿之西而席則東上也敖說得之

小臣師納諸公卿大夫 疏下有小臣正○下監本譌作小今改正

主人卒洗賓揖乃升○石經及朱子本敖本無乃字

更爵洗升酌散以降○敖繼公云此亦當酌膳云散誤也 臣紱按上文賓酢主人酌膳此主人自酢于公所

以達公意亦酌膳也敖說得之

主人盥洗升媵觚于賓○敖繼公云此觚亦當作觶臣紱按凡酬用觶敖說是

疏論主人酬賓之事○酬賓二字監本譌受賓爵三字今以經并燕禮疏文改正之

賓大夫之右○此下六節舊本合爲一節全無注文今依朱子分節并補注至疏則不可復尋矣

主人洗觚○觚監本譌作酬今依石經及朱子本敖本改

坐授瑟乃降○授石經作受誤

司正降自西階南面坐取觶升酌散降南面坐奠觶○奠石經及敖本作取蓋緣上文坐取觶而混

遂告曰○曰石經作于誤

工人士與梓人升自北階疏則鄉射記長與距隨是也○鄉射記長四字監本作上文橫三字臣紱按上文既無其文而橫字與下二字不屬考鄉飲記訂正之長其綴距隨其橫也

疏云午十字謂之○臣紱按此倒句法猶言十字謂之午耳

上耦出次西面揖進疏亦上射在北居右○右監本作

左朱子通解作右從之　臣恂按此北西面時上射居右既揖而進上射乃之左

南揚弓命去矦○矦監本譌作侯石經同今依朱子本楊本敖本改正

授獲者退立于西方○敖繼公云或言授獲者下當有旌字

上射降三等○三監本作二石經及朱子本楊本敖本並作三證之疏文當以三爲是

司馬師坐乘之○石經乘之下有卒字楊本敖本同

司射東面于大夫之西北○北石經作比依石經則比

字連下耦字爲句朱子本楊本敖本俱作北

下射進坐横弓疏取不背君向南爲順也○監本取字下脱不字順字下有故字臣紱按經意謂君在阼不可背之也脱不字則悖矣故字亦當衍

揖以耦左還上射于左○敖繼公云于左當作于右

退者與進者相左相揖還○石經及楊本敖本無還字

司射作射如初○作射之射監本譌作揖今依石經及朱子本楊本敖本改正

司射西面命曰注或曰維當爲縜○縜監本譌作絹今据考工記訂正與鄉射禮乃張矦節疏同

賓降取弓矢于堂西○敖繼公云此言降而不言升似有闕文

一小射正授弓拂弓○敖繼公云授當作受受弓者受于有司也

賓諸公卿大夫之矢皆異束之以茅卒○敖繼公云卒字衍

北面眂算○眂石經及敖本作視釋文作眂今從釋文下經北面眂上射同

東面坐○敖繼公云此坐字衍鄉射無之○臣學健按蓋因下文坐字而誤疊之

司射袒執弓○袒字上石經及楊本敖本有遂字

若諸公卿大夫之耦不勝○敖繼公云此耦時大夫有

與士爲耦者諸公卿無與士爲耦者此諸公卿衍文

卒司馬師受虛爵○監本脱師字今依石經及朱子本

楊本敖本補

薦脯醢折俎皆有祭○敖繼公云折上亦似脱設字

三耦拾取矢如初小射正作取矢如初○三耦監本作

二耦今依石經及朱子本楊本敖本改正敖繼公云

下一句似衍

搢三挾一个揖進○敖繼公云揖進之進當作退鄉射

云揖退是也。

諸公卿升就席○敖繼公云公卿之下不言大夫文脫耳。

司射命設豐實觶如初○敖繼公云實觶上當更有設豐二字如鄉射之文此脫。

矢不挾兼諸弦面鏃○敖繼公云弦字下蓋脫弣字。

司馬正升自西階○李如圭云馬字疑衍○臣紱按鄉射此一節亦云司正升自西階李說是。

公答拜賓反位○反位上監本脫賓字今依石經及朱子本敖本補。

大夫卒受者以爵興西階上酬士疏大夫未受酬者興西階上酬士〇監本作大夫未能受酬者輒興西階上　臣紱按未字蓋末字之譌能字輒字當衍脫酬士二字則語意不完尋繹經注以此爲是

主人洗升自西階疏堂上夾北無宰位則位不得在堂上〇則位不得在堂上監本譌作又按執事者堂上　臣紱按文既不屬而執事者三字亦不倫今尋繹上下文義以此爲是

受賜者興〇敖繼公云受賜下當有爵字如上篇

唯受于公者拜卒爵者興〇敖繼公云卒爵之間當有

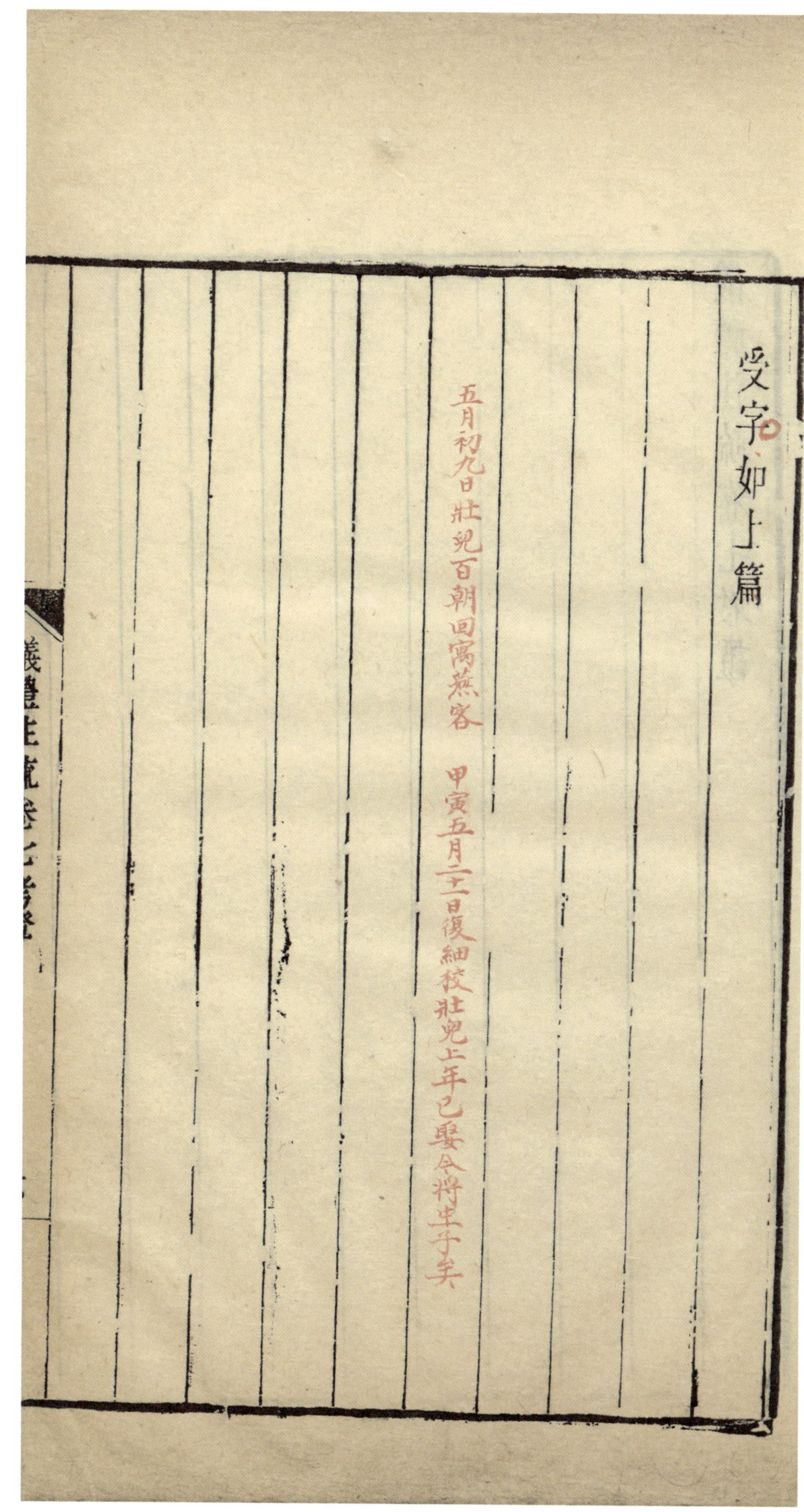

受字如上篇

五月初九日壯兒百朝回寓燕客

甲寅五月二十一日復細校壯兒上年已娶今將生子矣

儀禮注疏卷七考證

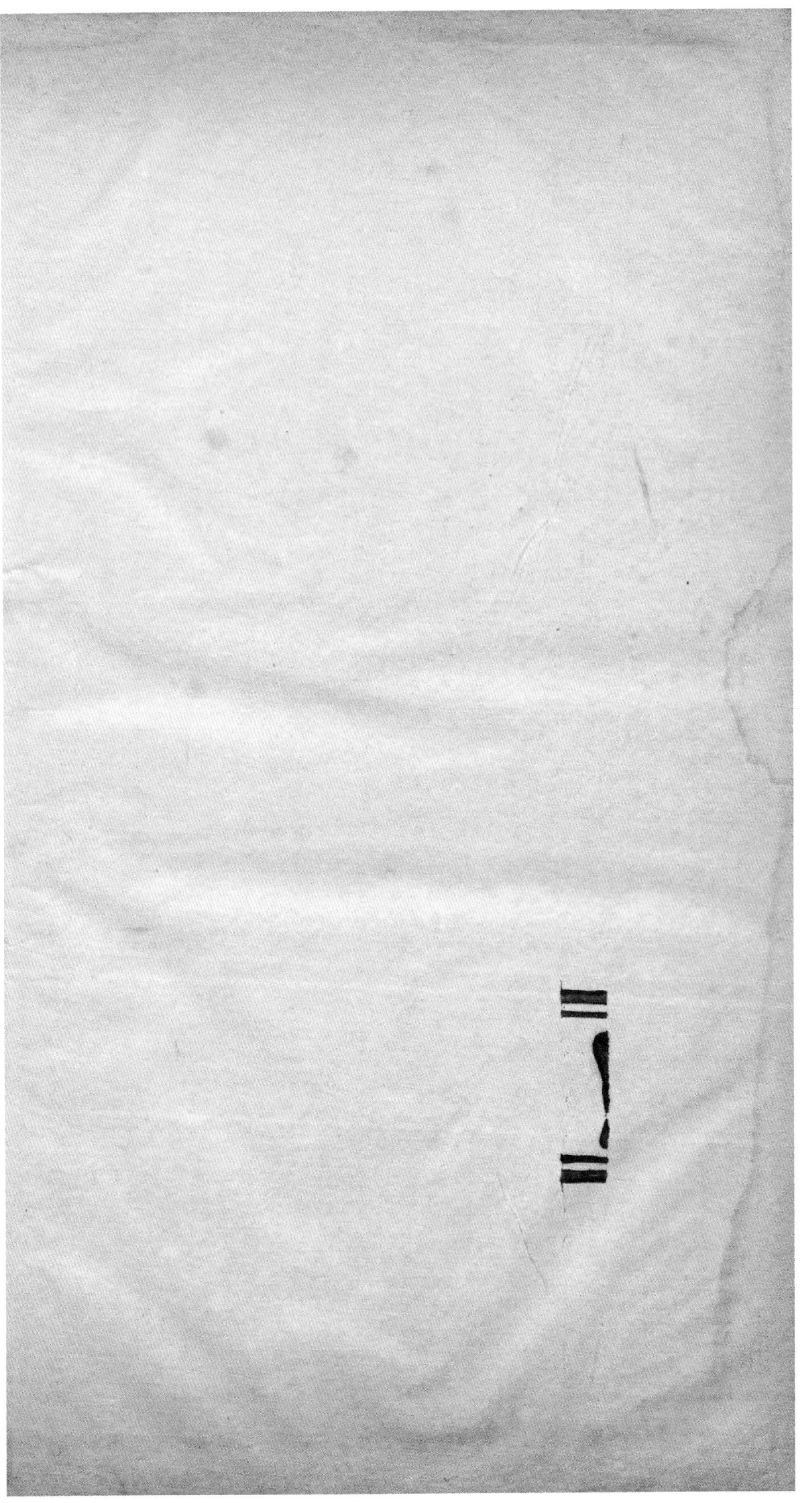

儀禮注疏卷八

漢鄭氏注　唐陸德明音義　賈公彥疏

聘禮第八

聘禮。○君與卿圖事。注 圖，謀也。謀聘故及可使者。謀事者必因朝。其位君南面。卿西面。大夫北面。士東面。音義 朝，直遥反。疏 釋曰。自此盡官具。論聘人及用幣之事。注釋曰。云謀聘故及可使者。謀聘者爲入無事則聘故。謂有事故。或因聘。或特行。若記云。若有故則卒聘。束帛加書將命。是因聘者也。晉侯使韓穿來言汶陽之田之類。是特行者也。言及可使者。謂於三卿之中選可使者。即經云遂命使者是也。其總三事。皆須謀者也。言謀事者必因朝者。欲取對衆共詢之意。云其位君南面以下知面位然者。此儀禮之内見諸侯三朝。燕朝燕禮是也。又射朝。大射是也。不見路門外正朝。正朝當與二朝面位同。案燕禮大射。皆云卿西面。大夫北面。士東面。公降階南面揖之。是以知正朝面位然也。若天子三朝。射人見射朝。司士見正朝。不見燕朝。以諸侯正朝與燕朝同。明天子燕朝亦與正朝同也。

遂命使者。【注】遂。猶因也。既謀其人。因命之也。聘使卿。【音義】使。所吏反。下以意推之。【疏】【注】釋曰。云既謀其人。因命之也者。謂謀其人。人亦在謀事之中。故云因命。即上注可使者是也。云聘使卿。使卿者。以其經云及竟張旜。周禮司常云孤卿建旜。故知使卿者也。若然。使者自其謀內審知所聘之國遠近。何以下記云使者既受行出。遂見宰問幾月之資。注云古者君臣謀密草創。未知所之遠近。問行用多少。但所謀之時。經云出聘。不言其國。使者不得審知。故更問之。所是以左氏吳公子季札遂聘齊晉衛鄭之等。下文云無行則重賄反幣。是亦有厯聘之事也。

使者再拜稽首。辭。【注】辭以不敏。【疏】【注】釋曰。云辭以不敏者。鄭取孝經曾子曰參不敏之辭爲義也。

君不許。乃退。【注】退。反位也。受命者必進。【疏】【注】釋曰。知受命者必進者。以其云退。故知進乃有退法。是受命前進近君也。

既圖事。戒上介亦如之。[illegible]

既已也戒猶命也已謀事乃命上介難於使者易於介[音義]易以豉反[疏][注]釋曰既謀事乃命介在謀後別命之謀使者是難謀後命介是易也宰命司馬戒衆介衆介皆逆命不辭[注]宰上卿貳君事者也諸侯謂司徒爲宰衆介者士也士屬司馬周禮司馬之屬司士掌作士適四方使爲介逆猶受也[疏][注]釋曰天子有六卿天地四時之官是諸侯兼官而有三卿立地官司徒兼冢宰立夏官司馬兼春官立冬官司空兼秋官是以左氏杜泄云季孫爲司徒叔孫爲司馬孟孫爲司空故禮記內則云后王命冢宰降德于衆兆民鄭云周禮冢宰掌飲食司徒掌十二教命一云冢宰記者據諸侯也諸侯并六卿爲三或兼職焉是其諸侯并六卿爲三諸侯以司徒爲冢宰義與此同宰上卿貳君事諸侯謂司徒爲宰者也云士屬司馬引周禮者案司士屬司馬而云作士適四方使爲介諸侯之司馬亦然故引以證諸侯司馬戒衆介也云不辭者是其副使之職者故不敢辭

○宰書幣【注】書聘所用幣多少也宰又掌制國之用【疏】
【注】釋曰宰卽上命司馬兼官者也云書聘所用幣多少
也者謂聘鄰國享君及夫人問卿之等幣周禮司儀云
凡諸侯之交各稱其邦而爲之幣以其幣爲之禮鄭云
幣享幣也於大國則豐於小國則殺是也云宰又掌制
國之用者案王制云冢宰制國用
必於歲之杪是以使之書幣也命宰夫官具【注】宰夫
宰之屬也命之使衆官具幣及所宜齎【疏】【注】釋曰所命
命之以宰夫屬司徒周禮宰夫掌百官府之徵令故命
諸官云官具者謂使宰夫命諸官各具所行幣幣在官
之府其司非一故言衆官幣謂享幣及問大夫問
卿總具之及所宜齎者謂行道所用多少皆是○及
期夕幣【注】及猶至也夕幣先行之日夕陳幣而視之重
聘也【疏】釋曰自此盡受書以行論陳幣付使者之事【注】
釋曰云夕幣先行之日夕知者下云厥明釋幣
于禰是行日明此夕是先行之日夕也云視之者正謂
賓及衆介視之故下云使者朝服帥衆介夕注云視其

享是也。使者朝服帥衆介夕。注 視其事也。古文帥皆作率。

管人布幕于寢門外。注 管猶館也。館人謂掌次舍帷幕者也。布幕以承幣。寢門外朝也。古文管作官，今文布作敷。音義 管古緩反，劉音官。幕音莫。疏 注釋曰。云管人謂掌次舍帷幕者也者。案天官有掌舍、掌次、幕人等。掌次云有邦事則張幕設案。掌舍職云爲帷宮設旌門。又幕人云掌帷幕幄帟綬之事。鄭云。在旁曰帷，在上曰幕。幕或在地，展陳于上。卽此布幕是也。館人卽彼掌舍，以諸侯兼官，故鄭總言之也。云布幕以承幣者，卽下文官陳幣是也。云寢門外朝也者，謂路門外，卽正朝之處也。下記云宗人授次，次以帷，則館人與宗人共掌之。若賓客則宗人掌之也。

官陳幣。皮北首西上，加其奉於左皮上，馬則北面奠幣于其前。注 奉所奉以致命，謂束帛及玄纁也。馬言則者，此享主用皮，或時用馬，馬入則在幕南，皮馬皆乘。

及玄纁三字敖無

乾隆四年校刊

古文奉爲卷。今文無則。［音義］纁，許云反。乘，繩證反。［疏］釋曰：云「官陳幣」者，卽上文官具者也。館人布幕於地，官陳幣於其上。［注］釋曰：云「奉所奉以致命」，謂束帛及玄纁也者，所奉，謂後享時奉入以致命。故知是以下文享時所致束帛加璧以享君，玄纁加琮以享夫人。鄭不言璧琮者，璧琮不陳，厥明乃授之也。云「馬言則」者，此享主用皮，或時用馬者，主用皮，謂有皮之國。國無皮者乃用馬，故下云「庭實皮則攝之」，鄭注「皮言則者，或用馬也」。記云「皮馬相間可也」，注「間猶代也，士物有宜也」。云「馬入則在幕南」者，以經云「馬則北面奠幣于其前」，是馬在幕南，故下展幣時云「馬則幕南北面奠幣于其前」也。知皮馬皆乘者，案下賓覿時云「總乘馬」，又云「禮玉束帛乘皮」，是皆乘也。

使者北面，衆介立于其左，東上。［注］既受行，同位也。位在幕南。［疏］［注］釋曰：云「既受行，同位」者，對未受行已前，卿大夫上面位各異。是以記云「使者既受行日，朝同位」，鄭注云「謂前夕幣之間，同位者，使者北面，介立于其左，少退，別其處臣也」是也。知在幕南者，幣在幕上，使者須親幣，故在幕南也。

卿大夫在幕東，西面，北上。

【注】大夫西面辟使者。【音義】辟音避。【疏】注釋曰：此謂處者大夫常北面，今與卿同西面，故云辟使者。

宰入告具于君，君朝服出門左南鄉。【注】入告，入路門而告。【音義】鄉許亮反，下以意求之。【疏】注釋曰：朝在路門外，故知入路門至路寢而告君，以其在路寢聽政處故也。

史讀書展幣。【注】展猶校錄也。史幕東西面讀書，賈人坐撫其幣。每者曰在，必西面者，欲君與使者俱見之也。【音義】賈音嫁，後同。掌物價之官。【疏】注釋曰：知史幕東西面者，以其君南面，使者北面，故知幕東西面讀之可知。是以鄭云欲君與使者俱見之也。知賈人撫幣者，以其賈人主幣行者，故知賈人撫幣受之。其幣謂官具之者，非直所奉而已。若然，賈人嘗在幕西東面撫之，亦欲使君與賓俱見之也。

宰執書告備具于君，授使者，使者受書授上介。【注】史展幣畢，以書還授宰，宰既告備，以授使者，其受授皆北面【疏】【注】釋曰云展幣畢以書還授宰者以其宰在幕東西面史居前西面讀書展幣展幣訖明廻還授宰宰以書授使者云其受授皆北面者當宰以書授使者之時宰來至使者之東北面授使者使者北面授介三者皆北面向君故也公揖入【注】揖禮羣臣【疏】釋曰以展幣授使者訖禮畢故入於寢也官載其幣舍于朝【注】待旦行也【疏】【注】釋曰此云官謂官人從賓行者與前官陳幣者異必知行者以下文入竟又展之又有司展羣幣以告注云有司載幣者自展自告是也云待旦行者下文厥明釋幣途行是也上介視載者【注】監其安處之畢乃出【音義】監古銜反【疏】【注】釋曰經直云上介視載者注云監其安處之畢乃出不言餘人出則上文舍於朝不出待旦則行以其須守幣故也所受書以行【注】爲當復展【音義】爲于僞反復扶又反下以意求之【疏】【注】釋曰書謂前宰授使者此書將行爲當復展故也○厥明賓朝服釋幣于禰【注】告爲君使也賓使者謂之賓尊之也天子諸

侯將出，告羣廟；大夫告禰而已。凡釋幣，設洗盥，如祭。〔音義〕禰，乃禮反。〔疏〕釋曰：自此盡「亦如之」，論賓與上介將行告禰之事。云「朝服」者，卿大夫朝服祭，故還服朝服告也。〔注〕釋曰：云「天子諸侯將出，告羣廟」者，案《禮記·曾子問》云：「孔子曰：諸侯適天子，必告于祖，奠于禰。」注云：「皆奠幣以告之。」是諸侯出告羣廟。案彼下文又云：「孔子曰：天子諸侯將出，必以幣帛皮圭告于祖禰，遂奉以出。」是天子與諸侯同告羣廟之事。云「大夫告禰而已」者，大夫三廟，降天子，不得並告，故直告禰而已。若父在，則告祖。知者，下《記》云「賜饔，唯羹飪，筮一尸，若昭若穆」，注云「筮尸若昭若穆，容父在。父在則祭祖，父卒則祭禰」，以此言之，明初行時父在，釋幣於祖廟可知。案昭元年，楚公子圍聘於鄭，云「布几筵於莊共之廟而來」，服氏云：「莊謂楚莊王，圍之祖；共王，圍之父。」是大夫得並告羣廟者，彼不告聘，告娶，故得並告。古者大夫得因聘而娶，故傳云「且娶於公孫段氏」是也。云「凡釋幣，設洗盥，如祭」者，案《曾子問》云「凡告用牲幣」，注云「牲當爲制」，則告無牲，直用幣而已。但執幣須潔，當有洗而盥手，其設洗如祭祀之時，亦洗當東榮，南北以堂深，水在洗東，篚在洗西。必知無祭事者下文還時云。乃至于禰。筵几于室。薦脯醢。觴酒陳。鄭云。行釋幣。反釋奠。略出謹入。是其差也。有司筵几于室中。祝先入。主人從入。主人在右。再拜。祝告。又再拜。【注】更云主人者廟中之稱也。祝告。告以主人將行也。【音義】稱。尺證反。【疏】【注】釋曰。云更云主人者廟中之稱也者。上云賓。至此更云主人。是廟中之稱。故特牲少牢皆稱主人。對聘稱賓也。釋幣制玄纁束。奠于几下。出。【注】祝釋之也。凡物十曰束。玄纁之率。玄居三。纁居二。朝貢禮云。純四只。制丈八尺。【音義】率。音律。只。音紙。【疏】【注】釋曰。知祝釋幣者。案曾子問。君薨而世子生。大祝裨冕執束帛。升自西階。命無哭。告曰某之子生敢告。奠幣於賓東。則知此亦大祝釋之可知也。云凡物十曰束者。案昏禮玄纁束。則每卷二丈。自餘行禮云束者。每卷一丈八尺爲制。幣帛錦十卷者。皆名束。至於脯十脡亦曰束。故云凡物十曰束也。云玄纁之率。玄居三。纁居二者。言率皆如是也。玄三纁二者。象天三覆。地二載。

也。云朝貢禮云純四只制丈八尺者，純謂幅之廣，狹制謂舒之長短。周禮趙商問：只長八寸，四八三十二，幅廣三尺二寸，大廣非其度。鄭君荅云：古積畫誤爲四，當爲三。三咫則二尺四寸矣。雜記云：納幣一束，束五兩，兩五尋。然則每卷二丈，若作制幣者，每卷丈八尺爲制，合卷爲匹也。主人立于戶東，祝立于牖西。【注】少頭之間，示有俟於神。【疏】【注】釋曰：案士虞禮，無尸者出戶而聽，若食間。此無祭事，故云有俟於神也。又入，取幣降，卷幣實于筭，埋于西階東。【注】又入者，祝也。埋幣必盛以器，若藏之然。【音義】筭，音煩，器名，盛音成。又釋幣于行。【注】告將行也。行者之先，其古人之名未聞。天子諸侯有常祀在冬，大夫三祀曰門、曰行、曰厲。喪禮有毀宗躐行出于大門，則行神之位在廟門外西方。不言埋幣，可知也。今時民春秋祭祀有行神，古之遺禮乎。【音義】躐，力涉反。【疏】注釋曰。云行者之先其古人之名未聞者。此謂平治道路之神。云古人名未聞者。謂古人教人行道路者。其人名字未聞。云天子諸侯有常祀在冬者。月令祀行是也。言此者。欲見大夫雖三祀有行。無常祀。因行使始出有告禮而已。至於出城。又有軷祭。祭山川之神。喻無險難也。大夫三祀曰門曰行曰厲者。見祭法文。云喪禮有毀宗躐行出于大門者。檀弓文。案彼文。掘中霤而浴。毀竈以綴足。及葬。毀宗躐行。出于大門。殷道也。下文周柩入毀宗。雖不云躐行。亦有行可知。所毀者毀廟門西。而云躐行。明行神在廟門西矣。不云埋幣可知者。承上宗廟埋之。此亦埋可知。云今時民春秋祭祀有行神。古之遺禮乎者。鄭以行神無正文。雖約檀弓。猶引漢法爲況。乎者猶疑之矣。若然。城外祭山川之神有軷壇。此祭行神亦當有軷壤。是月令冬祭行。注云。行在廟門外之西爲軷壇。厚二寸。廣五尺。輪四尺。是也。

遂受命。【注】賓須介來乃受命也。言遂者。明自是出不復入。【疏】注釋曰。下云上介及衆介俟于使者之門外。是其賓須介來乃受命也。云自是出不復入者。自釋幣於門。不復更入。若然。則待介於門矣。上介釋幣亦如之注如其於禰與行○上介及衆介俟于使者之門外注俟待也待於門外東面北上疏釋曰自此盡斂旜爲使者與介向君朝受命詣行之事注釋曰知待於門外東面北上者上云賓釋幣訖不復入明介待賓於大門外外賓出則向君也言東面北上者依賓客門外之位使者載旜帥以受命于朝注旜旌旗屬也載之者所以表識其事也周禮曰通帛爲旜又曰孤卿建旜至於朝門使者北面東上古文旜皆爲膳音義旜之然反識如字又音志疏注釋曰云載之者所以表識其事也者人見張旜則知是孤卿爲使之事是表識其事也云周禮曰者司常文云至於朝門者凡諸侯三門皋應路路門外有常朝位下文君臣皆朝列位乃使卿進使者使者乃入至朝即此朝門者皋門外矣知北面東上者還依展幣之位也君朝服南鄉卿大夫西面北上君使卿進使者注進

之者使者謙不敢必君之終使己。【疏】釋曰：此還依展幣之位，知大夫與卿同西面避賓，下文使者還亦同展幣北面東上位。

使者入，及衆介隨入，北面東上。君揖使者進之，上介立于其左，接聞命。【注】進之者，有命宜相近也。接猶續也。【音義】近，附近之近。

賈人西面坐啓櫝，取圭垂繅，不起而授宰。【注】賈人，在官知物賈者。繅，所以藉圭也。其或拜，則奠于其上。今文繅作璪。【音義】櫝，大木反，匵也。繅音早。注璪同。【疏】【注】釋曰：云「賈人，在官知物賈者」，謂若王制云庶人之在官府史胥徒之類，以知物賈，故名賈。云「其或拜，則奠于其上」者，故覲禮記云「奠圭于繅上」是也。但繅有二種：一者以木爲中幹，以韋衣之，天子五采，公侯伯三采，子男二采，采爲再行，下記及典瑞皆有其文，此爲繅也。下記云「絇組尺」及曲禮下文「執玉其有藉者則裼」，鄭亦謂之繅。若韋版爲之者，奠玉於上，此則無垂繅屈繅之事。若絇組爲之者，所以繫玉於韋版，使不失隊。此乃有屈垂之法。則此經所云者是也。案向來所注。皆以韋版繅藉解之者。鄭意以承玉及繫玉二者所據雖異。所用相將。又同名爲繅。是以和合解之。故以韋版爲之者。以解絇組之繅也。

宰執圭屈繅。自公左授使者。【注】屈繅者。斂之。禮以相變爲敬也。自公左。贊幣之義。【疏】【注】釋曰。云自公左贊幣之義者。禮記少儀云。詔辭自右。贊幣自左。敢地道尊右之法。是贊幣之義。故於公左也。

使者受圭。同面。垂繅以受命。【注】同面者。宰就使者北面竝授之。既授之而君出命矣。凡授受者。授由其右。受由其左。【疏】【注】釋曰。知宰就使者北面者。使者既先北面。故知就使者北面竝面授之。不見使者進文者。即言受命。明知則出命矣。云凡授受者授由其右受由其左者。據此宰由其右授使者。使者受由其左。又據鄉飲酒、鄉射、燕禮獻酢酬。皆授由其右。受由其左。故云凡以廣之。若有所因由。則有授由左受由右。是以使者反命之時。宰自公左受玉。鄭云亦於使者之東同面竝受不右使者由便也又賓授覿時士受馬適右受鄭云適牽者之右而受由便又鄉飲酒云受酬者自介右鄭云尊介使不失故位如此者皆是變例鄭據平常行事而言也既述命同面授上介【注】述命者循君之言重失誤【疏】【注】釋曰上文授玉訖若出命命辭雖不知何語要知使者既受命使者又重述君命為述命述命者重失誤上介受圭屈繅出授賈人衆介不從【注】賈人將行者在門外北面【疏】釋曰云衆介不從者以上介送圭向外與賈人反來故衆介不從以待之【注】釋曰云賈人將行者知者經言授賈人使受之則是行人主掌此玉故知將行者對上云賈人出玉者是留者也知在門外北面者以其使者在門外時皆北面此賈人不入明依本北面可知受享束帛加璧受夫人之聘璋享玄纁束帛加琮皆如初【注】享獻也既聘又獻所以厚恩惠也帛今之璧色繒也夫人亦有聘享者以其與己同體為國小

君也其聘用璋取其半圭也君享用璧夫人用琮天地配合之象也圭璋特達瑞也璧琮有加往德也周禮曰瑑圭璋璧琮以覜聘【音義】璋音章琮才宗反半璧也繒似陵反妃音配本亦作配瑑大轉反【疏】釋曰此經中三事上經已受聘君圭此經受享君束帛加璧又受聘夫人璋又受享夫人琮案上文夕幣時云官陳幣皮北首西上加其奉於左皮上鄭注云奉所奉以致命謂束帛及玄纁也則知所陳直陳束帛及玄纁不陳璧琮是以此經受璧而連言束帛玄纁者以其享時束帛加璧於其上玄纁加琮於其上以相配之物故兼言束帛玄纁若然璧琮又受者以其璧琮與圭璋同類尊之故也【注】釋曰云帛今之璧色繒者周禮大宗伯云孤執皮帛鄭注亦然又案宗伯云以蒼璧禮天下云牲幣各放其器之色幣即幣帛禮天之璧用蒼色則幣帛之色亦蒼色是璧色繒於漢時云璧色繒者亦因周法則此束幣亦與璧色同以其相配但未知圭用何色耳云聘用璋取其半圭知半圭曰璋者案周禮典瑞云四圭有邸以祀天兩圭有邸以祀地圭

璧以祀日月。璋邸射以祀山川。以上向下差之。以兩圭半四圭。圭璧半兩圭。璋邸射又半圭璧。是半圭曰璋也。云圭璋特達瑞也者。聘義云。圭璋特達德也。鄭云特達謂以朝聘也。言瑞者。大宗伯云以玉作六瑞。公執桓圭以下皆是瑞。故尚書云。班瑞於羣后。言特達者。不加束帛也。云璧琮有加往德也者。謂加於束帛之上。言往德者。郊特牲云。束帛加璧。往德也。謂之束帛加璧。致厚往爲主。君有德。故以玉致之。君子於玉比德。故言往德也。往德義出於此。鄭言此者。從見朝享用玉之意也。周禮曰。玉人文云。瑑圭璋璧琮以覜聘者。欲見此篇聘賓不用君之所執圭璋。以其公則執桓圭。侯執信圭。伯執躬圭。子執穀璧。男執蒲璧。臣出聘。圭璋璧琮則瑑之而已。無此桓信躬穀蒲之文。文所執皆降其君一等。故引之爲證也。

○遂行。舍於郊。注 於此脫舍衣服。乃即道也。曲禮曰。凡爲君使。已受命。君言不宿於家。

疏 注釋曰。言遂行者。受命則行。不留停。故云遂行。言於此脫舍衣服乃即道也。上文云賓朝服告禰。乃遂朝君受命。至此衣服未改。鄭注云。吉時道路深衣。則此脫舍朝服。服深衣而行。故云於此脫

松厓云周語亦有服氏注僅見於此

衣服乃即道也。引曲禮者，見受君命及君言。言別無告請之事。遂行舍於郊。則彼云不宿于家也。斂

注此行道耳。未有事也。斂，藏也。疏注釋曰：云此行道耳。未有事也者，案下文云及竟張旜，是有事也。故此自郊已後未有事，斂藏也。〇若過邦至于竟，使次介假道，束帛將命于朝，曰：請帥。奠幣。注至竟而假道，諸侯以國爲家，不敢直徑也。將，猶奉也。帥，猶道也。請道己道路所當由。音義帥猶道之道，音導。下請道同。疏釋曰：自此盡執策於其後，論過他國竟假道之事。注釋曰：云諸侯以國爲家，不敢直徑者，案左氏傳僖三十三年，秦師襲鄭，不假道於晉，爲晉所敗，是其不假道直經過。天子之師行過無假道，以其天子以天下爲家。所在如主人故也。天子微弱，則有之。是以周惠定王使單襄公聘於宋，遂假道於陳，以聘楚。服氏注云：是時天子微弱，故與諸侯相聘同，是也。下大夫取以入告，出許，遂受幣。注言遂者，明受其幣，非爲許故也。

容其辭讓不得命也[音義]爲，于僞反。[疏]注釋曰：云言遂者，明受其幣，非爲許故也。者，幣本爲行禮，非爲求許。若因許道受幣，當云出許受幣，不須言遂。今不以許道受幣，云遂，是以容其辭讓不受此幣，不得命遂受之，故云遂也。

饋之以其禮，上賓大牢，積唯芻禾，介皆有餼。[注]凡賜人以牲生曰餼。餼猶稟也，給也。以其禮者，尊卑有常差也。常差者，上賓、上介牲用大牢，羣介用少牢。米皆百筥，牲陳于門內之西，北面，米設于中庭。上賓、上介致之以束帛，羣介則牽羊焉。上賓有禾十車，芻二十車，禾以秣馬。[音義]餼，許氣反。積，子賜反。少，詩照反。秣，音末。[疏]注釋曰：此謂主國所致禮。云「凡賜人以牲生曰餼」者，言凡者，總解諸文。案此下經云主國使卿歸饔餼五牢，云飪一牢，腥二牢，餼二牢，陳于門西。鄭注云：餼，生也。牛羊右手牽之，豕束之。是牲生曰餼。上介及士亦皆牲生爲餼。論語云：告朔之餼羊。鄭注亦云牲生曰餼。春秋傳云。餼臧石牛。服氏亦云牲生。是凡牲生曰餼。春秋僖三十三年。鄭皇武子云。餼牽竭矣。服氏以爲腥曰餼。以其對牽。故以餼爲腥詩序云。雖有牲牢饔餼。鄭云。腥曰餼。以其對生是活。故以餼爲腥。又不爲牲生者。鄭望文爲義。故注不同也。餼猶稟也給也者。於賓爲稟。稟者受也。於主人爲給。給賓客也。云以其禮者尊卑有常差。常差者上賓上介牲用大牢。經不言上介。知與賓同大牢者。若上介與羣介同。當爲介者皆少牢。是以下文大夫餼賓云。上賓上介皆大牢。米八筐。衆介皆少牢。米六筐。是上介與賓同之義也。云米皆百筥以下盡二十車。皆約下文君使卿致饔餼禮。若然。上介與賓同大牢。依大夫餼賓禮。米不依大夫餼賓上介米八筐。而依君致饔餼者。以此經有芻禾。大夫餼賓禮無芻禾。故還依主國歸饔餼之禮也。案下歸饔餼。上賓上介米陳于門內。衆介米百筥設於門外。鄭不言者。略而不辨之也。云上賓上介致之以束帛羣介則牽羊者。案大夫餼賓禮。使者牽牛以致之。上介亦如之。不依此。依歸饔餼者。以其彼此皆是國君禮。雖牽。以行道之間。不依歸饔餼之法。致之。帛用束。宜與歸饔餼同也。云羣介則牽羊焉者。致禮於士。無用束帛之法。但歸饌則用太牢禮盛。宰夫朝服牽牛以致之。此衆介皆少牢。當與大夫餼賓少牢亦牽羊以致之同也。無正文。故言則也。上賓有禾十車芻二十車。亦與下歸饔餼同也。若然。大牢則上介與上賓同。芻禾不同者。以經上賓云唯芻禾言唯著異。明上介無也。但下文設飧時。大夫之禮禾視死牢而已。此餼賓用生牢。不用死牢。得有禾者。此過國致禮。異於常禮。故生致而有芻禾也。以芻薪倍禾。故禾十車芻二十車也。

士帥沒其竟。【注】沒。盡。

誓于其竟。賓南面。上介西面。衆介北面東上。史讀書。司馬執筴立于其後。【注】此使次介假道止而誓也。賓南面專威信也。史於衆介之前北面讀書以勑告士衆爲其犯禮暴掠也。禮。君行師從。卿行旅從。司馬主軍法者。執策示罰。【音義】筴。音策。掠。音諒。從。才用反。【疏】【注】釋曰。此誓當之時。止而誓言。今在士帥沒其竟之後言之者。此文因上設彼國禮法訖。乃更却本而言之。不謂此士帥沒竟後是以鄭云此使次介假道止而誓也言賓南面專威信者此聘禮雖非軍事亦是梱外之事使專威信故南面若君然也知史於衆介之前北面讀書者以經言衆介北面則言史讀書明亦北面與衆介同北面又賓南面復對之故也云君行師從已下定四年召陵之會祝佗辭引之者此聘使有旅從恐暴掠也○未入竟壹肄【注】謂於所聘之國竟也肄習也習聘之威儀重失誤【音義】肄以二反【疏】釋曰自此盡私事論雖未至主國預習聘享威儀之事此與下文爲目所習之禮事在下文【注】釋曰謂於所聘之國者鄭解未入境境謂所聘之國境未入也爲壝壇畫階帷其北無宮【注】壝土象壇也帷其北宜有所鄉依也無宮不壝土畫外垣也【音義】壝以垂反一音以癸反壇大丹反封土曰壇畫音獲注同垣音袁【疏】注釋曰案覲禮與司儀同爲壇三成宮方三百步此則無外宮其壇壝土爲之無成又無尺數象之而已云帷其北宜有所鄉依者雖不立主人賓介習禮宜有所向故帷其北也云無宮不壝土畫外垣也

者壝土爲宮是畫爲外垣合不壝土爲外垣牆是則不畫宮也朝服無主無執也【注】不立主人主人尊也不執玉不敢褻也徒習其威儀而已【疏】【注】釋曰云不立主人主人尊也者主人則士國君受聘享者不立臣作君故云主人尊也介皆與北面西上【注】入門左之位也古文與作豫【音義】與音預【疏】【注】釋曰此所習之禮不習大門外內及廟門內之禮者以其於外威儀少而易行故略之但習入廟聘享揖讓升降布幣授玉之禮是以直云北面西上之位也【注】釋曰云入門左之位者案下文云賓入門左介皆入門右北面西上是也習享士執庭實【注】士士介也庭實必執之者皮則有攝張之節【疏】【注】釋曰享時庭實旅百獻國所有非止於皮知所執是皮者以其金龜竹箭之等皆列於地不執之所執者唯有皮而已是以下聘時賓升致命授玉之時執皮者張之以見文是以特言執也是以云皮有攝張之節習夫人之聘享亦如之習公事不習私

事。注公事致命者也。疏釋曰云習夫人之聘享亦如之者以其行聘君訖則行聘夫人行享君訖即行享夫人還君受之一如受君禮故云亦如之也。云習公事者謂君聘享夫人聘享及問大夫皆致君命故鄭云公事致命者是以下文行君聘享及大夫聘享訖擯出請賓告事畢鄭注云公事畢又問卿時云卿大夫升堂北面聽命賓東面致命鄭注云致其君之命皆公事致命者也私事者謂私覿於君私面於卿大夫故下文賓覿入門右注云私事自闑右是也又問卿訖賓面如覿幣入門右大夫辭賓遂左注云見私事賓雖敵謙入門右爲若降等然是也若然大夫之幣不在朝付之至郊乃付之避君禮不謂非公事○及竟張旜誓注及至也張旜明事在此國也張旜謂使人維之。疏釋曰自此盡入境斂旜論賓至主國之境謁關以見威儀之事。注釋曰云張旜明事在此國者以其行道斂旜及境張旜明所聘之事在此國故張旜以表其事也是以鄭云明事在此國也云張旜使人維之者案禮緯稽命徵云大夫杠五刃齊於較較崇八尺人又長八尺人維得手及之者蓋以物接之乃得維持之。案節服氏掌祭祀朝覲，六人維王之大常。諸侯則四人，但大常十二旒，人有六，則一人維持二旒。鄭云維之以縷，用線維之。大夫無文，諸侯四人，不依命數，大夫或一人或二人維持之。

乃謁關人。【注】謁，告也。古者竟上爲關，以譏異服，識異言。【音義】譏音機，本亦作識。

【疏】【注】釋曰：古者境上爲關者，王城十二門，則亦通十二辰，辰有一門一關。諸侯未知幾關，魯廢六關，半天子，則餘諸侯亦或然也。云關譏異服識異言者，案王制云：關譏而不征。注亦云：譏，幾異服異言。二注皆無正文。案周禮司門云：幾出入不物者。注云：不物，衣服視占不與衆同。鄭以出入不物，幾之，則不物中含有此異服異言。云衣服視占不與衆同，則是異也。但周禮司關上士二人，中士四人。又云：每關下士二人。但司關爲都總，主十二關。關在國都，每關下士二人者，各主一關。今所謂關人者，謂告每關關人來告司關，司關爲之告王。故司關職云：凡四方之賓客叩關，則爲之告，是也。

關人問從者幾人。【注】欲知聘問。且爲有司當共委積之具。【音義】從，才用反。幾，居豈反。委，於僞反。積，子賜反。【疏】

曰不問使人而問從者關人卑者不敢輕問尊者故問從者。注釋曰云欲知聘問者問得從者即知使者是大聘亦知使者是小聘。知者以君行師從。一州之民卿行旅從一黨之人。若大夫小聘當一族之人百人也且爲有司當共委積之具者。賓客入竟當於廬宿市設。少曰委多曰積是爲行道之具也。以介對。注以所與受命者對謙也。聘禮上公之使者七介侯伯之使者五介子男之使者三介以其代君交於列國是以貴之。周禮曰凡諸侯之卿其禮各下其君二等。疏注釋曰云以所與受命者對謙也者上問從者幾人當爲卿行旅從之介不云而以介與受命者對是謙也聘禮上公之使介至三介皆禮記聘義文而云聘禮者聘義亦得言聘禮也云以其代君交於列國是以貴之貴之者隨國大小節級與之介以副使者是貴之也引周禮者彼見貴之纔下其君二等而已也鄭注周禮二等謂介與朝位賓主之間也。○君使士請事遂以入竟。注請猶問也問所爲來之故也遂以入因道之【疏】釋曰君得關人告即知爲聘來使士迎之故聘義云君使士迎于竟是也而云使士請事君子不必人故知而猶問也云遂以入竟者若然向來賓之問猶停關外君使士請訖乃道以入竟○入竟斂旜乃展【注】復校錄幣重其事斂旜變於始入【疏】釋曰自此盡賈人之館論三度展幣之事【注】釋曰云重其事者亦恐有脫漏失錯故云重其事不可輕也斂旜變於始入者上及竟張旜注云事在此國也此則入竟後乃斂斂之者謂若初出至郊斂旜鄭云行道耳未有事也此亦及竟示有事於此國張之始入張之去國遠更是行道未有事故鄭云變於始入始入將示有事於此國今是行道去之故云變於始入也布幕賓朝服立于幕東西面介皆北面東上賈人北面坐拭圭【注】拭清也側幕而坐乃開櫝【音義】拭音式清如字劉才姓反【疏】釋曰賓西面者雖不對君由是臣道異於前聘時示威信也【注】釋曰知賈人側幕者以其幕所陳皆賈人所主此圭雖不陳亦宜側近於幕以

關圭也。知賈人坐者，下文聘時，於廟門外賈人關圭坐授上介，故知此亦坐。遂執展之。【注】持之而立，告在。【疏】【注】釋曰：此經告訖，下文乃云上介北面視之，則此所告者，告賓云在。上介乃視之。

上介北面視之，退復位。【注】言退復位，則視圭進違位。【疏】【注】釋曰：鄭言此者，見經直有退文，不見其進，故云則視圭進也。違位之言出於曲禮，曲禮云：擯人必違其位。鄭云：禮以變爲敬。今此進違位，亦是敬也。

退圭。【注】圭璋尊，不陳之。【疏】【注】釋曰：尊不陳，對下文拭璧加于左皮上陳之，爲卑故也。上不言璋，直言圭，下乃言夫人之聘享，則璋亦拭而并言璋者，欲見皆不陳故。

陳皮，北首西上，又拭璧，展之，會諸其幣，加于左皮上。上介視之，退。【注】會，合也。諸，於也。古文曰：陳幣北首。【疏】【注】釋曰：璧言合諸幣者，享時當合，故今亦合而陳之。故小行人云合六幣，六幣亦是所享之物故也。

馬則幕南北面，奠幣于其前。【注】前，當前幕上，展夫人之聘

松厓云賓用束錦償勞者勞者再拜稽首受若幣出于賓何得稽首償幣乃君之幣故注云尊君也則私覿之幣皆君

享亦如之。賈人告于上介，上介告于賓。注 展夫人聘享。上介不視，貶於君也。賈人既拭璋琮，南面告於上介，上介於是乃東面以告賓，亦所謂放而文之類。音義 放，方往反。

疏 注釋曰：知面位如此者，其賈人北面在幕南，上介亦北面，明賈人既拭夫人聘璋享琮訖，乃廻身南面告上介，上介於是還東面告賓可知也。云所謂放而文之類者，所謂禮器文。禮器云：有放而文也。注云：謂若天子服日月以至黼黻。是天子衣放象日月以下而為文。今夫人聘享展訖，但上介不視，至於賈人南面告上介，上介東面告賓，放象君禮而為文，是其類也。

有司展羣幣以告。注 羣幣，私覿及大夫者。有司，載幣者，自展自告。疏 注釋曰：云羣幣私覿及大夫者，上展君及夫人幣訖，此言有司展羣幣，故知是私覿及大夫者。私覿者，行君夫人聘享訖，賓以私禮已物見主君。云大夫者，亦謂賓以已物面主國之卿。必知私覿之幣是賓介自將已物者，以經訖上下唯有君及夫人聘享及問大

之幣可知

夫聘之幣付使者之文。不見其付賓介私覿之幣。又案下文賓將還。云遂行舍于郊。公使卿贈如覿幣。使下大夫贈上介亦如之。使士贈衆介如其覿幣。還至本國陳幣于朝。云上賓之公幣私幣皆陳。上介公幣陳。他介皆否。注云此幣使者及介所得於彼國君卿大夫之贈賜也。其禮於君者不陳。公幣君之賜也。私幣卿大夫之幣也。至於賓反命訖。君使宰賜使者及介幣。以此言之。彼國所報私覿之幣還與賓介。明知私覿是賓介私齎行可知也。夏官校人云。凡國之使者皆供其幣馬。鄭注。使者所用私覿。若然。彼使者謂天子使卿大夫存頫省問諸侯之事。使者得之行私覿。私覿之馬。校人供之。與諸侯禮異也。

及郊。又展如初。

注 郊。遠郊也。周制天子畿內千里。遠郊百里。以此差之。遠郊上公五十里。侯伯三十里。子男十里也。近郊各半之。

疏 釋曰。云周制天子畿內千里者。周禮大司徒云制其畿方千里。據周禮而言。其自殷已上亦畿方千里。商頌云。邦畿千里。惟民所止。夏亦千里。王制云。天子縣內方千里。鄭據夏時。禹貢方千里曰甸服。據唐虞畿內是也。

乾隆四年校刊

云遠郊百里者。司馬法文。王畿方千里。城面五百里。以百里爲遠郊。若公五百里。中置國。城面二百五十里。故遠郊五十里。自此以下至子男。差之可知。云近郊各半之者。亦約周天子遠郊百里。近郊五十里。亦無正文。尚書君陳序云。命君陳分正東郊成周。鄭注。周之近郊五十里。今河南洛陽相去則然。鄭以目驗知之。若然。天子近郊半遠郊。則諸侯近郊各半遠郊可知也。

及館。展幣於賈人之館。如初。

[注]館。舍也。遠郊之內有候館。可以小休止沐浴。展幣不于賓館者。爲主國之人有勞問己者。就焉便疾也。[音義]勞。力到反。

[疏]注釋曰。案周禮遺人職云。十里有廬。二十里有宿。遠郊之內有候館。若此。據候館在遠郊之內。指而言之。不謂於此獨有。以行道之間停息。故云小休止沐浴。又得展幣也。云展幣不于賓館者。爲主國之人有勞問己者。就焉便疾者。若在賓館。則事煩不疾。若展幣便於賈人之館。其賓館受勞問。是以就賈人之館展幣。便疾也。案大行人。諸侯朝天子。上公三勞。侯伯再勞。子男

宋本無與字李如圭本同

一勞。孤不問。一勞。諸侯自相朝。無過如朝天子。遣臣相聘。無過一勞。此下文使卿近郊勞。此乃遠郊之內。得有此勞問已者。謂同姓舅甥之國。而加恩厚者。別有遠郊之內問勞也。○賓至于近郊。張旜。君使下大夫請行。反。君使卿朝服用束帛勞。【注】請行。問所之也。雖知之。謙不必也。士請事。大夫請行。卿勞。彌尊賓也。其服皆朝服。【疏】釋曰。自此盡遂以賓入。論主君使大夫及卿行請勞之事。入近郊張旜者。示將有事以自表也。知皆朝服者。以卿勞禮重。尚朝服。明以外士大夫輕者朝服可知也。故舉後以明前也。上介出請。入告。賓禮辭。迎于舍門之外。再拜。【注】出請。出門西面請所以來事也。入告。入北面告賓也。每所及至皆有舍。其有來者與。皆出請入告。于此言之者。賓彌尊。事彌錄。【疏】【注】釋曰。云入北面告賓也者。此時賓當在賓館。作階西面。故上介北面告賓也。云每所及至皆有舍其有來者皆出請入告于此言之者賓彌尊事彌錄者道皆有廬宿市來之舍前士請事大夫請行亦當出請入告於此如言之者先士次大夫後卿以是先卑後尊今復見此言故云賓彌尊事彌錄也

勞者不答拜【注】凡爲人使不當其禮【疏】【注】釋曰言凡者非直此卿爲君勞賓不敢當其禮不答拜聘賓亦初入大門主君拜賓辟不答拜也如此之類皆然故云凡以該之至後償勞者與之答拜爲己故也

賓揖先入受於舍門內【注】不受於堂此主於侯伯之臣也公之臣受勞於堂【疏】【注】釋曰知公之臣受勞於堂者案司儀云諸公之臣相爲國客及大夫郊勞三辭拜辱三讓登聽命是公之臣受勞於堂之事

勞者奉幣入東面致命【注】東面鄉賓【疏】【注】釋曰賓在館如主人當入門西面故勞者東面向之也

賓北面聽命還少退再拜稽首受幣勞者出【注】北面聽命若君南面然少退象降拜【疏】【注】釋曰云北面聽命若君南面然少退象

降拜者。下文歸饔餼，大夫東面致命，賓降階西面再拜稽首。是此象之也。若然，此行尊卑禮訝受，法歸饔餼時堂上北面受幣。此在庭亦當北面訝受幣。勞者南面可知也。授老幣。【注】老，賓之臣。【疏】【注】釋曰：大夫家臣稱老。若趙魏臧氏老之類也。出迎勞者。【注】欲儐之。【疏】釋曰：司儀注云：上於下曰禮，敵者曰儐。此言儐者，欲見賓以禮禮使者，故云欲儐之。勞者禮辭，賓揖先入。勞者從之。乘皮設。【注】設於門內也。物四曰乘。皮，麋鹿皮也。【音義】乘，繩證反。後乘馬、乘禽、乘皮皆同。【疏】【注】釋曰：庭實當三分庭一在南設之。今以賓勞者在庭，故設於門內也。云皮麋鹿皮者，鄭於下注云君於臣、臣於君麋鹿皮可者，以無正文，知用麋鹿皮者，案郊特牲云：虎豹之皮，示服猛也。彼諸侯朝享天子法用虎豹。此臣聘君，降於享天子法，用麋鹿皮。故齊語云齊桓公使諸侯輕其幣，用麋鹿皮四張。亦一隅也。賓用束錦儐勞者。【注】言儐者，賓在公館，如家之義，亦以來者為賓。【音義】儐，必刃反。【疏】【注】釋曰：云言儐者賓在公館如家之義亦以來者爲賓者凡言儐者謂報於賓今以賓館故賓者主人故云儐勞者即以勞者爲賓故也。勞者再拜稽首受。【注】稽首尊國賓也。【疏】【注】釋曰周禮大祝辨九拜一曰稽首首至地臣拜君法二曰頓首頭叩地平敵相拜法三曰空首首至手君答臣下拜法郊特牲云大夫之臣不稽首非尊家臣以辟君也今此勞者與賓同類不頓首而稽首故云尊國賓也下賓亦稽首送者以是爲君使故亦稽首以報之也。賓再拜稽首送幣。【注】受送拜皆北面象階上。【疏】【注】釋曰知受送拜皆北面象階上者此經面位無文案歸饔餼賓儐大夫時賓楹間北面受幣大夫西面受此賓亦宜與彼同北面授還北面拜送若然云受送拜皆北面者既當云授送拜皆北面並據賓而言也。勞者揖皮出乃退賓送再拜。【注】揖皮出東面揖執皮者而出。【疏】【注】釋曰知東面揖執皮者以其執皮者在門內當門勞者在執皮之西故知東面揖皮可知揖之若親受之又執皮者是賓之使者執皮者得揖從出勞者從人當訝受之是以公食大夫禮云賓

石經作竹簋方戴校集釋從之注同注如簋疏作如簠似是

三飯。公侑食。以束帛。庭實設。乘皮。賓受幣。賓出。揖。庭實出。鄭云。揖執皮者若親受。云上介受賓幣從者訝受皮。則此從者亦訝受可知也。夫人使下大夫勞以二竹簋方玄被纁裏有蓋。注 竹簋方者器名也以竹爲之狀如簋而方如今寒具筥筥者圜此方耳。音義 簠音甫或作簋外圓內方曰簠內圓外方曰簋圓音圓。疏 釋曰自此盡以賓入論夫人勞賓之事夫人勞使下大夫者降于君故不使卿。注 釋曰凡簠簋皆用木而圓受斗二升此則用竹而方故云如簋而方受斗二升則同如今寒具筥者寒具見籩人先鄭云朝事謂淸朝未食先進寒具口實之籩實以冬食故謂之寒具筥圓此方者方圓不同爲異也案玉人云案十有二寸棗栗十有二列諸侯純九大夫純五夫人以勞諸侯彼有玉案者謂王后法有玉案并有竹簋以盛棗栗故彼引此爲證此諸侯夫人勞卿大夫故無案直有竹簋以盛棗栗其實棗蒸栗擇兼執之以進。注 兼猶兩也右手執棗左手執栗。疏 注釋曰云兼猶兩者謂一人執兩事。知右手執棗左手執栗者。見下文云賓受棗大夫二手授栗。則大夫先度右手。乃以左手共授栗便也。明知右手執棗可知。必用右手執棗先度之者。鄭注士虞禮云。棗美。故用右手執棗也。賓受棗大夫二手授栗。注受授不游手慎之也。疏注釋曰。初兩手其用。既授棗而不兩手共授栗。則是游暇一手不慎也。今右手授棗訖。卽兩手共授栗。不游手。爲謹慎也。賓之受如初禮。注如卿勞之儀。儐之如初。下大夫勞者遂以賓入。注出以束錦授從者。因東面釋辭請導之以入。然則賓送不拜。疏注釋曰。云出以束錦授從者因東面釋辭請導之者。儐下大夫知前有束錦。則此大夫亦受得束錦。經言遂以賓入。明卿有辭請導之。雖無文。鄭以意言之。大夫在西。明出時授束錦與己從者。乃得因東面釋請導之辭也。云然則賓送不拜者。以其云遂以賓入卽從之。明賓送不拜。謂若公食大夫使人戒賓不拜送遂從之。其類也。案上君使士請遂以賓入。鄭云因導之。鄭不言賓送不拜者。士請事空手無幣。賓亦不儐。

請導賓。賓從入。無再拜送之理。故鄭不言賓送不拜。此大夫勞賓。賓與卿同。有拜送之輩。故云賓送不拜也。覿禮大夫勞侯氏。侯氏即從大夫入。拜送大夫。天子使尊。故雖從亦拜送。與此異。○至于朝。主人曰。不腆先君之祧。既拚以俟矣。注賓至外門。下大夫入告。出釋此辭。主人者公也。不言公而言主人。主人接賓之辭。明至欲受之。不敢稽賓也。腆。猶善也。遷主所在曰祧。周禮天子七廟。文武爲祧。諸侯五廟。則祧始祖也。是亦廟也。言祧者。祧尊而廟親。待賓客者上尊者。音義腆。他典反。拚。方問反。謂灑埽。疏釋曰。自此盡俟間。論賓初至。主君請行聘禮。賓云請俟間之事。云至于朝者。鄭云賓至外門者。外門即諸侯之外朝。故下云以柩造朝。亦謂大門外爲外朝也。注釋曰。云下大夫入告出釋此辭者。此下大夫即夫人勞賓導賓入者也。云明至欲受之不敢稽賓者。案覲禮云。侯氏遂從之。天子賜舍。鄭云且使卽安。不卽言欲受之者。彼天子以諸侯爲臣。故使且安。此鄭國聘賓。不臣人之臣。故言不敢稽賓也。云遷主所在曰祧者。此總解天子諸侯稱祧也。云周禮天子七廟文武爲祧者。案周禮大宗伯序官守祧職云。奄八人。鄭注云。遠廟曰祧。又守祧職云。掌守先王先公之廟祧。鄭注云。廟謂大祖之廟及三昭三穆。遷主所藏曰祧。先公之遷主藏于后稷之廟。先王之遷主藏于文武之廟。云奄八人。廟有一奄。周立七廟。通姜嫄廟爲八。故奄八人。祭法鄭注云。祧之言超也。超上去意也。不毁之也。云遷主所藏曰祧。天子有二祧。以藏遷主。諸侯無二祧。遷主藏于太祖廟。故此名太祖廟爲祧也。云既拚者。少儀云。埽席前曰拚。拚者埽除之名。云諸侯五廟。王制與祭法文。云則祧始祖是亦廟也。言祧者祧尊而廟親待賓客者上尊者。下文延賓於大門揖入。及廟門受賓聘享皆在廟。此云先君之祧。明下文廟是太祖廟可知。是以於太祖廟受聘享。以尊尊之。若饗食則於禰廟。燕又在寢。彌相親也。此鄭義若孔君王肅則以高祖之父及祖爲二祧。非鄭義也。賓曰。俟閒。[注] 賓之意不欲奄卒主人也。且以道路悠遠。欲沐浴齊戒。俟閒。

未敢聞命。【音義】聞，如字。劉音問。卒，寸忽反。齊，側皆反。【疏】注釋曰：此鄭以意解之。上文以意解主君不欲稽留於賓。此經解賓意不欲奄卒主人，故云侯聞必知有齊戒沐浴者。案玉藻云：將適公所，宿齊戒沐浴。彼謂臣見己君入朝必須齊戒沐浴。此有齊戒沐浴可知也。云未敢聞命者，謂不腆先君之祧既拚以俟之命。不敢聞之也。○大夫帥至于館，卿致館。【注】致，至也。賓至此館，主人以上卿禮致之，所以安之也。【疏】釋曰：自此盡送再拜，論主君遣卿致館之事。【注】釋曰：云賓至此館主人以上卿禮致之者，案覲禮云：侯氏遂從之，天子賜舍，辭曰賜伯父舍，侯氏再拜稽首受，儐之束帛乘馬。注云：王使人以命致館，無禮，猶儐之者，尊王使也。無禮謂無束帛。此云以上卿禮，明有束帛致，亦可知。若然，有禮則稱致，覲禮不稱致，無禮故也。案司儀云：諸公相爲賓，主君郊勞，三辭拜受。拜受謂拜受幣。又云：致館亦如之。鄭云：使大夫授之，君又以禮親致焉。亦是有幣可知。又云：諸侯、諸伯、諸子、諸男之相爲賓也，各以其禮相待也，如諸公之儀。是五等相待，致館同有幣矣。天子待諸侯無幣，則其臣來無幣可知。據此文，侯伯之卿聘郊勞致館有幣，則五等待臣皆同有幣也。司儀諸侯之臣相爲國客，亦皆有幣，與此同。若諸侯遣大夫小聘曰問，下云小聘曰問，不享，有獻不及夫人，不筵几，不禮，面不升，不郊勞，注云記貶於大聘所以爲小也，獻私獻也，面猶覿也，雖不言不致館，略之也，亦不致也。又諸臣朝覲天子，天子無禮以致，猶儐尊王使。又五等自相朝，主國有禮皆有儐，故司儀云賓繼主君皆如主國之禮。鄭注謂繼主君者儐主君也，儐之者主君郊勞致館饔餼還圭贈郊送之時也。此等皆主君親致，故有儐。又云致館亦如之，亦如郊勞時有儐矣。以此言，諸臣致者皆有儐也。若諸侯遣卿大夫聘王國，有用幣致館，無儐也。故司儀云諸公之臣相爲國客致館如初之儀，鄭注云如郊勞也，不儐耳，是也。

賓迎再拜，卿致命，賓再拜稽首，卿退，賓送再拜。

【注】卿不俟設飧之畢，以不用束帛致故也。不用束帛致之者，明爲新至，非大禮也。【音義】飧音孫，注同。

【疏】釋曰：云賓迎再拜者，賓在館如主人，故先拜也。卿不言答拜，答拜可知，但文略耳。雖不言入，言迎則出大門可知。言卿致命者。亦東面致君命也。注釋曰。云卿不俟設飧之畢。以不用束帛致故也者。下直云宰夫朝服設飧。不言致。則此卿致館兼致飧矣。致館有束帛。致飧空以辭致君命無束帛者。案下記云。飧不致。鄭注云。不以束帛致命。草次饌飧具輕。若然。卿以空拜致飧。既卽退。不待宰夫設畢也。以不用束帛致故也。云非大禮也者。對下聘日致饔。鄭云急歸大禮也。若然。此侯伯之卿禮。其公之臣亦以幣帛致。案司儀云。諸公之臣相爲國客致館如初之儀。鄭注云。不言致飧者。君於聘大夫不致飧也。聘禮曰。飧不致。賓不拜。是也。其子男之臣不致可知。又案司儀云。君親致館。至於致飧。如致積之禮。鄭注云。俱使大夫。禮同也。以此言之。致館致飧似別人者。但致積在道。致飧在館。所致別人。若致館與致飧同時。致館者兼致飧無嫌也。言俱使大夫者。言積與飧同使大夫。決君不親之義。何妨致館與致飧一人也。其君致飧無幣。其五等諸侯致飧則有幣。案司儀諸侯相於致飧如致積。致積有幣。知致飧亦有幣也。○

宰夫朝服設飧。注食不備禮曰飧。詩云。不素飧兮。春秋傳曰。方食魚飧。皆謂是。音義飧音

疏釋曰云食不備禮曰飧者對饔餼也生與腥餁
俱有餘物又多此飧唯有腥餁而無生餘物又少
故云不備禮也引詩傳者案詩云彼君子兮不素飧兮
毛云熟食曰飧鄭云讀如魚飧之飧則詩飧與傳魚飧
同是直食魚與飯爲飧彼少牢小禮中不備此則兩大
牢大禮中不備不備是同故引證一邊不備其實禮有
異也春秋傳曰方食魚飧者案宣六年經書晉趙盾衛
孫免侵陳公羊傳曰趙盾弒君此其復見何親弒君者
趙穿也親弒君者趙穿則曷爲加之趙盾不討賊也復
國不討賊此非弒君如何趙盾之復國奈何靈公爲無
道靈公使膳宰以熊膰不熟公殺之盾入諫公見盾再
拜盾拜稽首歸公使勇士某者往殺之勇士入門不見
人闚其戶方食魚飧勇士曰嘻子誠仁人也是子之儉
也吾不忍殺子也雖然吾不可復見吾君矣遂刎頸而
死是魚飧之事

餁一牢在西鼎九羞鼎三腥一牢在東鼎七

注中庭之饌也餁孰也孰在西腥在東象春秋也鼎西九
東七凡其鼎實與其陳如陳饔餼羞鼎則陪鼎也以其

實言之則曰羞，以其陳言之則曰陪。【音義】飪，而審反。【疏】【注】釋曰：云「中庭之饌也」者，對下文是堂上及門外之饌也。云「象春秋也」者，腥之言生，象春物生；飪，熟也，象秋物有成熟，故云象春秋也。云「鼎西九東七」者，凡謂正鼎九，牛、羊、豕、魚、腊、腸胃、膚、鮮魚、鮮腊。東七者，腥鼎無鮮魚、鮮腊，故七。云「凡其鼎實與其陳如陳饔餼」者，如其死牢，故《掌客》云：諸侯之禮，饔餼九牢、七牢、五牢，其死牢如飧之陳。凡介、行人皆有飧饔餼，此則如介禮也。是飧之死牢與饔餼死牢實與其陳同，亦於東階西階也。云「羞鼎則陪鼎也」，知是一物者，此云羞鼎，下饔餼言陪鼎，故知一也。陪鼎三，則下云膷、臐、膮是也。

堂上之饌八，西夾六。【注】八、六者，豆數也。凡饌以豆爲本。堂上八豆、八簋、六鉶、兩簠、八壺；西夾六豆、六簋、四鉶、兩簠、六壺。其實與其陳亦如饔餼。【音義】鉶音刑。【疏】【注】釋曰：堂上與西夾所陳六八非一，知六八是豆者，凡設饌皆先設豆，乃設餘饌，故鄭云凡饌以豆爲本。無妨六八之內兼有餘饌，故鄭言簋、鉶之等也。凡鄭所云皆約饔餼，故云亦如饔餼也。鄭必約與陳饔餼同者，以其陳鼎饔餼同，故知餘亦同也。門外米禾皆二十車。注 禾，槀實并刈者也。諸侯之禮，車米視生牢，禾視死牢，牢十車。大夫之禮，皆視死牢而已，雖有生牢，不取數焉。米陳門東，禾陳門西。音義 槀，古老反。刈，魚廢反。疏 注釋曰：「諸侯之禮車米視生牢，禾視死牢，牢皆十車」者，案《掌客》云：上公之禮，飧五牢，饔餼九牢，其死牢如飧之陳，牽四牢，車米視生牢，牢十車，車秉有五藪，車禾視死牢，牢十車。侯伯飧四牢，饔餼七牢，其死牢如飧之陳，牽三牢。子男飧三牢，饔餼五牢，其死牢如飧之陳，牽二牢。皆米視生牢，牢十車，禾視死牢，牢十車，是其義也。云「大夫之禮，皆視死牢而已，雖有生牢，不取數焉」者，知然者，見下歸饔餼五牢，饔三牢，餼二牢，饔三牢死牢也，門外米禾皆二十車，與死三牢同，不取餼二牢生之數，故知義然也。云「米陳門東，禾陳門西」者，此亦約下歸饔餼卿之上皆云陳如饔餼，此不云如饔餼者，至下經與薪芻并云凡此之陳亦如饔餼是也。

薪芻倍禾。注 各

四十車。凡此之陳，亦如饔餼。上介飪一牢在西，鼎七，羞鼎三，堂上之饌六，門外米禾皆十車，薪芻倍禾。【注】西鼎七，無鮮魚鮮腊。【疏】【注】釋曰：六者，與賓西夾數同，但言堂者，此亦約饔餼時賓飪鼎數，故下文賓腥鼎七無鮮魚鮮腊，此亦鼎七，故知無鮮魚鮮腊也。

衆介皆少牢。【注】亦飪在西，鼎五，羊、豕、腸胃、魚、腊，新至尚孰，堂上之饌四，豆四，簋兩，鉶四，壺，無簠。【疏】【注】釋曰：知亦飪者，依以賓九、上介七，衆介當五，降殺以兩。又約少牢五鼎，此亦少牢，故知亦五鼎也。知鼎實有羊、豕、魚、腊與腸胃者，以上介無鮮魚鮮腊，此又無牛，故從羊豕以下數之，得五。案少牢有膚，此無者，生人食與祭異，故玉藻朔月少牢五俎，亦云羊、豕、魚、腊、腸胃，不數膚也。案上注皆不言新至尚孰，於此言之者，上文賓與上介皆言飪一牢在西，下歸饔餼亦言飪一牢在西，此衆介直言少牢，不言飪，下文歸饔餼亦直言餼一牢，無飪，恐衆介飧饔前後

乾隆四年校刊

皆無飪。故特言之。新至尚熟。對後無饔直有餼不尚熟也。必知少牢是飪者。承上介一牢飪。知此亦飪。云堂上之饌四豆四簋兩鉶四壺無簠。知數如此者。以賓與上介降殺以兩故然也。知無簠者。以賓簠有二。曲禮云歲凶。大夫不食粱。非歲凶。大夫食粱。粱大夫當食。大夫禮多與賓同。簠盛稻粱。則上介亦二簠與賓同。士非直不合食粱。差降亦無簠也。

○厥明訝賓于館【注】此訝下大夫也。以君命迎賓謂之訝。訝。迎也。亦皮弁。【音義】訝五嫁反【疏】釋曰。自此盡每曲揖論將行聘禮。主君迎賓向廟之事。【注】釋曰。云此訝下大夫也者。案周禮有掌訝。中士八人爲之。此訝下大夫。非彼掌訝也。案下記云。卿大夫訝。大夫士訝。士皆有訝。又周禮掌訝云。凡賓客。諸侯有卿訝。卿有大夫訝。大夫有士訝。士皆有訝。此大聘是卿。故使下大夫訝也。天子諸侯雖有掌訝之官。朝聘之賓不使掌訝爲訝。直以尊卑節級爲訝。故云此訝下大夫也。言以君命迎者。凡卑皆是以承君命。故知迎賓待君命也。云亦皮弁者。下文君及賓皮弁。明此大夫亦皮弁服也。

賓皮弁聘至于朝賓入于次【注】服皮

弁者。朝聘主相尊敬也。諸侯視朔皮弁服。入于次者。俟辦也。次在大門外之西。以帷爲之。【音義】辦。蒲莧反。辦。具之辦。【疏】注釋曰。云服皮弁者。朝聘主相尊敬也者。周禮大行人。諸侯朝天子。各服冕服。廟中將幣三享。覲禮亦云。侯氏裨冕在廟覲天子。此諸侯待四方朝聘皆皮弁者。入天子廟得申其上服。入己廟不可以冕服。又不可服常朝之服。故服天子之朝服。諸侯以爲視朔之服。在廟視朝聘之賓。是相尊敬故也。知此皮弁是諸侯視朔服者。以其玉藻云。諸侯皮弁以聽朔於大廟是也。云次在大門外之西以帷爲之者。下記云宗人授次。次以帷少退于君之次。以賓位在西。故知也。

乃陳幣。【注】有司入于主國廟門外。以布幕陳幣。如展幣焉。圭璋。賈人執櫝而俟。【疏】注釋曰。有司入于主國廟門外者。案下文行聘將幣在主國廟門外。知在此也。知有幕者。以言陳幣如展幣。明亦布幕陳幣也。云圭璋賈人執櫝而俟者。案下文云。賈人東面坐啓櫝取圭。鄭注賈人鄉入陳幣東面俟。於此言之。就有事也。是也。○卿爲上擯大夫爲承擯士爲紹擯擯者出請事【注】擯爲主國之君所使出接賓者也紹繼也其位相承繼而出也主君公也則擯者五人侯伯也則擯者四人子男也則擯者三人聘義曰介紹而傳命君子於其所尊不敢質敬之至也旣知其所爲來之事復請之者賓來當與主君爲禮爲其謙不敢斥尊者啓發以進之於是時賓出次直闑西北面上擯在闑東闑外西面其相去也公之使者七十步侯伯之使者五十步子男之使者三十步此旅擯耳不傳命上介在賓西北東面承擯在上擯東南西面各自次序而下末介末擯旁相去三丈六尺上

擯之請事進南面揖賓俱前賓至末介上擯至末擯亦相去三丈六尺止揖而請事還入告于公天子諸侯朝覲乃命介紹傳命耳其儀各鄉本受命反面傳而下及末則鄉受之反面傳而上又受命傳而下亦如之此三丈六尺者門容二轍參个旁加各一步也今文無擯 音義 所爲于僞反下爲共皆同闑魚列反閾音域而上之上時掌反 疏 釋曰此擯陳在主國大門外主君之擯與賓之介東西相對南北陳之 注 釋曰云其位相承繼而出也者從門向南陳爲繼而出云主君公也則擯者五人侯伯也則擯者四人子男也則擯者三人者案周禮大行人天子待諸侯云上公之禮擯者五人侯伯之禮擯者四人子男則擯者三人今以諸侯待聘賓用天子待己之賓數者以諸侯自相待無文鄭以意解之但天子尊得分辨諸侯尊卑以待之諸侯卑降天子不敢分辨前人故據己國大小而爲擯數且春秋又有大

國朝焉。小國聘焉。又有卿出竝聘之事。則小國有朝大國法。無大國下朝小國之禮。若相聘問。大小皆得。若然。待其臣據此文與待君等。天子待諸侯之臣亦宜與君同也。又案周禮。大宗伯爲上擯。小行人爲承擯。覲禮嗇夫爲末擯。若待子男。三人足矣。若侯伯少一人。待上公少二人。一人二人。皆以士充數也。引聘義者。案彼鄭注。賔謂正自相當。故設擯介通情乃相見。是敬之至。引之者。證須擯介之意也。云既知其所爲來之事者。在道已遣士請事。大夫問行郊勞致館之等。是足知來事矣。云復請之者。賔來當與主君爲禮。爲其謙不敢斥尊者。啓發以進之者。亦解所以立擯介通情及進相見之義也。云於是時賔出次直闑西北面者。案玉藻云。君入門。介拂闑。大夫中棖與闑之間。士介拂棖。此謂朝君。又云。賔入不中門。此謂聘賔。云不中門則此闑西北面者。若然。聘賔入門還依作介入時同。亦拂闑也。云上擯在闑東。閾外西面者。主位在東。故賔在闑西。上擯在闑東。以擯位竝門東西面。故上擯亦西面向君也。云其相去也。公之使者七十步。侯伯之使者五十步。子男之使者三十步者。此依大行人云。諸侯之卿。其禮各下其君二等。鄭注云。所下者介與賔士之間。是以步數與介數亦降二等也。云此旅擯耳者。案司儀云三問旅擯。鄭云旅陳陳擯位。不傳辭。故鄭此云不傳命也。若然。上注下注皆引聘義云介紹而傳命者。若交擯傳命。則是擯介傳命。此旅擯傳命者。直是賓來至末介下。對上擯傳本君之命也。其介相紹繼。則交擯旅擯同。唯傳命不傳辭。其異矣。是以司儀云及將幣交擯。鄭注亦引聘義介紹而傳命爲證。以其皆是相連繼於位也。云上介在賓西北東面。承擯在上擯東南西面。此謂賓直闑西北面。主君在門內南面列位時。云西北東南者。據賓西北望上介。介仍向正北陳之矣。上擯東南望承擯等。仍向正南陳之矣。不謂介西北邪陳。擯東南向邪陳也。云各自次序而下者。賓之介或七或五或三。從南向北次序上次下至末介。主人之擯或五或四或三。從承擯向南上次下至末擯也。東西相去三丈六尺。云上擯之請事進南面揖賓俱前者。謂上擯入向公前北面受命。出門南面遙揖賓使前。擯者漸南行。賓至末介北東面。上擯至末擯南西面。東西相去亦三丈六尺。云止揖而請事者。二人俱立定。乃揖而請所爲來之事。云還入告于公者。賓對訖。上擯入告公。公乃有命納賓也。云天子諸侯朝覲乃命介紹傳命耳者。此引聘義文。自此以下論天子諸侯交擯法。云紹者。亦謂使介相紹繼以傳命。卽擯介相傳賓主之命也。此交擯謂在大門外。初末迎賓時。案曲禮注。春夏受贄於朝。受享於廟。秋冬一受之於廟。覲禮天子不下堂而見諸侯。則秋冬受贄受享皆無迎法。無迎法則無此交擯之義。若春秋受贄於朝無迎法。受享於廟則迎之。故大行人云。廟中將幣三享。鄭注。朝先享。不言朝者。朝正禮不嫌有等也。是正朝無迎法。若然。覲禮無迎法。此云朝覲。彼言覲者。覲雖無迎法。饗食則有迎法。故齊僕云。朝覲宗遇饗食皆乘金路。其法儀各以其等爲車送迎之節。故連覲也。云其儀各鄉本受命反面傳而下者。雖言各鄉本受命。非一時之事。先上擯入受命出傳與承擯。承擯傳與末擯。此是上擯鄉本受命反面傳而下。末介向末擯邊受命傳與次介。次介傳與上介。上介傳與賓。是及其末則鄉受之反面傳而上也。云又受命傳而下亦如之者。此乃發賓傳向主君。一如前發主君傳而向下。故云亦如之。如此三週爲交擯三辭。此則司儀云諸公相爲賓交擯三辭者也。諸侯伯子男相爲賓。如諸公之儀。其交擯則周也。云此二丈六尺者。此則却計前云相去三丈六尺。云門容二徹參个者。冬官匠人云。天子五門。匠人直計應門。直舉應門則皐庫雉亦門。云二一轍參个者。轍廣八尺。參个。三八二十四。門容二丈四。云傍加各壹步也者。此無正文。但人之進退周旋。不過再舉足一步。故門傍各容一步。丈二添二丈四尺爲三丈六尺。公皮弁迎賓于大門內。大夫納賓。【注】公不出大門。降于待其君也。大夫。上擯也。謂之大夫者。上序可知。從大夫。總無所別也。於是賓主人皆裼。【音義】別。彼列反。裼。西歷反。【疏】【注】釋曰。云降于待其君也者。案司儀諸公相爲賓。公皮弁交擯。車迎拜辱。出大門。此於門內。是降以待其君也。云從大夫總無所別也者。春秋之義。卿稱大夫。王制云。上大夫卿。是總無別也。云於是賓主人皆裼者。案玉藻云。不文飾也不裼。又云。執龜玉襲。下文行聘時執玉賓主人皆襲。此時未執玉。正是文飾之時。明賓主人皆裼也。賓入門左。【注】內賓位也。衆介隨入北面西上。少退。擯者亦入門而右。北面東上。上擯進相君。【音義】相。息亮反。【疏】【注】釋曰。知衆介隨入北面西上少退者。約下文入廟行聘享時，衆介入廟，隨賓入門左，北面西上，少退，不敢與賓齊也。知擯者亦入門而右，北面東上者，亦約衆介統於賓北面西上，明擯者北面東上，亦約朝君揖位亦北面東上而知之也。知上擯進相君者，鄉黨云「君召使擯」，鄭云「有賓客使迎之」，彼據初迎賓時，至於入門之後，每事皆上擯相君也。

公再拜。注 南面拜迎。疏 注釋曰：知君南面者，經雖不見君面位，主君尊，於外國臣猶南面，故郊特牲云「君之南鄉，答陽之義」，故知君南面也。

賓辟，不答拜。注 辟位逡遁，不敢當其禮。音義 辟音避，劉房益反。逡，七旬反。遁，音旬。疏 注釋曰：云「不敢當其禮」者，以卿奉君命使，不敢當賓，辟相酬亢之禮，故不答拜，直逡遁而已。

公揖入，每門每曲揖。注 每門輒揖者，以相人偶爲敬也。凡君與賓入門，賓必後君，介及擯者隨之，竝而鴈行。既入，則或左或右，相去如初。玉藻曰：君入門，介拂闑，大夫中棖與闑之間，士介拂棖。賓入不中門，不履闑。此賓謂聘卿大夫也。門中，門之正也。不敢與君並由之，敬也。介與擯者鴈行，卑不踰尊者之迹，亦敬也。賓之介猶主人之擯。

【音義】後，戶豆反，下同。行，戶郎反。棖，直庚反，爾雅訓之楔，門兩傍木也。

【疏】釋曰：諸侯三門，皐、應、路，則應門爲中門，左宗廟，右社稷，入大門東行，即至廟門，其間得有每門者。諸侯有五廟，太祖之廟居中，二昭居東，二穆居西，廟皆別門，門外兩邊皆有南北隔牆，隔牆中央通門。若然，祖廟已西隔牆有三，則闕門亦有三，東行經三門乃至太祖廟門。中則相逼，入門則相遠，是以每門皆有曲，有曲即相揖，故每曲揖也。是以司儀亦云每門止一相，亦據闕門而言也。

【注】釋曰：云「以相人偶」者，以人意相存偶也。云「凡君與賓入門，賓必後君」者，以賓主不敵，是以玉藻云「於異國之君稱外臣某」，故知聘賓後於主國君也。言凡者，非直聘享向祖廟，若饗食向禰廟，燕禮向路寢，皆當後於主君，故言凡以廣之。云「介及擯者隨之，竝而鴈行」者，言竝，上擯與上介竝，次擯與次介竝，末擯與末介竝，各自鴈行於後也。云「既入則或左或右」者，東行，賓介於左，君擯於

右也。云相去如初者。初謂大門外相去三丈六尺也。玉藻曰。君入門。介拂闑。大夫中棖與闑之間。士介拂棖。鄭注云。此謂兩君相見也。君入必中門。上介夾闑。大夫介、士介鴈行於後。示不相沿也。君若迎聘客。擯者亦然。又云。賓入不中門。不履閾。鄭注云。辟尊者所從也。此經謂聘君。鄭君并引朝君欲見卿大夫聘來還與從君爲介時入門同。故并引之也。云君入門。介拂一闑。又云門中之正。又云卑不踰尊者之迹。若然。聊爲一闑言之。君最近闑。亦拂之而過。上介則隨君而行。拂闑而過。所以與君同行者。臣自爲一列。主君既出迎賓。主君與賓竝入與主君於東闑之內。賓於西闑之內。竝行而入。上介於西闑之外。上擯於東闑之外。皆拂闑。次介次擯皆大夫。中棖與闑之閒。末介末擯皆士。各自拂棖。如是得君入中門之正。上擯上介俱得拂闑。又得不踰尊者之迹矣。又云賓入不中門者。此謂聘賓。大聘大夫。故鄭卿大夫竝言入門之時。還依與君爲介來入相似。賓入還拂闑。故上注賓自闑西。擬入時拂闑西故也。云中門門之正也者。謂兩闑之閒。云卑不踰尊者之迹者。士以大夫爲尊。大夫以上介爲尊。上介以君爲尊也。云賓之介猶主人之擯者。欲見擯介鴈行不別也。〇及廟門。

公揖入立于中庭。注公揖先入省内事也既則立於中庭以俟賓不復出如此得君行一臣行二於禮可矣公迎賓大門內卿大夫以下入廟門即位而俟之。疏釋曰自此盡公揖降立論行聘之事。注釋曰云公揖先入省內事也者曲禮云請入爲席彼卿大夫士禮是以鄭注云雖君亦然省內事即請入爲席之類也云如此得君行一臣行二於禮可矣者言得君行一臣行二者案下文行三揖言之初揖注云將曲揖謂在內霤之間在主君先立無遥近於內霤間若然云門既近去階又遠也以此不立得君行一臣行二者下文受玉于東楹之間彼得爲君行一臣行二矣下文又云公升二等賓升君階七等君升二等賓升一等已上仍有五等亦不得爲君行一臣行二與此同欲見君行近臣行遠之義皆據大判而言不可細分之矣言於禮可者以其尊者宜逸卑者宜勞故言於禮可也云公迎賓於大門內卿大夫以下入廟門即位而俟之者上初命訝迎賓于館之時卿大夫士固在廟矣乃賓來大門外陳介之時主君之擯亦在大門

乾隆四年校刊

外之位。君在大門內時。其卿大夫不以無事亂有事。當於廟中在位矣。必知義然。當見行事之時。公授宰玉。又云士受皮。又云宰夫受公几。皆是於外無事。在廟始有事。更不見此官等命入廟之文。明君未入廟時。此官已在位而俟。公食大夫以其官各具饌物。皆有事。不預入廟。故公迎賓入後。乃見卿大夫以下之位。與此異也。

賓立接西塾。**注** 接猶近也。門側之堂謂之塾。立近塾者。已與主君交禮。將有出命。俟之於此。介在幣南。北面西上。上擯亦隨公入門東。東上。少進於士。**音義** 塾，音孰。近，附近之近。

疏 **注**釋曰。云門側之堂謂之塾者。爾雅釋宮文。云立近塾者。已與主君交禮。將有出命。俟之於此者。對在大門外時。未與主君交禮。直使擯傳命。故去門七十步五十步三十步。此與君交禮。故近門也。云介在幣南北面西上者。以上文入竟展幣時布幕。賓西面。介北面東上統於賓。今此陳幣。賓在門西北面。明介北面西上統於賓也。云上擯隨公入門東。東上。少進於士者。案下几筵既設。擯者出請命。更不見上擯別入之文。明隨公入可

廟西一作廟門

知也。知門東有士者。案公食云。士立于門東北面西上。鄭云。統於門者。非其正位也。故知此亦然。以擯者是卿又相君。故知進於士。在士前也。

○几筵既設。擯者出請命。注 有几筵者。以其廟受。宜依神也。賓至廟門。司宮乃于依前設之。神尊。不豫事也。席西上。上擯待而出請。受賓所以來之命。重停賓也。至此言命。事彌至。言彌信也。周禮諸侯祭祀席蒲筵繢純。右彫几。音義 依。於豈反。本又作扆。繢。戶內反。純。章允反。疏 注釋曰。云有几筵者。以其廟受。宜依神也者。此對不在廟受。不几筵。故下文聘遭喪。入竟則遂也。不郊勞。不几筵。注云。致命不於廟。就尸柩於殯宮。又不神之。下小聘不几筵。注云。記貶於聘。是以記云。唯大聘有几筵。覲禮不云几筵。文不具也。又案曲禮注。春夏受贄於朝。受享於廟。秋冬一受之於廟。諸侯無此法。四時皆在於廟。亦無四時朝覲之別。名同。皆曰朝也。云賓至廟門司宮乃于依前設之神尊不豫事也者。此對公食宰夫設筵加席几而後迎賓，彼食禮與此異也。知在扆前者，案司几筵云大朝覲大饗射王位依前南鄉設筵几，覲禮亦云依前，諸侯亦然。爾雅釋宮云牖戶之間謂之扆，但天子以屏風設於扆，諸侯無屏風爲異，席亦不同也。云至此言命事彌至言彌信也者，上入竟士請事，近郊下大夫請行，皆是謙問，不敢以必來之己國，不正言之，至此事益至言益信矣，故正問之，而言請命，是以事至言信矣。云周禮至彤几者，周禮司几筵文。彼諸侯祭祀席三重，上更有加莞席紛純，不引之者，文略可知。引之者，證此所設者設常祭祀之席也。

賈人東面坐，啓櫝取圭，垂繅，不起而授上介。【注】賈人鄉入陳幣東面俟，於此言之，就有事也。授圭不起，賤不與爲禮也。不言裼襲者，賤不裼也。繅有組繫也。【音義】鄉音向，下同。【疏】釋曰：賈人鄉入陳幣東面俟，於此言之就有事也者，上文賓入次，乃陳幣在門外，不言者，彼賈人未有事，今此有事，故就此言面位，以此東面，明初亦東面矣，故舉此明前東面也。云授圭不起賤不與爲禮也者，以賈人是庶人在官者故云賤不與爲禮。爲禮當起而授也。云不言裼襲者賤不裼也者。若不賤以垂繅當裼。以賤故不裼也。云繅有組繫也。知有組者。下記云。所以朝天子圭與繅皆九寸。問諸侯朱綠繅八寸。皆玄纁繫。長尺。絇組是也。

上介不襲。執圭。屈繅授賓。【注】上介北面受圭。進西面授賓。不襲者。以盛禮不在於己也。屈繅。并持之也。曲禮曰。執玉。其有藉者則裼。無藉者則襲。【疏】【注】釋曰。上介裼於賈人處垂繅受得圭。而不襲者。鄭云。以盛禮不在於己故也。以賓執圭升堂致命。爲盛禮在己者也。云上介北面受圭進西面授賓者。以上介本位北面。故北面受圭。賓東面。故上介西面授賓。引曲禮者。彼記人據此絇組尺爲繅藉。不據韋衣木板畫以五采之繅藉也。云執玉其有藉者則裼。據此賈人垂繅以授上介。上介不襲受之時也。云其無藉者則襲者。據此上介屈繅以授賓。賓襲受之時也。記人直記裼襲之義。不論盛禮在己之意。故各舉一邊而言也。

賓襲。執圭。【注】執圭。盛禮。而又盡飾。爲其相蔽敬也。玉藻

曰服之襲也充美也是故尸襲執玉龜襲也音義盡津忍反

疏注釋曰云執圭盛禮者玉藻云執玉龜襲注重寶瑞也若然云盛禮者以其圭瑞以行禮故爲盛禮也云又盡飾爲其相蔽敬也者玉藻又云君在則裼盡飾也以注云臣於君所今聘賓於主君亦是臣於君所今裼以盡飾今既執圭以瑞爲敬君又盡飾而裼則揜執玉之敬故不得裼也云服之襲也充美也者彼注云充猶覆也云是故尸襲者爲尸尊故去飾不裼也云執玉龜襲也者彼注云重寶瑞也以龜玉爲寶瑞若裼則盡飾爲蔽敬故引之證不裼也

擯者入告出辭玉注擯者上擯也入告公以賓執圭將致其聘命圭贄之重者辭之亦所以致尊讓也

疏注釋曰知擯是上擯者案上相禮者皆上擯故知此亦據上擯云圭贄之重者大宗伯云以玉作六瑞君之所執又云以禽作六贄臣之所執總而言之皆是贄故左氏傳云男贄不過玉帛禽鳥但君之所執爲贄之重者也云辭之亦所以致尊讓也致尊讓鄉飲酒義文彼爲賓主三辭三讓是致尊讓此辭玉亦是

致館尊讓之事。故引之爲證也。案文公十二年左氏傳云。秦伯使西乞術來聘。襄仲辭玉。賓對曰。不腆敝器。不足辭也。彼主人無三辭者。文不具。亦當三辭也。**納賓。賓入門左。**【注】公事自闑西。【疏】【注】釋曰。案玉藻文云。公事自闑西。注云。聘享也。又云。私事自闑東。注云。覿面也。故鄭引之以證此入門左是聘享。賓入自闑西。入門左也。**介皆入門左。北面西上。**【注】隨賓入也。介無事止於此。今文無門。【疏】【注】釋曰。案司儀云。諸公之臣相爲國客。及將幣。每門止一相。及廟。唯君相入。注云。唯君相入。客臣也。相不入矣。此介皆入不同者。彼云每門止一相。鄭云絕行在後耳。非是全不入廟。又云。唯君相入者。謂前相君禮須入。故三言之。臣相不前相禮。故不言入。其賓皆入與此同也。三

揖。【注】君與賓也。入門將曲揖。既曲北面又揖。當碑揖。【疏】【注】釋曰。前云。公揖入。立于中庭。三分庭一在南。賓後獨入。得云入門將曲揖者。謂公先在庭南面。賓既入門。至將曲揖。賓既曲北面。賓又向主。君揖。主君二者皆向賓揖之。再揖訖。主君亦東面向堂塗北行當碑。乃得賓主

相向而揖是以得君行一臣行二非謂賓入門時主君更向內霤相近而揖若然何得云君行一臣行二也

至于階三讓【注】讓升公升二等【注】先賓升二等亦欲君行一臣行二【音義】先悉薦反【疏】【注】釋曰諸侯階有七等公升二等在上仍有五等而得云君行一臣行二者但君行少臣行多大判而言非謂即君行一臣行二此文出齊語晏子辭

賓升西楹西東面【注】與主君相鄉擯者退中庭【注】鄉公所立處退者以公宜親受賓命不用擯相也【疏】【注】釋曰上文公揖入立于中庭今公與賓升堂云擯者退中庭此文與君立中庭同故云鄉公所立處

賓致命【注】致其君之命也公左還北鄉【注】當拜【疏】【注】釋曰言左還北鄉者公升受賓致命時西鄉以左手鄉外迴身北面乃拜故云當拜

擯者進【注】進阼階西釋辭於賓相公拜也【疏】【注】釋曰知阼階西者以其擯者在中庭公立處直言進則進至阼階西不得更向阼階前

亦不可更進西階。故知進阼階西。釋辭於賓。復得相公拜也。公當楣再拜。注拜貺也。貺。惠賜也。楣謂之梁。音義楣。亡悲反。疏注釋曰。拜貺之言。文出聘義。彼云北面拜貺。拜君命之辱。是也。賓三退負序。注三退。三逡遁也。不言辟者。以執圭將進授之。疏注釋曰。案上文賓入門。公再拜。賓辟不荅拜。又下文云。賓詞受几於筵前。公一拜送。賓以几辟。皆言辟。此不言辟。故決之也。案司儀云。諸公之臣相爲國客。及將幣。客登拜。客三辟。授幣。注云。客三辟。三辟退負序也。彼諸公之臣相聘之禮。與侯伯之卿聘於鄰國之禮少異故也。公側襲受玉于中堂與東楹之閒。注側。猶獨也。言獨見其尊賓也。佗日公有事必有贊爲之者。凡襲于隱者。公序坫之閒可知也。中堂。南北之中也。入堂深。尊賓事也。東楹之閒。亦以君行一。臣行二。音義見。賢遍反。下以意求之。坫。丁念反。疏注釋曰。云侘日公有事必有贊爲之者。案大射云：公卒射，小臣正贊襲。是其贊爲之也。云凡襲於隱者，案士喪禮小斂，主人袒於戸内，襲于序東。喪禮遽於事，尚襲於序東，況吉事乎？明知襲於隱者也。云公序坫之間可知也者，士喪襲于序東，謂於堂東地上，此則公在堂上，堂東南角爲坫，鄭以意斟酌，隱處無過於序東坫北可也，無正文，故云可也。云中堂南北之中也，入堂深，尊賓事也者，凡廟之室堂皆五架，棟南北皆有兩架，棟北一架下有壁開戸，棟南一架謂之楣，則楣北有二架，楣南有一架，今於當楣北面拜訖，乃更前北侵半架，於南北之中乃受玉，故云南北之中，乃入堂深，尊賓事故也。云東楹之間，亦以君行一，臣行二者，兩楹之間爲賓主處中，今乃於東楹之間，更侵東半間，故云君行一，臣行二也。

擯者退，負東塾而立。注：反其等位，無事。

賓降，介逆出。注：逆出，由便。

賓出。注：聘事畢。

公側授宰玉。注：使藏之。授於序端。疏：注釋曰：鄭知授於序端者，凡公授受皆於序端，是以下文公升，側受几於序端，故知此亦授於序端也。

裼，降立。注：裼者，免上衣，見

裼衣。凡當盛禮者，以充美爲敬；非盛禮者，以見美爲敬。禮尚相變也。玉藻曰：「裘之裼也，見美也。」又曰：「麛裘青豻褎，絞衣以裼之。」論語曰：「素衣麛裘。」皮弁時或素衣，其裘同，可知也。裘者爲溫，表之爲其褻也。寒暑之服，冬則裘，夏則葛。凡襢裼者左。降立，俟享也。亦於中庭。古文裼皆作賜。

【音義】麛音迷，或作麑，同。豻，五旦反，胡地野犬也。褎，本又作褏，詳又反。絞，戶交反。爲溫、爲其，皆去聲。襢音但。

【疏】【注】釋曰：云「裼者，免上衣，見裼衣」者，案玉藻云「君衣狐白裘，錦衣以裼之」，注云：「君衣狐白毛之裘，則以素錦爲衣覆之，使可裼也。袒而有衣曰裼，必覆之者，裘褻也。詩云：衣錦絅衣，裳錦絅裳。然則錦衣復有上衣明矣。天子狐白之上衣，皮弁服與？凡裼衣象裘色也。」若然，凡服四時不同，假令冬有裘，襯身禪衫，又有襦袴，襦袴之上有裘，裘上有裼衣，裼衣之上又有上服，皮弁祭服之等。若夏以絺綌，絺綌之上則有中衣，中衣之上

視朝一作視朔

後有上服皮弁祭服之等。若春秋二時則衣袷褶。袷褶之上加以中衣。中衣之上加以上服也。言見裼衣者。謂袒衿前上服見裼衣也。故玉藻云裘之裼也見美也。襲者掩之。故玉藻云襲充美是也。云凡當盛禮者以充美爲敬非盛禮者以見美爲敬禮尚相變也者。玉藻云執玉龜襲是禮之盛者充美爲敬。玉藻又云君在則裼盡飾也。是非盛禮者以見美爲敬。據此二者。是禮尚相變也。引玉藻者。證禮不盛者以裼見美也。又曰麛裘青豻褎絞衣以裼之。引論語素衣麑裘。又云皮弁時或素衣其裘同可知也。鄭一幷引二文者。欲見諸侯與其臣視朔與行聘禮。皆服麛裘。但君則麛裘還用麛褎。臣則不敢純如君麛裘則青豻褎。裼衣君臣亦有異時若在國視朝君臣同素衣爲裼。故鄉黨云素衣麑裘。彼一篇是孔子行事。鄭兼言君臣視朔之服。是其君臣同用一素裼可知。若聘禮亦君臣同用麛裘。但主君則用素衣爲裼。使臣則用絞衣爲裼。是以鄭總云皮弁時或素衣其裘同可知也。言或素衣者。在國則君臣同素衣。聘時主君亦素衣。唯臣用絞衣爲裼也。案雜記云。朝服十五升布。皮弁亦天子朝服。與諸侯朝服同用十五升布。亦同素積以爲裳。白舄。臣用白屨也。云裘者爲溫表之爲其褻者。案月令云。孟冬。天子始裘。是裘爲溫。云裘之者。則裼衣是也。裼衣象裘色。復與上服色同也。云凡襢裼者左者。吉凶皆袒左。是也。是以士喪禮主人左袒。檀弓云。吳季札左袒。右還其封。大射亦左袒。若受刑則袒右。故覲禮侯氏袒右受刑。是也。知降立俟享也者。下文賓行享。是也。○擯者出請。注 不必賓事之有無。疏 釋曰。自此盡以束帛如享禮。論享禮之事。賓裼奉束帛加璧享。擯者入告出許。注 許受之。庭實皮則攝之。毛在內。內攝之入設也。注 皮。虎豹之皮。攝之者。右手幷執前足。左手幷執後足。毛在內。不欲文之豫見也。內攝之者。兩手相鄉也。入設。亦參分庭一在南。言則者。或以馬。凡君於臣。臣於君。麋鹿皮可也。音義 攝之涉反。幷必性反。或如字。下同。疏 注 釋曰。知皮是虎豹皮者。經云毛在內。不欲文之豫見。是有文之皮。郊特牲云。虎豹之皮。示服猛也。束帛加璧。往德也。文無所屬。則

乾隆四年校刊

天子諸侯皆得用之此聘使爲君行之故知皮是虎豹之皮也齊語云桓公知諸侯歸己令諸侯輕其幣用麋鹿皮非其正也云攝之者右手并執前足左手并執後足者下云皮右首故云右手執前兩足必以一手執兩足者取兩足相向得掩毛在內俱放又得毛向外故鄭云內攝之者兩手相鄉也知入設參分庭一在南者見昏禮記納徵執皮攝之內文兼執足左首隨入西上參分庭一在南故知此亦然但此右首彼左首者昏禮象生故與此異也云則者或以馬也者以其皮馬相閒有皮則用皮無皮則用馬故云則見其不定故也云凡君於臣臣於君麋鹿皮可也者云凡君於臣謂使者歸君使卿贈如覿幣及食饗以侑幣酬幣庭實皆有皮故云凡也臣於君謂私覿庭實設四皮及介用儷皮此皆有麋鹿皮故亦云凡也若然大宗伯云孤執皮帛鄭云天子之孤用虎皮諸侯之孤用豹皮得用虎豹者彼所執以爲贄與庭實不同故得用虎豹皮也

賓入門左揖讓如初升致命張皮【注】張者釋外足見文也【疏】釋曰案昏禮記賓致命釋外足見文主人受幣士受皮注云賓致命主人受幣庭實所用爲節此亦然下受皮注

授幣爲節也。公再拜受幣，士受皮者自後右客。注 自，由也。從東方來，由客後西，居其左受皮也。執皮者既授，亦自前西而出。疏 注釋曰：云「執皮者既授，亦自前西而出」者，此約下私覿時牽馬者自前西向出相類，故云「亦」也。賓出，當之坐攝之。注 象受于賓。疏 注釋曰：云「坐攝之」者，向張皮見文，今攝之者，還如入時執前後足，內文也。公側授宰幣，皮如入，右首而東。注 如入左在前，皮右首者，變于生也。疏 注釋曰：云「公側授宰幣」者，上云「公側襲」，側猶獨也。此已上側亦獨，無人贊之也。注釋曰：云「如入左在前」者，皮四張，三人入門時先者北面，在左西頭爲上，餘取皮向東者亦左在前，向東爲次第也。云「皮右首者，變于生也」者，曲禮云「執禽者左首」，士相見贄用雉，左頭奉之，下大夫執鴈，上大夫執羔，如執雉，皆左首，雉雖死，以不可生服，執之如羔鴈，亦從左首，象陽。今此皮則右首，變於生。昏禮左首，昏禮取象生，與此異也。○聘于夫人用璋，享用琮，如初禮。

乾隆四年校刊

儀禮注疏卷八　聘禮

【注】如公立于中庭以下。○若有言則以束帛如享禮。【注】有言有所告請若有所問也記曰有故則束帛加書以將命春秋臧孫辰告糴于齊公子遂如楚乞師晉侯使韓穿來言汶陽之田皆是也無庭實也【疏】【注】釋曰云有言有所告請若有所問也者言有所告即告糴之類是也請即乞師之類是也問即言汶陽之田之類是也鄭據傳而言有此三事皆是有言有言即記云有故一也云有言即有書致之故記云有故則束帛加書以將命也云春秋臧孫辰告糴者事在莊公二十八年也云公子遂如楚乞師者事在僖公二十六年也云晉侯使韓穿來言汶陽之田事在成公八年也此三者皆見春秋經引之者證此有言以束帛加書之事也云無庭實也者以經直云束帛如享禮則除束帛之外更無所有故知無庭實也國語云臧孫辰以鬯圭者是告糴之物服注云無庭實也又哀七年左傳云邾茅夷鴻以乘韋束帛自請救于吳求救非法故有乘韋爲庭實也○擯者出

請事。賓告事畢。【注】公事畢。賓奉束錦以請覿。【注】覿見也。鄉將公事，是欲交其歡敬也。不用羔，因使而見，非特來。

【疏】釋曰：自此盡「從者訝受馬」，論賓將私覿，主人不許而行禮賓之事。【注】釋曰：云「鄉將公事」者，聘享是也。云「是欲交其歡敬也」者，聘是公禮，非是交歡，此行私禮，爲交歡敬也。案郊特牲云：「爲人臣者無外交。」鄭注：「私覿是外交也。」彼謂臣爲君介而行私覿，是外交。若特行聘，則得私覿，非外交也。故彼上經云「大夫執圭而使，所以申信也」，注云：「其君親來，其臣不敢私見於主國君也。以君命聘，則有私見。」是也。云「不用羔，因使而見，非特來」者，謂因爲君聘使而行私見，故用束錦，非特來。若特來，則卿用羔也。若然，案士相見，卿初仕見己君及卿，皆見以羔，見他君得有羔者，案尚書有「三帛，二生」。二生：卿執羔，大夫執鴈。彼見天子法，從朝君而見得有羔，若諸侯相朝，其臣從君，亦得執羔見主君可知。其爲君聘，則不得執見主君也。故鄭云「因使而見，非特來」。案定公八年經書「公會晉師于瓦」，左傳云：「范獻子執羔，趙簡子、中行文子皆執鴈。」亦是從君見主君法也。

擯者入告

出辭【注】客有大禮未有以待之【疏】【注】釋曰云大禮者卽上行聘享是也云未有以待之者謂主人未有以待之以禮待之卽下禮賓是也故止客私覿卽下文先行禮賓也請禮賓

賓禮辭聽命擯者入告【注】告賓許也宰夫徹几改筵【注】宰夫又主酒食者也將禮賓徹神几改神席更布也賓席東上公食大夫禮曰蒲筵常緇布純加萑席尋玄帛純此筵上下大夫也周禮曰筵國賓于牖前莞筵紛純加繅席畫純左彤几者則是筵孤也孤彤几卿大夫其漆几與【音義】萑音完與音餘【疏】【注】釋曰云宰夫又主酒食者也者對上宰夫設飧今又主酒食以禮賓也云賓席東上者對前爲神而西上也云公食大夫禮曰蒲筵及萑席此筵上下大夫也者以公食蒲筵萑席二者是爲上下大夫注云又引周禮者鄭欲推出上下大夫用漆几也案司几筵云諸侯酢席莞筵紛純

加繅席畫純筵國賓于廟前亦如之左彤几注云國賓諸侯來朝孤卿大夫來聘後言几者使不蒙如也朝者彤几聘者彤几但司几筵是天子之官几筵又是諸侯之法又鄭云國賓諸侯來朝孤卿大夫來聘是諸侯與孤卿大夫朝聘天子法則孤卿大夫亦是諸侯之臣也以此言之則天子孤卿大夫几筵與諸侯之臣同可知若然公食大夫筵上下大夫禮同用蒲筵莞席與此席不同鄭注此國賓中卿大夫得與孤同者鄭欲廣國賓之義其實此國賓中唯有諸侯與孤無卿大夫也鄭必知卿大夫漆几者司几筵有五几從上向下序之天子玉几諸侯雕几孤彤几卿大夫漆几下有素几喪事所用差次然也無正文故云與以疑之

公出迎賓以入揖讓如初【注】公出迎者己之禮更端也【疏】注釋曰云公出迎者己之禮更端也者前聘享俱是公禮故不出迎此禮賓私禮故更其端序故公出迎也

公升側受几于序端【注】漆几也今文無升

宰夫內拂几三奉兩端以進【注】內拂几不欲塵坋尊者以進自東箱來授君

【音義】坋蒲悶反【疏】【注】釋曰知几自東箱來者案覲禮記云几俟于東箱又此經直云進不言升明不從下來從東廂來可知也公東南鄉外拂几三卒振袂中攝之進西鄉【注】進就賓也【疏】釋曰宰夫奉几兩端故公中攝之復擬賓用兩手在公手外取之故也擯者告【注】告賓以公授几賓進訝受几于筵前東面俟【注】未設也今文訝爲梧【音義】梧五故反【疏】【注】釋曰未設而俟者待公拜送訖乃設之故也公壹拜送【注】公尊也古文壹作一【疏】【注】釋曰賓再拜稽首公乃壹拜當空首故注云公尊也賓以几辟【注】辟位逡遁北面設几不降階上答再拜稽首【注】不降以主人禮未成也凡賓左几【疏】【注】釋曰云不降以主人禮未成者案鄉飲酒義云卒酒成禮也於席末據此而言則卒酒爲成禮此設几主爲卒酒今未卒醴故云禮未成也云凡賓左几者對神右几也宰夫實觶以醴加柶

于觶面枋。注 酌以授君也。君不自酌，尊也。宰夫亦洗升實觶以醴，自東箱來，不面擸，不訝授也。音義 柶音四。枋，彼命反。擸，劉音獵，一以涉反。疏 注釋曰：宰夫亦洗升實觶者，經無宰夫升降之文，以理亦之者，亦上授几時從下而升，東箱取几進以授君。今文從下升東箱酌醴進以授君，故亦之。不言宰夫升降者，賤略之也。云以醴自東箱來者，下記云「醴尊于東箱，瓦泰一，有豐」是也。云不面擸不訝授也者，公西面向賓，宰夫自東箱來，在公傍側並授與公，是以下文公側受醴，不訝受，故不面擸也。

公側受醴。注 將以飲賓。音義 飲，於鴆反。

賓不降，壹拜，進筵前受醴，復位。公拜送醴。注 賓壹拜者，醴質，以少爲貴。疏 注釋曰：禮器云「禮有以少爲貴」者，今賓於上下皆再拜稽首，獨此壹拜，故鄭據大古之醴質，無玄酒配之，故壹拜，以少爲貴也。

宰夫薦籩豆脯醢。賓升筵。擯者退負東塾。注 事未畢，擯者不退中庭，以有宰夫也。【疏】【注】釋曰。云事未畢擯者不退中庭以有宰夫也者。案上文擯者退中庭。又云擯者進。事未畢。在中庭可知。此下文亦云擯者進相幣。事亦未畢。而在東塾。故決之。若然。以有宰夫主飲食之事。宰夫所主。己雖事未畢。猶得負東塾。以其閒有宰夫相。己無事故也。若無宰夫在中庭矣。賓祭脯醢以柶祭醴三。庭實設。【注】庭實。乘馬。【疏】【注】釋曰。鄭知乘馬者。下文賓執左馬以出。故知也。降筵北面以柶兼諸觶尚擸坐啐醴。【注】降筵就階上。【音義】啐七內反。【疏】釋曰。以左手執觶。右手以柶祭醴訖。降筵北面。以柶兼并於觶。兩手奉之。尚擸不作上字者。尚古今通用也。【注】釋曰。云降筵就階上者。以鄉飲酒賓主行禮獻酢卒爵皆各於其階。北降筵啐醴。明亦在西階之上。公用束帛。【注】致幣也。言用。尊于下也。亦受之于序端。【疏】【注】釋曰。上文郊勞。賓用束錦儐勞者。下文歸饔餼於上介。云大夫用束帛致之。皆亦云用。獨於此言用尊於下者。儐勞者及歸饔餼。皆是賓敬君之使者自尊之可知。今君親用束帛禮賓。故言用尊于下也。云亦受之于序端者，上公側受几於序端，則知此幣亦受之於序端也。建柶北面奠于薦東。注 糟醴不卒。擯者進相幣。注 贊以辭。音義 机，息亮反。賓降辭幣。注 不敢當公禮也。公降一等辭。注 辭賓降也。栗階升聽命。注 栗階，趨君命尚疾，不連步。疏 注釋曰：凡栗階者，其始升亦連步，於上栗階不過二等。今云不連步者，謂不從下向上皆連步。其始升連步則有之也。降拜。注 拜受公辭。注 不降一等，殺也。音義 殺，所界反。疏 注釋曰：案前賓辭幣，君降一等，今不降，故言殺。升再拜稽首受幣，當東楹北面。注 亦訝受而北面者，禮主於己，己臣也。疏 注釋曰：前行聘享時，賓東面，主君西面，訝授受。但以奉君命，故賓不北面。此以主君禮己，己臣也，故北面受，異於聘享時也。若然，上受几受醴，亦是己之禮，以禮未成，故不北面也。此禮成，故北面也。退東面俟。注 俟君拜也。不北面者，謙若不敢當階然公壹拜賓降也公再拜【注】不俟公再拜者不敢當公之盛也公再拜者事畢成禮也【疏】【注】釋曰此賓主拜賓見公一拜止則降不敢當公不止遂再拜也云公再拜者事畢成禮也者前受几及醴公送皆一拜注云公尊也今事畢成禮不可亦自尊亢故送幣亦再拜也 賓執左馬以出【注】受尊者禮宜親之也效馬者并左右靮授之餘三馬主人牽者從出也【音義】靮丁歷反【疏】【注】釋曰案下歸饔餼於賓賓儐大夫庭實設馬乘賓用束錦大夫降執左馬以出覲禮侯氏至郊王使人用璧勞訖侯氏用束帛乘馬儐使者使者受幣降以左驂出二者皆是尊國賓故也雖上文郊勞賓儐勞者執幣揖皮者皮是死物異於馬故也云效馬者并左右靮授之者曲禮云效馬效羊者右牽之效猶呈見故謂牽馬人為效馬者也云餘三馬主人牽者從出也者以是主人庭實出門乃有從者訝受馬明主人牽者從出可知 上介受賓幣從者訝受馬【注】從者

士介。【音義】從，才用反。【疏】注釋曰：鄭云從者士介，下記文。案公食云上介受賓幣，從者訝受皮。鄭注云從者府史之屬，不爲士者，彼公食是子男之大夫小聘一介，其餘皆府史以下，故知從者是府史之屬也。既夕云賵馬，兩士受馬。鄭云此士謂胥徒之長有勇力者。受馬彼據一廟下士，不應更有其屬士，故以爲胥徒之長言之也。昏禮記云士受皮，鄭注士謂若中士下士不命者，以其主人爲官長，據上士而言也。○賓覿，奉束錦，總乘馬，二人贊，入門右，北面奠幣，再拜稽首。【注】不請不辭，鄉時已請也。覿用束錦，辟享幣也。總者，總八轡牽之。贊者居馬閒扣馬也。入門而右，私事自闑右。奠幣再拜，以臣禮見也。贊者，賈人之屬。介特覿也。【音義】辟，音避。扣，音口。【疏】釋曰：自此盡公降立，論行私覿之事。【注】釋曰：云不請不辭鄉時已請也者，云不請，賓不請；不辭，主君不辭。所以不辭者，鄉時已請覿，主人辭之以禮賓，故今不復請，亦不辭之也。云覿用束錦辟享幣也者，以上文享主君用束帛。享夫人用玄纁束帛。以今用束錦是辟享幣也。云總者至扣馬也者。賓總八轡在前牽之。二人贊者各居兩馬間。各用左右手。手扣一匹。故云在馬閒扣馬也。云入門而右私事自闑右者。玉藻云。公事自闑西。鄭注云。聘享也。云私事自闑東。注云。覿面也。此行覿禮。故引之也。云奠幣再拜以臣禮見也者。謂由闑東。介又不從。又自牽馬。又不升堂入幣。皆是以臣禮見也。云贊者賈人之屬者。既行臣禮。不使介從。明贊者是賈人之屬從行者。云介特覿也者。主君辭賓。賓入門左。則介五人隨入門西北面西上。其介五人行覿禮。各自特行。無介從。爲特覿也。

擯者辭。注 辭其臣。賓出。注 事畢。擯者坐取幣出。有司二人牽馬以從出門西面于東塾南。注 將還之也。贊者有司受馬乃出。凡取幣于庭。北面。疏 注釋曰。云贊者有司受馬乃出者。賓出之時。贊扣馬者未得出。待人受馬乃得出。所以然者。幣可奠之於地。其馬不可散放。故待人受之乃可以出。故云有司受馬乃出也。云凡取幣于庭北面者。言凡非一。此特辭賓更出取幣。後門右禮訖又取幣皆北面又衆介奠幣擯者取亦北面故云凡以廣之也擯者請受〔注〕請以客禮受之賓禮辭聽命〔注〕賓受其幣贊者受馬牽馬右之入設〔注〕庭實先設客禮也右之欲人居馬左任右手便也於是牽馬者四人事得申也曲禮曰效馬效羊者右牽之〔疏〕〔注〕釋曰云庭實先設客禮也者對前入門右時賓奉束錦總乘馬一時入無先後之別是臣禮今此入設下經乃云賓奉幣是先設庭實客禮也云於是牽馬者四人事得申也者知四人者若如前贊者二人則不得云右之既言右之明人牽一匹不須賓牽之事得申人牽一匹賓不總牽是也引曲禮者欲見牽馬在右禮之常彼效馬效羊謂尊者之物使養之今來呈見此取一邊牽之法義不與彼同也賓奉幣入門左介皆入門左西上〔注〕以客禮入可從介〔疏〕〔注〕釋曰對入門右行臣禮不得從介也公揖讓如初升公北面再拜〔注〕公再拜

者以其初以臣禮見新之也【疏】【注】釋曰臣禮見謂初入門右是以今再拜新之也知此不爲拜至者下記云禮不拜至鄭注云以賓不於是始至私覿面非始至而爲再拜明爲臣禮見新之也

賓三退反還負序【注】反還者不敢與授圭同【疏】【注】釋曰云反還者不敢與授圭同者上行聘時三退負序不言反還故決之也

振幣進授當東楹北面【注】不言君受略之也【疏】【注】釋曰此決聘享皆言公受此乃私覿故略之不言其公受也

士受馬者自前還牽者後適其右受【注】自由也適牽者之右而受之也此亦並授者不自前左由便也便其已授而去也受馬自前變於受皮【音義】還戶串反【疏】【注】釋曰此庭實之馬四匹在庭北面西上牽馬者亦四人各在馬西以右手執馬前並立士受馬從東方來由馬前各適牽馬者之前還遶其後適牽馬者之東馬西面受之牽馬者自前行而出之云此亦並授者不自前左由便也者鄉飲

適之等，於西階之上，皆授由其右，受由其左。今乃受馬者，不自左而由其右受者，使受馬者授訖，右迴其身，於出時爲便，故鄭注云「便其已授而去也」。云受馬自前變於受皮者，上受享庭實之皮，受皮者自後右客。鄭注云：「自，由也，從東方來，由客後西居其左，受皮也。」此亦從東而來，由馬前者，馬是生物，恐驚，故由前，是變於受皮也。

牽馬者自前西乃出。注 自，由也。疏 釋曰：四馬並北面，牽馬者皆在馬西。士既受馬，其最西頭者便即出門，不須由馬之前。其次東三匹者皆由西於馬前而出，故云牽馬者自前西乃出，據三人而言也。

賓降階東拜送，君辭。注 拜送幣于階東，以君在堂。鄉之。疏 注 釋曰：此言賓拜送幣者，私覿己物故也。前享幣不拜送者，致君命，非己物故也。

拜也。君降一等辭。注 君乃辭之，而賓由拜，敬也。疏 注 釋曰：經上云拜送，而云君辭，君辭復云拜也。是其君乃辭之，賓由拜者，敬主國君故也。

擯者曰：寡君從子，雖將拜，起也。注 此禮固多有辭矣，未有著之者，是其志

乾隆四年校刊

而煥乎未敢明說【疏】注釋曰云此禮固多有辭矣者謂此儀禮之內賓主之辭固多有辭矣但周公作經未有顯著明言之者直云辭耳此及公食皆著其辭此二者是志記之言煥乎可見云未敢明說者據此二者觸類而長之餘辭亦可以意量作但疑事無質未可造次明說故上注每云其辭未聞也○栗階升公西鄉賓階上再拜稽首【注】成拜公少退【注】爲敬賓降出公側授宰幣馬出【注】廟中宜清【疏】注釋曰云公側授宰幣不言出言馬出者以廟中宜清潔出就廄幣不言出與上皮幣同皆以東入藏之故記云賓之幣唯馬出其餘皆東注云馬出當就廄也餘物皆東藏之內府是幣不出之義也○公降立○擯者出請上介奉束錦士介四人皆奉玉錦束請覿【注】玉錦錦之文纖縟者也禮有以少文爲貴者後言束辭之便也【音義】縟音辱【疏】釋曰自此盡舉皮以東論上介衆介行私覿之事【注】釋曰云玉錦錦之文纖縟者也者案聘義

孔子論玉而云縝密以栗知也是玉有密致錫之纖焉似玉之密致者云禮有以少文爲貴者禮器直云有以文爲貴者有以少爲貴者無少文爲貴之語但有以少爲貴以文爲貴明亦有以少文爲貴故鄭以義而言之也

擯者入告出許上介奉幣儷皮二人贊【注】儷猶兩也上介用皮變於賓也皮麋鹿皮【音義】儷音麗【疏】【注】釋曰賓用馬今上介用皮故云變於賓也

皆入門右東上奠幣皆再拜稽首【注】皆者皆衆介也贊者奠皮出【疏】【注】釋曰鄭知贊者奠皮出者下云有司二人舉皮從其幣出無人授之明贊者奠訖出可知

擯者辭【注】亦辭其臣

介逆出【注】亦事畢也

擯者執上幣士執衆幣有司二人舉皮從其幣出請受【注】此請受請于上介也擯者先即西面位請之釋辭之時衆執幣者隨立門中而俟【疏】【注】釋曰云此請受請于上介也者對

前擯出請上介，亦不請衆介也。知擯者先即西面位請之者，以其上介等先立門西東面，故擯西面對之。云「釋辭之時，衆執幣者隨立門中而俟」者，以其請受之下，經云「委皮南面，執幣者西面」，故知當請之時立于門中可知。言「隨」者，謂相隨從，故昏禮記云「納徵，執皮隨入」，注云「爲門中阨狹」。記云「凡庭實隨入，左先」，明此出時亦隨出而立也。案匠人云「廟門容大扃七个」，注「大扃，牛鼎之扃，長三尺。七个，則二丈一尺」。闑東明不得並出也。

委皮南面。注 擯者既釋辭，執衆幣者進即位，有司乃得委之。南面，便其復入也。委皮當門。音義 復，扶又反。疏 注釋曰：云「擯者既釋辭，執衆幣者進即位，有司乃得委皮」者，以前文云「舉皮者從其幣出」，皮在後可知。「隨立門中」之時，未得委皮，明執幣者進即位乃得委皮也。云「南面，便其復入也。委皮當門」者，亦北決執幣者西面。其皮不西面委之者，以皮入右首右先，故南面橫委於門中當門北。上執皮者北面受之而乃入，便故也。

執幣者西面北上。擯者請受。注 請于上介也。上言其次，此言其位，互約文也。〔一〕[疏]釋曰：上文擯者執上幣，注云：「請受，請于上介也。」此雖衆介所請，亦請上介，上介尊故也。云「上言其次，此言其位，互約文也」者，上云擯者執上幣，士執衆幣，有司二人舉皮從其幣出請受，是其次也。此言委皮南面，執幣者西面北上，是其位也。言互者，此言西面北上，則上當有北面東上之文。下云士介覿幣時士三人東上坐取幣立，是也。此宜有士執衆幣立於南面之文，如是者互文也。言約者，雖互見其文，文猶不備，若欲備文，當上取歸賓幣之文，下取歸士介幣之文，以理推約之，乃備也。若然，上當言擯者執幣，士四人北面東上坐取幣從，有司二人坐舉皮從其幣出，隨立於門中，擯者出門西面于東塾南請受，士執幣者進立擯南西面北上，執皮者南面委皮於門中北上，如是乃爲文備也。

介禮辭，聽命，皆進，訝受其幣。

[注]此言皆訝受者，嫌擯者一一授之。

[疏][注]釋曰：此言皆訝受者，嫌擯者一一授之者，案上受享皮及賓私覿之馬，並不云皆，此獨云皆者，嫌擯者獨請上介，請先授上介幣，故言皆，明不一一授，同時訝受可知也。享幣無門外授先後之法，故不言皆。

上介奉幣，皮先，入

門左奠皮【注】皮先者介隨執皮者而入也入門左介至揖位而立執皮者奠皮以有不敢授之義古文重入【音】【義】重直用反【疏】【注】釋曰云介至揖位而立者謂賓覿時幣入門左介皆入門左西上公揖讓如初升賓至此待揖而後進明此介亦至揖位而立云執皮者奠皮以有不敢授之義者案享時庭實使人執之皆禮庭實亦使人執之彼皆不奠於地以其得親授主人有司此奠之不敢授故下二人坐舉皮明不授也公再拜【注】拜中庭也不受于堂介賤也【疏】【注】釋曰知拜中庭者上云公降立不見更有進退之文自受享以來降立皆在中庭故知此公拜亦中庭可知也介振幣自皮西進北面授幣退復位再拜稽首送幣【注】進者北行參分庭一而東行當君乃復北行也【疏】【注】釋曰介初在揖位君在中庭奠皮近西故介發揖位經皮西北出三分一乃東行北向當君乃北行至君所乃授幣故云自皮西進北面授幣也介

出。宰自公左受幣。注 不側授，介禮輕。疏 注釋曰：案賓覿禮云側授宰幣，此不云側授，故云介禮輕。宰自公左受，卽是側。不云側者，當有贊者於公受轉授宰，故云介禮輕也。有司二人坐舉皮以東。（　）擯者又納士介。注 納者出道入也。音義 道音導。疏 釋曰：自此盡序從之，論士介行私覿之事。注釋曰：云納者出道入也者，詩若燕禮大射小臣納卿大夫，出道入之也。士介入門右，奠幣，再拜稽首。注 終不敢以客禮見。疏 注釋曰：上介奠幣訖，辭之，終以客禮。是士介卑，奠幣出，私覿卽了，終不敢以客禮見也。擯者辭，介逆出。擯者執上幣以出，禮請受，賓固辭。注 禮請受者，一請受而聽之也。賓爲之辭，士介賤，不敢以言通於主君。固，衍字，當如面大夫也。疏 注釋曰：知固衍字當如面大夫者，案下士介面大夫，特擯者執上幣出禮請受，賓辭，無固字，故知此固衍字，當如士介面大夫。公答再拜。擯者出，立于門中，以相拜。注擯者以賓辭入告，還立門中閾外，西面，公乃遙答拜也。相者，贊告之。疏注釋曰：鄭知擯立門中閾外西面者，以公在內，賓在門外之西，東面，擯者兩處相之，明居閾外西面向賓告之也。

士介皆辟。注辟於其東面位，逡遁也。

士三人，東上，坐取幣，立。注俟擯者執上幣來也。疏注釋曰：上文擯者執上幣以出，賓辭之，士介皆辟之，乃云士三人取幣立，擯者執上幣始來，明士三人立俟之可知也。

擯者進。注就公所也。疏注釋曰：以公在庭，故擯者自門外來，進向公左授幣與宰也。

宰夫受幣于中庭以東。注使宰夫受于士，士介幣輕也。受之于公左。賓幣，公側授宰；上介幣，宰受于公左；士介幣，宰夫受于士，敬之差。疏注釋曰：云「使宰夫受于士」者，以上文士三人取幣，明此宰夫所受，受於士也。知受之於公左者，禮記少儀

反大門至公問大夫賓對敎爲一節

云賓幣自左是以凡受幣皆於公左也云賓幣公側授宰者即上文公側授宰幣于序端是也云上介幣宰受於公左者即上云庭中宰自公左受之是也云士介幣宰夫受于士者即經文是也在公右受之是尊卑不同敬之差也公所受之雖不同及其以東其藏幷是宰夫宰夫幣所主故也執幣者序從之【注】序從者以宰夫當一一受之○擯者出請賓告事畢【注】賓既告事畢衆介逆道賓而出也【疏】釋曰自此盡不顧論事畢送賓之事【注】釋曰云衆介逆道賓而出也者介爲首賓爲尾謂逆道也必知有逆出者上文聘訖云賓降介逆出又聘夫人私覿亦介逆出諸聘禮之等皆逆出故知此亦逆出可知也擯者入告公出送賓【注】公出衆擯亦逆道紹擯及賓並行間亦六步及大門內公問君【注】鄉以公禮將事無由問也賓至始入門之位北面將揖而出衆介亦在其右少退西上於此可以問

紹注疑上

注上擯往來傳君命下教作問君曰君不恙乎對曰使臣之來寡君命臣于庭

公問大夫賓對下教有注云問大夫曰大夫不恙乎對曰寡君命使臣于庭二三子皆在宋本無此注金氏永懷堂本亦無監本有教作

君居處何如。序殷勤也。時承擯紹擯亦於門東北面東上。上擯往來傳君命南面。蘧伯玉使人於孔子，孔子問曰：夫子何爲？此公問君之類也。疏注釋曰：云衆介亦在其右少退西上者，案上賓初入門左，鄭注云：主賓位也。衆介隨入北面西上少退。今賓出至入門之位，將北面拜君而後出，故知其位亦當初入門之位。此位前後皆約聘享入廟北面西上之位也。云時承擯紹擯亦於門東北面東上，上擯往來傳君命者，亦約常朝入門門東北面東上之揖位，上擯往來相君，自是其常。引論語者，彼雖非聘，亦是大夫使人往來法，問夫子何爲，亦是問君之類，故云之類也。

賓對，公再拜。注拜其無恙。

公拜，賓亦辟。音義恙，羊亮反。疏注釋曰：案爾雅釋言：恙，憂也。言亦者，亦初迎賓入門，主君拜，賓辟，故云亦也。

公問大夫，賓對。公勞賓，賓再拜稽首，公答拜。注勞以道路之勤。

公勞介，介皆再拜稽首，公答拜。賓出。

勞賓曰道路悠遠客甚勞勞介則曰二三子甚勞

公再拜送賓不顧注公既拜客趨辟君命上擯送賓出反告賓不顧於此君可以反路寢矣論語說孔子之行曰君召使擯色勃如也足躩如也賓退必復命曰賓不顧矣。音義行下孟反躩驅若反又俱碧反疏注釋曰云賓不顧據上擯送賓復過謂君云賓不顧矣故引孔子事爲證若然此送賓是上擯則卿爲上擯孔子爲下大夫得爲上擯者以孔子有德君命使攝上擯若定十年夾谷之會令孔子爲相同也○賓請有事於大夫注請問問卿也不言問聘聘亦問也嫌近君也上擯送賓出賓東面而請之擯者反命因告之音義近附近之近疏釋曰自此盡亦如之論賓請問大夫訖卿館卿大夫勞賓介之事注釋曰云不言問聘聘亦問也嫌近君也者對文大聘曰聘小聘曰問總而言之問聘一也不得云問卿若言問近君矣故云有事于大夫也鄭云擯者反命因告之者但從朝以來行聘享行禮賓之事，事已煩矣，今日卽請，未可卽行，故云反命因告之，告之使知而已。是以賓至館，行勞賓介及受饔餼，終日有事，明日乃行問卿之禮也。賓所請問卿，宜云有事于某子，故下記云幣之所及皆勞，鄭云所以知及不及者，賓請有事，固曰某子某子是也。

公禮辭，許。注 禮辭，一辭。

賓卽館。注 少休息也。卽，就也。疏 注釋曰：言休息者，據此一日之閒，其事多矣，明旦行問卿，暫時止息，故云少休息也。○

卿大夫勞賓，賓不見。注 以已公事未行，上介以賓辭辭之。疏 注釋曰：以已公事未行者，其聘享公事已行，仍有問大夫之等公事未行，故不敢見。云上介以賓辭辭之者，以經云賓不見，明上介以賓辭辭之可知，是以下言上介受，明此上介辭也。

大夫奠鴈再拜，上介受。注 不言卿，卿與大夫同執鴈，下見于國君。周禮：凡諸侯之卿見朝君，皆執羔。疏 注釋曰：云周禮者，案周禮秋官掌客云：凡諸侯之禮，上公五積，卿皆見以羔；侯伯四積，卿皆見以羔。是主國之卿見朝君皆執羔。引之。證七國卿見聘客不得執羔。與大夫同用鴈。不見朝君故也。勞上介亦如之。○君使卿韋弁。歸饔餼五牢。注 變皮弁服韋弁。敬也。韋弁。靺韋之弁。兵服也。而服之者。皮韋同。類。取相近耳。其服蓋靺布以爲衣而素裳。牲殺曰饔。生曰餼。今文歸或爲饋。

音義 靺。音昧。又亡拜反。

疏 釋曰。自此盡無儐。論主君使卿歸饔餼於賓介之事。注 釋曰。云變皮弁服韋弁敬也者。案周禮春官司服。王之吉服有九。祭服之下。先云兵事韋弁服。後云視朝皮弁服。則韋弁尊於皮弁。今行聘享之事等皆皮弁。至歸饔餼則韋弁。故云敬也。云韋弁靺韋之弁兵服也者。鄭知弁用靺韋者。案司服注。鄭引春秋傳曰。晉郤至衣靺韋之跗注。又云今時五伯緹衣古兵服之遺色。故知用靺韋也。靺即赤色。以赤韋爲弁也。云兵服者。司服云。凡兵事韋弁服。故云兵服也。云服之者皮韋同類取相近耳。有毛則曰皮。去毛熟治則曰韋。本是一物。有毛無毛爲異。故云取相近耳。云其服蓋靺布以爲衣而素裳者。此無正文。但正服則鄭注司服云韋弁以韎韋爲弁又以爲衣裳又晉郤至衣韎韋之跗注鄭志解此跗注以跗爲幅以注爲屬謂制韋如布帛之幅而連屬爲衣及裳今此鄭云以韎布爲衣而素裳全與兵服異者鄭以意量之此爲賓館於大夫士之廟既爲入廟之服不可純如兵服故爲韎布爲衣而素裳鄭志兵服以其與皮弁同白舄故以素裳解之此言素裳又與鄭志同若然唯變其衣耳以無正文故云蓋以疑之也云殺曰饔生曰餼者周禮有内饔外饔皆掌割烹之事詩云有母之尸饔故知殺曰饔生曰餼者以其對饔是腥餁故知餼是生故下云餼二牢皆活陳之也

上介請事賓朝服禮辭注朝服示不受也受之當以尊服疏注釋曰鄭知義然者案下云賓皮弁迎大夫是受之用皮弁爲尊服明此著朝服朝服卑於皮弁是示不受言示不受終受之也

有司入陳注入賓所館之廟陳其積疏注釋曰案上文直云致館及郎館不辨廟與正客館之名案下記云卿館於大夫大夫館於士皆是大夫士之廟下文又云揖入及廟鄭據此而言明陳之於廟也曾子問孔子云自卿大夫士之家曰私館

注首十字教作膷臐膮陪鼎三也牛曰膷羊曰臐豕曰膮皆香美之名今時臛也

即卿大夫士之廟一也。孔子又云公館與公所爲曰公館。鄭注云。公館若今縣官宮也。彼是正客館。彼此兩言之者。若朝聘使少。則皆於正客館。若使多則有在大夫廟。多少不定。兩言之也。案大行人及掌客積與饔餼各別。此注以饔餼爲陳其積者。對文饔餼與積別。散文總是委積。故云積也。饔【注】謂飪與腥。【疏】釋曰。知者。上言總饔餼五牢。下陳有三處。據此饔下云飪一牢。腥二牢。下又別云餼二牢。故知饔別飪腥一者也。若然。飪與腥共以饔目之者。以其同是死。列之以鼎故也。

飪一牢鼎九設于西階前陪鼎當內廉東面北上上當碑南陳牛羊豕魚腊腸胃同鼎膚鮮魚鮮腊設扃鼏膷臐膮蓋陪牛羊豕【注】陪鼎三牲臛膷臐膮陪之庶羞加也當內廉辟堂塗也腸胃次腊以其出牛羊也膚豕肉也唯燖者有膚此饌先陳其位後言其次重大禮詳其事也宮必有碑所以識

日景引陰陽也凡碑引物者宗廟則麗牲焉以取毛血其材宮廟以石窆用木【音義】腊音昔扃古螢反鼏亡狄反膷音鄉牛臛也臐許云反羊臛也膮許堯反豕臛也臛火各反字林火郭反焞劉音尋一本作爓音潛窆彼驗反【疏】【注】釋曰案公食大夫庶羞也以非正饌故在正鼎後而言加也云當內廉辟堂塗也者正鼎九雖大判繼階而言其云于階前則階東稍遠故陪鼎猶當內廉而辟堂塗堂塗之內也云腸胃次腊以其出牛羊也鄭言此者以其膚是豕肉腸胃是腹內之物而在肉前者以其腸胃出於牛羊故在膚前列之也云膚豕肉也唯燖者有膚者君子不食圂腴犬豕曰圂若然牛羊有腸胃而無膚豕則有膚而無腸胃也且豕則有膚豚則無膚故士喪禮豚皆無膚以其皮薄故也縱豕以四解亦無膚故既夕大遣奠少牢無膚以比豚解故也云此饌先陳其位後言其次重大禮詳其事也者先陳其位者南陳已上是也後言其次者牛羊豕已下是也案設飧直云飪一牢在西鼎九羞鼎三腥一牢在東鼎七直言西九東七不言次陳位飧是小禮輕之故也云宮必有碑所以識日景引陰陽

碑者。言宮必有碑者。案諸經云三揖者。鄭注皆云入門將曲揖，既曲北面揖，當碑揖。若然，士昏及此聘禮是大夫士廟內皆有碑矣。鄉飲酒、鄉射言三揖，則庠序之內亦有碑矣。祭義云「君牽牲麗于碑」，則諸侯廟內有碑明矣。天子廟及庠序有碑可知。但生人寢內不見有碑，雖無文，兩君相朝燕在寢，豈不三揖乎？明亦當有碑矣。言所以識日景者，周禮匠人云「為規識日出之景與日入之景」者，自是正東西南北，此識日景唯可觀碑景邪正以知日之早晚也。又云引陰陽者，又觀碑景南北長短，十一月日南至，景南北最長，陰盛也；五月日北至，景南北最短，陽盛也。二至之閒，景之盈縮，陰陽進退可知也。云凡碑引物者，宗廟則麗牲焉，以取毛血者，云凡碑引物，則識日景、引陰陽皆是引物，則宗廟之中是引物，但廟碑又有麗牲。麗，繫也。案祭義云「君牽牲麗于碑」，以其鸞刀以取血毛，毛以告純，血以告殺，兼為此事也。云其材宮廟以石，窆用木者，此雖無正文，以義言之，葬碑取縣繩繂，暫時之閒往來運載，當用木而已。其宮廟之碑取其妙好，又須久長，用石為之，理勝於木，故云宮廟以石，窆用木也。是以檀弓云「公室視豐碑，三家視桓楹」，時魯與大夫皆僭，言視桓楹。桓楹，宮廟兩楹之柱，此是葬

乾隆四年校刊　　儀禮注疏卷八　聘禮　　十三

用木之驗也。腥二牢，鼎二七，無鮮魚鮮腊，設于阼階前，西面南陳，如飪鼎，二列。【注】有腥者，所以優賓也。【疏】【注】釋曰：云「優賓」者，案下文士四人皆饌大牢，無腥，是不優之也。堂上八豆，設于戶西，西陳，皆二以並，東上韭菹，其南醓醢，屈。【注】戶，室戶也。東上，變乎親食賓也。醓醢，汁也。屈，猶錯也。今文並皆爲併。【音義】韭，音九。菹，莊居反。醓，他感反。【疏】釋曰：云設于戶西，西陳，皆二以並，東上韭菹，其南醓醢，屈者，謂其東上醓醢，醓醢西昌本，昌本西麋臡，麋臡西菁菹，菁菹北鹿臡，鹿臡東葵菹，葵菹東蝸醢，蝸醢東韭菹。案周禮天官醢人：朝事之豆有八：韭菹、醓醢、昌本、麋臡、菁菹、鹿臡、茆菹、麇臡；饋食之豆，葵菹、蠃醢。此經直云韭菹、醓醢、屈，知此昌本以下八豆者，案公食下大夫六豆：韭菹、醓醢、昌本、麋臡、菁菹、鹿臡。又云上大夫八豆，鄭注云：「記公食上大夫異於下大夫之豆數，加葵菹、蝸醢以充八豆。」若然，案朝事八豆，菁菹、鹿臡下仍有茆菹、麇臡，不取，而取饋食葵菹、蝸醢者，案少牢正祭用韭菹醓醢葵菹蝸醢朝事饋食之豆兼用之明此賓上大夫亦兼用朝事饋食之豆以充八豆可知疏釋曰云東上變於親食賓也者案公食大夫公親食賓云宰夫自東房薦豆六設于醬東西上此云東上是變於親食賓也云屈猶錯也者猶下經錯黍此經菹醢不自相當皆交錯陳之故云錯也

八簋繼之黍其南稷錯注黍在北疏注釋曰云繼者繼八豆以西陳之云八簋者此陳之次第與八豆同故鄭云屈猶錯也八豆言屈八簋言錯者以八豆之實各別直次第屈陳之則得相變故云屈也八簋惟有黍稷二種屈陳之則閒雜故錯陳之使當行黍稷閒錯不得並陳設亦相變故鄭下注凡饌屈錯要相變是也

六鉶繼之牛以西羊豕豕南牛以東羊豕注鉶羹器也疏釋曰此不言綪屈錯者綪文自具故不言之也案此文上下綪屈錯似各別鄭此注屈猶錯士喪禮陳衣於房中南領西上綪注云綪屈也又似不別者云綪屈二者下手陳之少異屈者句而屈陳之綪者直屈陳之不爲句陳訖則相似故注士喪禮云綪猶屈言錯者閒雜而陳之與綪屈同或句屈陳而錯此

文是也。或綪陳如錯。公食大夫是也。故公食大夫云。宰夫設黍稷六簋于俎西。二以竝東。北上。黍當牛俎。其西稷。錯以終。南陳。是其直綪錯之也。兩簠繼之粱在北。【注】簠不次簋者。粱稻加也。凡饌屈錯要相變。【疏】【注】釋曰。凡豆及簋之數皆耦。兩自相對而陳之。屈錯不相對者。欲使陳設者。其要殺各得相變。不使相當。其六鉶綪者。牛及豕二者相變。羊豕相當不相變。以其大牢牛羊豕不耦。故羊豕不得變也。八壺設于西序北上二以竝南陳。【注】壺。酒尊也。酒蓋稻酒粱酒。不錯者。酒不以雜錯為味。【疏】【注】釋曰。鄭云蓋稻酒粱酒也者。以下夫人歸禮。醙黍清各兩壺。此中若有黍。不得各二壺。若三者各二壺。則止有六壺。與夫人歸禮同。又不得各二壺。若三者各三壺則九壺。不合八數。止有稻粱無正文。故云蓋以疑之。鄭知不直有稻黍而為稻粱者。稻粱是加。相對之物。故為稻粱也。此陳饔餼。堂上及東西夾。簋有二十。簠六。上文設飧時。與此堂上及西夾。其對則簋十四。簠四。案掌客設飧食。公侯伯子男簋同十二。公簠十。侯伯簠八。子男簠八。又皆陳饔餼。其死牢如飧之陳。如何此中飧之簋數及饔餼之簠數皆多於君者。彼是君禮。自上下爲差。此乃臣禮。或多或少。自是一法。不可以彼相竝。又此中致饔餼於賓。醯醢百甕。米百筥。周禮。上公甕筥百二十。侯伯甕筥百。子男甕筥八十。子男少於此卿大夫禮。禮或損之而益。此其類也。西夾六豆。設于西墉下。北上。韭菹。其東醓醢。屈。六簋繼之。黍。其東稷。錯。四鉶繼之。牛以南羊。羊東豕。豕以北牛。兩簠繼之。粱在西。皆二以竝。南陳。六壺西上。二以竝。東陳。注東陳在北墉下。統於豆。疏釋曰。六豆者。先設韭菹。其東醓醢。又其東昌本。南麋臡。麋臡西菁菹。又西鹿臡。此陳還取朝事之豆。其六簋四鉶兩簠六壺東陳。其次可知。義復與前同也。饌于東方亦如之。注東方東夾室。西北上。注亦韭菹。其東醓醢也。疏釋曰。云西北上者。則於東壁下南陳。西北有韭菹。東有醓醢。次昌本。次南麋臡。次西有菁菹。次北有鹿臡。亦屈錯也。

乾隆四年校刊

松厓云醢醬也宋儒誤以爲醋其誤始于廣雅古有梅無醋雜醯㬎酸亦非醋也

上西夾饌六豆，直言北上，不云西北上。此東夾獨云西北上者，以其西夾言北上，其東醯醢是西北上可知。此東夾饌若不言西北上，恐東夾饌從東壁南陳，以東北爲上。其西有醯醢與西夾相對陳之，故云西北上。見雖東夾，其陳亦與西夾同。是以鄭云亦非菹，其東醯醢也。

壺東上，西陳。【注】亦在北墉下，統於豆。

醯醢百甕，夾碑，十以爲列，醯在東。【注】夾碑在鼎之中央也。醯在東，醯穀陽也；醢肉陰也。【音義】甕，烏弄反。【疏】釋曰：案旣夕禮云「甕三，醯醢屑」，鄭注云「甕，瓦器，其容亦蓋一觳」。旅人云「簋實一觳」，又云「豆實三而成觳」，四升曰豆，則甕與簋同受斗二升也。禮器云「五獻之尊，門外缶，門內壺，君尊瓦甒」，注云「壺大一石，瓦甒五斗」，則此壺大一石也。【注】釋曰：云「夾碑在鼎之中央也」者，上陳鼎云「西階前陪鼎當內廉，東面北上，上當碑，南陳」，下腥鼎亦如之，此言夾碑，自然在鼎之中央可知。云「醯在東，醯穀陽也，醢肉陰也」者，醯是釀穀爲之，酒之類，在人消散，故云陽；醢是釀肉爲之，在人沈重，故云陰也。大宗伯云「天產作陰德，地產作陽德」，注云「天產，六牲之屬；地產，九穀之屬以六牲爲陽，九穀爲陰。與此醯是穀物爲陽，遠者物各有所對。六牲動物，行蟲也，故九穀爲陰。郊特牲云「鼎俎奇而籩豆偶，陰陽之義也」，又以籩豆醯醢等爲陰，鼎俎肉物總爲陽者，亦各有所對，以鼎俎之實以骨爲主，故爲陽，籩豆穀物，故爲陰也。有司徹注又以庶羞爲陽，內羞爲陰者，亦羞中自相對。內羞雖有糝食，是肉物，其中有糗餌粉餈食物，故爲陰，庶羞肉物，故爲陽也。

餼二牢，陳于門西，北面東上。牛以西羊豕，豕西牛羊豕。【注】餼，生也。牛羊右手牽之，豕東之，寢右，亦居其左。【疏】釋曰：先言饔後言餼者，陳者先以熟爲主，是以先陳饔，饔下卽陳熟物繼之，故六豆以下相次。此餼是生物，其下次陳芻薪米禾之等相繼也。【注】釋曰：云「牛羊右手牽之」者，曲禮云「效馬效羊者右牽之」，以不噬齧人，用右手便也。言右手牽之，則人居其左也。云「豕東之，寢右，亦居其左」者，豕束縛其足，亦北首寢臥其右，亦人居其左。案特牲云「牲在其西，北首東足」，鄭注云「東足者，尚右也」，與此不同者，彼祭禮法用右胖，故寢左上右。士虞記云「陳牲于廟門外，北首西上，寢右」，鄭注「寢右者，當升左胖也，變吉」，故與此生人同也。米百筥筥半斛設于中庭十以爲列北上黍粱稻皆二行稷四行【注】庭實固當庭中言當中庭者南北之中也東西爲列列當醯醢南亦相變也此言中庭則設碑近如堂深也【音義】筥居呂反行戶郎反【疏】注釋曰云庭實固當庭中言當中庭者南北之中也者上享時直言庭實人設不言中庭則在東西之中其南北三分庭一在南此更言中庭欲明南北之中也上文公立於中庭宰受幣於中庭皆南北之中也知北上東西爲列者以經云北上黍粱稻皆兩行稷四行若南北縱陳一行得言東西不得言北上何者以黍粱稻及稷每行皆一種無上下故也明橫陳可知黍兩行在北次粱兩行次稻兩行次南稷四行所以不用稻爲上者稻粱是加黍稷是正故黍爲上端稷爲下端以見上下而稻粱居其閒亦相變者亦上經屈錯之義云此言中庭則設碑近如堂深也者陳鼎上當其碑南向陳之醯醢夾碑在鼎中央亦南向陳之今米百筥在醯醢之南南北之中則碑近北可知言堂深者猶若設洗南北以堂深柎似若然碑東當洗矣門外米三十車車秉有五籔設于門東爲三列東陳【注】大夫之禮米禾皆視死牢秉籔數名也秉有五籔二十四斛也籔讀若不數之數今文籔或爲逾【音義】籔劉色縷反一音速注不數之數同卷【疏】注釋曰云大夫之禮米禾皆視死牢者上文飪一牢腥二牢是三牢死故米禾皆三十車并下禾三十車亦是視死牢也云秉籔數名也秉有五籔二十四斛也者下記云十斗曰斛十六斗曰籔十籔曰秉若然一秉十六斛又有五籔爲八斛總二十四斛也云籔讀若不數之數者鄭君時以數爲數名數名有數有不數故云不數之數此從音讀其字仍竹下爲之得爲十六斗爲數故下記注云今江淮之間量名有爲籔者是十六斗量器之名

禾三十車車三秅設于門西西陳【注】秅數名也三秅千二百秉【音義】秅丁故反四百秉爲秅字林疾加反【疏】注釋曰下記云四秉曰筥十筥曰稯

十稯曰秅。四百秉爲一秅。三四十二。爲千二百秉也。薪芻倍禾。注倍禾者，以其用多也。薪從米，芻從禾，四者之車皆陳，北輈。凡此所以厚重禮也。聘義曰：古之用財不能均如此，然而用財如此其厚者，言盡之於禮也。盡之於禮，則內君臣不相陵，而外不相侵，故天子制之，而諸侯務焉爾。音義輈，丁留反，車轅。疏注釋曰：云薪從米，芻從禾者，以其薪可以炊爨，故從米陳之；芻可以食馬，故從禾陳之。鄭言此者，以經云倍禾，恐竝從禾陳之故也。云四者之車皆陳北輈者，以其內向爲正故也。引聘義者，欲見主君享禮聘賓外內皆善，故引爲證也。賓皮弁迎大夫于外門外，再拜，大夫不答拜。注大夫使者卿也。疏釋曰：云外門外者，謂於主人大門外。入大門東行，即至廟門也。云不答拜者，亦以爲君使，不敢當故也。注釋曰：云大夫使者卿也者，即上卿韋弁者也。揖入，及廟門，賓揖入【注】賓與使者揖而入使者止執幣賓俟之于門內謙也古者天子適諸侯必舍於大祖廟諸侯行舍于諸公廟大夫行舍于大夫廟【音義】大祖大音泰【疏】【注】釋曰云使者止執幣者下經始云大夫奉束帛入明此賓揖入時使者止執幣可知云賓俟之于門內謙也者聘時主君揖入立于庭尊卑法此賓問卿云及廟門大夫揖入鄭注入者省內事也既而俟于宁下是也云古者天子適諸侯必舍于大祖廟者案禮運云天子適諸侯必舍其祖廟下記云卿館於大夫大夫館于士士館于工商鄭注云不館於敵者之廟爲太尊也以此差之諸侯無正文鄭注舍于諸公廟者諸公大國之孤云大夫行舍于大夫廟者大夫謂卿舍于大夫也若無孤之國諸侯舍於卿廟也

奉束帛【注】執其所以將命入三揖皆行【注】皆猶並也使者尊不後主人【疏】【注】釋曰云使者尊不後主人者主人則賓所在若主人也然君與使者行

乾隆四年校刊

當後君也至于階讓大夫先升一等注讓不言三不成三也凡升者主人讓于客三敵者則客三辭主人乃許升亦道賓之義也使者尊主人三讓則許升矣今使者三讓則是主人四讓也公雖尊亦三讓乃許升不可以不下主人也古文曰三讓音義下戶嫁反後下君下朝皆同疏注釋曰云讓不言三不成三也凡升者主人讓于客三敵者則客三辭主人乃許升者是三讓三辭成也今賓三讓大夫即升無三辭則不成三也云使者尊主人三讓則許升矣者即此經主人讓大夫先升是也云今使者三讓則是主人四讓也者經雖言讓大夫先升大夫之讓不明故鄭君兩言之但使尊終先升若主人三讓使人亦三讓主人又一讓則主人四讓使者乃升故鄭復言此也案周禮司儀云諸公之臣相爲國客大夫郊勞三讓登聽命又云致饔餼如勞之禮即得行三讓之禮此下古文云三讓與彼合鄭不從者周禮則舉其大率而云三讓此儀禮

據屈曲行事觀此經直云讓大夫先升是主人或三讓
大夫無三讓故不從古文也云公雖尊亦三讓乃許升
不可以不下主人也者此據公爲主人亦有二讓故上
行聘時云至於階三讓公升二等賓升亦是公先讓先
升故成三讓是以聘義云三讓而後升公
尊必三讓者必下賓客主人之義故也賓從升堂北
面聽命注北面于階上也大夫東面致命賓降階西再
拜稽首拜餼亦如之注大夫以束帛同致饔餼也賓殊
拜之敬也重君之禮也疏注釋曰大夫以束帛同致饔
今賓拜饔三牢及庭實又別拜餼二牢及陳豆壺車米之等
門外米禾殊拜之者敬主君以重禮故也大夫辭升成
拜注尊賓受幣堂中西北面注趨主君命也堂中西中
央之西大夫降出賓降授老幣出迎大夫注老家臣也
賓出迎欲儐之大夫禮辭許入揖讓如初賓升一等大

夫從升堂 注 賓先升敵也皆北面 疏 注釋曰前大夫奉君命歸饔餼故先升一等今賓私儐使者無君命體敵故賓先升在館如主人之儀故也知皆北面者以其體敵又下始云賓奉幣西面大夫東面明此北面可知

庭實設馬乘 注 乘四馬也 賓降堂受老束錦大夫止 注 止不降使之餘尊 疏 注釋曰凡賓主體敵之法主人降賓亦降今賓降使者不降者使之餘尊雖合降而不降

賓奉幣西面大夫東面賓致幣 注 不言致命非君命也 大夫對北面當楣再拜稽首 注 稽首尊君客也致對有辭也 疏 注釋曰賓主既行敵體之禮當行頓首今大夫稽首於賓爲拜君之拜尊君客故也致者賓致幣當有辭對者大夫對亦當有辭所以無辭者文不具故也

受幣于楹閒南面退東面俟 注 賓北面授尊君之使 疏 注釋曰此賓儐使者體敵之義經云受幣于楹閒南面知賓不南面並授而云賓北面授者凡敵體

授受之義。授由其右。受由其左。今尊君之使。賓再拜稽首送幣。大夫降執左馬以出。【注】出廟門。從者亦訝受之。【疏】釋曰。言亦者。上賓受禮時受幣馬。云賓降執左馬以出。上介受賓幣。從者訝受馬。此亦從者訝受馬。故云亦也。

賓送于外門外。再拜。明日賓拜于朝。拜饔與餼。皆再拜稽首。【注】拜謝主君之恩惠於大門外。周禮曰。凡賓客之治令訝聽之。此拜亦皮弁服。【疏】【注】釋曰。知拜謝在大門外者。以其直言賓拜於朝。無入門之文。故知在大門外。若然。諸侯外朝在大門外明矣。引周禮者。秋官掌訝職云。賓客至于國。賓入館。次于舍門外。待事于客。及將幣。爲前驅。至于朝。詔其位。凡賓客之治。令訝。訝治之。引之者。欲見賓客發館至朝。來往皆掌訝前驅爲之導。知此拜亦皮弁者。以其受時皮弁。故知此拜亦皮弁也。故公食大夫云。若不親食。使大夫各以其爵朝服以侑幣致之。賓朝服以受。明日賓朝服以拜賜于朝。故朝服受。還朝服拜。則知此皮弁受亦皮弁拜可知。○上介饔餼三牢飪一牢在西鼎七羞鼎三【注】飪鼎七無鮮魚鮮腊也賓介皆異館【疏】釋曰自此盡兩馬束錦論主君使下大夫歸饔餼於上介之事【注】釋曰云飪鼎七無鮮魚鮮腊也者對上賓九鼎有鮮魚鮮腊也云賓介皆異館者案下記云卿館於大夫大夫館於士士館於工商彼云卿卽此賓一也彼云大夫卽此上介也彼云士卽此衆介也故知賓介各異館必異館者所陳饔餼後無所容故也。腥一牢在東鼎七堂上之饌六【注】六者賓西夾之數西夾亦如之筥及饔如上賓【注】凡所不貶者尊介也言如上賓者明此賓容介也【疏】注釋曰云如上賓者明此賓容介也者案下云賓之公幣私幣皆陳上介公幣陳是上介有不與賓同者前經不言如上賓獨此經言如上賓以其此饔餼大禮西夾筥及饔如上賓以其容此上介如上賓之禮也。餼一牢門外米禾視死牢牢十車薪芻倍禾凡其賓與陳如上賓。注凡。凡餼以下。下大夫韋弁用束帛致之上介韋弁以受如賓禮。注介不皮弁者以其受大禮似賓不敢純如賓也儐之兩馬束錦。疏釋曰此下大夫使者受上介之儐禮如卿使者受賓儐禮當庭同不言如上大夫者省文也。○士介四人皆餼大牢米百筥設于門外。注牢米不入門略之也米設當門亦十爲列北上牢在其南西上。疏釋曰自此至無儐論使宰夫歸餼於衆介之事。注釋曰上文賓與上介米陳碑南餼陳門內此不入門陳於門外者鄭云略之也云米設當門亦十爲列北上彼亦當門此直云設於門外不云東西明當門北上與賓同云牢在其南西上者以此餼本設於庭在門內由士介賤不得入門且賓與上介門東有米三十車薪六十車門西禾三十車芻六十車皆統門爲上此餼本非門外東西之物知不在門外東西宜當門陳之云牢在其南西上知如此設之者以其賓上介餼在米南

乾隆四年校刊

門西東上。明知此牢亦在米南面西上爲異耳。宰夫朝服牽牛以致之。[注]執紖牽之，東面致命。朝服無束帛，亦略之。士介西面拜迎。[音義]紖，直軫反。[疏][注]釋曰：案下記云：士館于工商，則此致者在工商之館。宰夫從外來，即爲賓客，宜在門西東面北就大牢之中取以致饔。云朝服無束帛亦略之者，決上賓與上介皮弁韋弁有束帛，故以爲略之也。云士介西面拜迎者，以其士介爲主人，故西面。每上賓與上介米禾皆視死牢，且有芻薪米禾。此士直有生饔，無死牢，則無芻薪米禾矣。士介朝服北面再拜稽首受。[注]受於牢東拜，自牢後適宰夫右受，由前東面授從者。[疏][注]釋曰：知自牢後適宰夫右受者，以其牢東北面拜，明在宰夫東南，從牢後來適宰夫，至宰夫之後受，取牢便故也。必知在宰夫右受者，見前君使士受私覿之馬，適其右受，知此亦在右受也。若然，君使士受私覿由前，此由牢後，與受馬不同者，牛畜擾馴，與馬有異，故得從其後適宰夫右取便也。云由前東面授從者，於宰夫之後受牛，遂由宰夫之前未授從者亦是取便也。無儐。注既受拜送之矣，明日衆介亦各如其受之服，從賓拜於朝。疏釋曰：言無儐者，決上賓與上介皆有儐，士介賤，故略之。注釋曰：知明日衆介亦各如其受之服，從賓拜於朝者，案下大夫使下大夫韋弁歸禮，賓受如受饔之禮，儐之乘馬束錦；又歸禮於上介，上介受之如賓禮，儐之兩馬束錦；明日賓拜禮於朝。鄭注云：於是乃言賓拜，明介從拜。夫人歸禮，介尚從拜，則君饔餼介皆從拜可知。○賓朝服問卿。注不皮弁，別於主君。卿每國三人。疏釋曰：自此盡無儐，論賓齎聘君之幣問主國卿之事。注釋曰：云不皮弁別於主君者，對上文行聘享私覿皆皮弁，此朝服，降一等，故鄭注云別於主君。云卿每國三人者，每國三卿，是其常。鄭言此者，欲見三卿皆以幣問之。其主國下大夫嘗使向己國者，乃得幣問之，與卿異。卿受于祖廟。注重賓禮也。祖，王父也。疏注釋曰：卿受鄰國君所問之禮不辭讓者，以其初君遣客之時，賓請有事於大夫，君禮辭許，是以卿不敢更辭，故下記云大夫不敢辭。云祖王父也者，大夫三

廟有別子者立太祖廟非別子者并立曾祖廟王父即
祖廟也今不受於太祖廟及曾祖廟而受於祖廟以其
天子受於文王廟諸侯受於太
祖廟大夫下君則受於王父廟
下大夫擯【注】無士擯者
既接於君所急見之【疏】【注】釋曰行聘享於主國君時主
君擯者三人以上并有士擯賓
又設介今直云大夫擯無士擯者以其設擯介多者不
敢質示行事有漸但賓行聘享於主君之時卿已與賓
相接故急見
之不頁士擯
擯者出請事大夫朝服迎于外門外再拜
賓不答拜揖大夫先入每門每曲揖及廟門大夫揖入
【注】入者省內事也既而俟于宁也【音義】宁直
呂反【疏】釋曰大
夫二門
入大門東行即至廟門未及廟門而有每門者大夫三
廟每廟兩旁皆南北豎牆牆皆閤門假令王父廟在東
則有每門每曲之事【注】釋曰云入者省內事也者曲禮
云請入為席是也云既而俟于宁者宁門屋宁也卻依
于宁者下云賓入三揖皆行鄭注云皆猶並也賓與卿
並行以卿俟于宁故得並行與卿三揖不俟于庭者下

君也。案曲禮云：客至於寢門，則主人請入爲席，然後出迎客。主人肅客而入。此卿既入不重出迎客者，彼曲禮平常賓客，故重出迎客。此聘問之賓，與平常賓客異。上君時賓不重出，此卿亦不重出，與彼同，但在庭與在宁不同矣。

擯者請命。【注】亦從入而出請，不几筵，辟君也。【疏】釋曰：亦者，亦君受聘時擯者從君而入，几筵既設，擯者出請。此擯者亦從卿而入，省內然後出請。

庭實設四皮。【注】麋鹿皮也。

賓奉束帛入，三揖，皆行，至于階，讓。【注】皆，猶並也。古文曰三讓。【疏】注釋曰：不從古文者，亦是不成三，故賓先升一等，大夫從升堂，故不從三讓也。

賓升一等，大夫從，升堂，北面聽命。【注】賓先升，使者尊。

賓東面致命。【注】致其君命。

大夫降，階西再拜稽首。賓辭，升成拜，受幣堂中西，北面。【注】於堂中央之西受幣，趨聘君之命。

賓降，出。大夫降，授老幣，無儐。【注】不儐賓辟君也。【疏】【注】釋曰：上文賓行聘享訖，而君禮賓有束帛乘馬。敵者曰儐，今卿不儐賓者，辟國君也。

○擯者出請事，賓面，如覿幣。【注】面亦見也。其謂之面，威儀質也。【音義】見，如字。【疏】釋曰：自此至授老幣，論賓行私面於卿之事。賓私面於卿，其幣多少與私覿於君同，故云如覿幣。賓私覿之時用束錦乘馬，則此私面於卿亦用束錦乘馬可知也。【注】釋曰：云面亦見也，其謂之面威儀質也者，覿面竝文，其面爲質，若散文，面亦爲覿。故鄭司儀注云私面私覿也。又左傳云楚公子棄疾以乘馬八匹私面鄭伯是也。

賓奉幣，庭實從。【注】庭實，四馬。【疏】【注】釋曰：以其言如覿幣，故知庭實四馬也。

入門右，大夫辭。【注】大夫於賓入自階下辭迎之。【疏】【注】釋曰：知階下辭者，以其授老幣特降，故也。知迎者，下文揖讓如初，明迎之可知。

賓遂左。【注】見私事也，雖敵，賓猶謙，入門右，爲若降等然。曲禮曰：客若降等，則就主人之階。主人固辭，於客然後賓復就西階。【疏】【注】釋曰。云爲若降等者。主人是大夫。賓是士。降等法。士就東階。今此賓與卿敵者就門右。若士於大夫降等。引曲禮者。主人辭賓。賓遂左。就門右西階。復正也。庭實設揖讓如初。【注】大夫至庭中旋並行。【疏】【注】釋曰。云大夫至庭中旋並行者。賓初入門右。大夫階下辭賓。賓遂門左。大夫至庭中迎賓。大夫迴旋與賓揖而並行北面。言如初者。大夫不出門。雖有庭中一揖。至碑又揖。再揖而已。大夫升一等。賓從之。【注】大夫先升道賓。大夫西面。賓稱面。【注】稱。舉也。舉相見之辭以相接。大夫對。北面當楣再拜。受幣于楹閒。南面。退。西面立。【注】受幣楹閒。敵也。賓亦振幣進。北面授。【疏】【注】釋曰。知賓北面授者。以云大夫南面退西面立。言退。明賓不得南面。又見下文賓當楣再拜。明北面授。因拜可知。云受幣楹閒敵也者。凡授受之義。在於兩楹之閒者。皆是體敵。故昏禮云。授于楹閒南面。注云。授於楹閒。明爲合好。其節同也。南面並授也。謂賓主俱至楹閒南面竝而授。是以曲禮云。鄉與客竝然後受。注云。於堂上則俱南面。禮敵者竝授。此是敵者之常禮也。雖是敵者。於兩楹之閒或有訝受者。皆是相尊敬之法。則此云大夫南面賓北面授。雖是敵禮。是尊大夫。故訝受。又前致饔餼儐使者。於楹閒賓北面授幣。鄭云。賓北面授。尊君之使自餘不在楹閒。別相尊敬。見以前云公受玉于中堂與東楹之閒。鄭注云。東楹之閒亦以君行一臣行二。又云。公禮賓賓受幣當東楹北面。注云亦訝受。又賓覿公公云。振幣進授。當東楹北面。如此之類。不在兩楹之閒者。皆非敵法。故就文解之。賓當楣再拜送幣降出大夫降授老幣。擯者出請事。上介特面幣如覿介奉幣。【注】特面者異於主君。士介不從而入也。君尊眾介始覿不自別也。上賓則眾介皆從之。【疏】釋曰。自此盡再拜送幣論上介私面於鄰國卿之事。【注】釋曰。云特面者異於主君者介初覿主君之時不敢自尊別與眾介同覿幣而入今私面於鄰國卿不與眾介同而特行禮焉故云特面者異於主君也。云士介不從而入者。對覿主君時衆介從而入，故鄭云君尊衆介始覿，不自別也。云上賓則衆介皆從之者，上介言特面，則賓問卿與私面，介皆從可知。皮二人贊。【注】亦儷皮也。【疏】注釋曰：案經文幣如覿，則上介私面亦與私覿於君幣同，故云亦儷皮也。入門右，奠幣再拜。【注】降等也。【疏】注釋曰：言降等者，主人是卿，上介是大夫，故入門右，不敢自同賓客。大夫辭。【注】於辭，上介則出，擯者反幣。【注】出還于上介也。【疏】注釋曰：不言反皮，出還於上介，皮出可知，但文不具。庭實設，介奉幣入，大夫揖讓如初。【注】大夫亦先升一等。今文曰入設。【疏】注釋曰：云亦者，亦上賓行私面，大夫升一等，賓乃升，此上介私面亦然，故云亦也。介升，大夫再拜受。【注】亦於楹閒南面而受。【疏】注釋曰：亦者，賓行私面，大夫受幣於楹閒南面，故云亦，得在楹閒爲敵法。上介是下大夫，與卿小異大同，明得行敵法，在楹閒可知。介降拜，大夫降辭，介升再拜送幣。【注】介既送幣，降出也。

大夫亦授老幣○擯者出請衆介面如覿幣入門右奠幣皆再拜大夫辭介逆出擯者執上幣出禮請受賓辭【注】賓亦爲士介辭【音義】爲，于僞反【疏】釋曰：自此至拜辱論士介私面於鄰國卿之事。【注】釋曰：云賓亦爲士介辭者，亦者，亦士介私覿於主國君時，故云亦也。大夫答再拜擯者執上幣立于門中以相拜士介皆辟老受擯者幣于中庭士三人坐取羣幣以從之○擯者出請事賓出大夫送于外門外再拜賓不顧【注】不顧言去【音義】相，息亮反擯者退大夫拜辱【注】拜送也○下大夫嘗使至者幣及之【注】嘗使至己國則以幣問之也君子不忘舊【疏】釋曰：自此盡于卿之禮，論主國下大夫嘗使至己國者，聘君使上介以幣問之事。【注】釋曰：諸侯之國皆有三卿五大夫，其三卿不問至己國不至己國。皆以幣及之。上已論訖。其五大夫者。或作介。或特行。至彼國者。乃以幣及之。略於三卿故也。言君子不忘舊者。此大夫嘗與彼國君相接。卽是故舊也。今以幣及之。故云君子不忘舊也。

上介朝服。三介。問下大夫。下大夫如卿受幣之禮。【注】上介三介下大夫使之禮也。【疏】【注】釋曰。云上介三介下大夫使之禮也者。下經云小聘曰問。其禮如爲介。三介是下大夫。小聘之禮。據此篇大聘使卿五介。小聘使大夫三介。若大國之卿七介。小聘使大夫五介。小國之卿三介。小聘使大夫一介也。曲禮云。儗人必於其倫。故問下大夫。還使上介。是各於其爵。易以相尊敬者也。

其面。如賓面于卿之禮。○大夫若不見。【注】有故也。【疏】釋曰。自此盡不拜。論主國卿大夫有故。不得親受聘君之幣之事。【注】釋曰。言有故者。或有病疾。或有哀慘。不得受其問禮。

君使大夫各以其爵爲之受。如主人受幣禮。不拜。【注】各以其爵。主人卿也。則使卿。大夫也。則使大夫。不拜

代受之耳。不當主人禮也。【疏】注釋曰：云各以其爵主人卿也則使卿，大夫也則使
大夫者。若然，經云君使大夫。大夫中有卿。大夫總名也。
云各以其爵，亦是易以相尊敬故也。云不拜代受之耳
不當主人禮也者，案周禮宗伯云：大賓客則攝而載祼。
鄭注云：宗伯代王。爲祼拜送則王。亦此類。拜是致敬之
事，不可人代之拜，故直受之
而已。不當主人之禮拜之。

○夕，夫人使下大夫韋弁
歸禮。【注】夕，問卿之夕也。使下大夫，下君也。君使之云夫
人者，以致辭當稱寡小君。【疏】釋曰：自此盡賓拜禮於朝，論主君夫人歸禮於賓與
上介之事。【注】釋曰：云夕問卿之夕也者，案下記云：聘日
致饔，明日問大夫，夕夫人歸禮，是其問卿之夕也。云使
下大夫下君也者，歸饔餼使卿，此夫人使下大夫，故云
下君也。云君使之云夫人者以致辭當稱寡小君者，案
隱二年傳：九月，紀裂繻來逆女。何以不稱使？婚禮不稱
主人。文云：紀有母乎？曰：有。有則何以不稱母？母不通也。
何休注云：禮，婦人無外事。明知此使下大夫歸禮者，是
君使之可知。而稱夫人使者，以其致辭於賓客時當稱

賓小君。故稱夫人使下大夫。其實君使之也。堂上籩豆六，設于戶東，西上，二以並，東陳。【注】籩豆六者，下君禮也。設于戶東，又辟饌位也。其設脯，其南醢，屈。六籩六豆。【疏】【注】釋曰：言籩豆六東陳者，其饌自戶東爲首，二以並東陳。先於北設脯，即於脯南設醢，又於醢東設脯，以次屈而陳之，皆如上也。云籩豆六者，下君禮也者，君歸饔餼八豆，此六豆，故云下君也。設於戶東，又辟君饌位故也。云其設脯，其南醢，屈。六籩六豆者，此約君禮設豆法。云韭菹，其南醓醢，屈，故知此醢在南屈陳之。又知籩豆各六者，下文上介四豆四籩，降殺以兩，明夫人多二。六豆六籩可知。

壺設于東序，北上，二以並，南陳。醙、黍、清，皆兩壺。【注】醙，白酒也。凡酒，稻爲上，黍次之，粱次之，皆有清白。以黍閒清白者，互相備，明三酒六壺也。先言醙，白酒尊，先設之。【音義】醙，所九反。閒，閒厠之閒。【疏】釋曰：其設壺於東序，自北向南而陳。稻黍粱皆二壺。並之而陳也。故言醙黍清皆兩壺也。注釋曰。云以黍閒清白者互相備者。醙白也。上言白。明黍粱皆有白。下言清。明稻黍亦有清故也。於清白中言黍。明醙即是稻。清即是粱也。故言互相備也。三酒既有清白二色。故言六壺必先言醙者。以白酒尊重。故先設之也。大夫以束帛致之。注致夫人命也。此禮無牢。下朝君也。疏注釋曰。案周禮掌客云。上公之禮。夫人致禮。八籩膳大牢。致饗大牢。侯伯以下亦皆有牢。是朝君來時有牢。此卿來聘無牢。故云下朝君也。賓如受饔之禮。儐之乘馬束錦。上介四豆四籩四壺。受之如賓禮。注四壺無稻酒也。不致牢。下於君也。疏注釋曰。知者。案上致於賓六壺稻黍粱皆有清白。今上介四壺。明從上去之。無稻米之酒。清白俱去之。故四壺也。儐之兩馬束錦。明日賓拜禮於朝。注於是乃言賓拜。明介從拜也。今文禮爲醴。音義從才用反。又如字。疏注釋曰。鄭解若於上文賓下言之。則介從拜之事不明。故於上介之下乃云明日賓拜禮於朝則介從賓拜可知。○大夫餼賓大牢米八筐。【注】其陳於門外。黍粱各二筐。稷四筐。二以竝南陳。無稻牲陳於後。東上。不饌於堂庭。辟君也。【疏】釋曰。自此至牽羊以致之。論主國大夫餼賓及上介之事。【注】釋曰。云陳於門外知者。經無牢米入門之文。故明是門外可知。與君饋士介同。云黍粱各二筐。稷四筐。二以竝南陳。無稻者。案上使卿歸饔餼之時。米百筥設於中庭。十以爲列。北上。稻粱黍各二行。稷四行。此云八筐。黍粱稷亦宜法其行數。故知黍粱各二筐。稷四筐。知二以竝南陳者。以其君筥米北上。故知此亦北上南陳。知二以竝者。以其陳筥米粱黍稻不雜陳。則知此筐米亦不雜陳。二以竝可知。云無稻者見記云凡餼大夫黍粱稷筐五斛。是也。云牲陳於後東上者。此與君饋士介略同。饋士介時不言門東西。鄭注云當門。則知此門外亦當門。君饋賓。米在庭。牲在門西雖不正當米南。亦得牲在其南。故知此牲陳亦在米南可知。知東上者。君餼賓時陳於門西東上也。云不饌於堂庭辟君也者。案上君致饔餼。籩豆在堂。牲牢米等在

乾隆四年校刊　　儀禮注疏卷八　聘禮

庭。此在門外。故云辟君也。若然。案掌客。鄰國之君來朝卿皆見以羔。膳太牢。侯伯子男膳特牛。彼又無筐米。此侯伯之臣得用太牢。有筐米者。彼爲君禮。此是臣禮。各自爲差降。不得以彼難此。賓迎再拜。老牽牛以致之。賓再拜稽首受。老退。賓再拜送。注老。室老。大夫之貴臣。疏釋曰。案喪服。公士大夫之衆臣爲其君布帶繩屨。傳曰。室老士貴臣。其餘皆衆臣也。鄭注云。室老。家相也。士。邑宰也。郎此室老。貴臣者。家相邑宰之屬。故爲貴臣也。上介亦如之。衆介皆少牢米六筐。皆士牽羊以致之。注米六筐者又無粱也。士亦大夫之貴臣。疏釋曰。言又無粱也者上文八筐無稻。從上去之。明知此亦從上去之無粱。其稻粱是加。故去之。云士亦大夫之貴臣者。郎是大夫邑宰也。以其大夫使之。故知大夫大之貴臣也。○公於賓壹食再饗。注饗謂亨大牢以飲賓也。公食大夫禮曰。設洗如饗。則饗與食互相先後也。古文壹皆爲一。今文饗皆爲鄉。【音義】食，音嗣，注及下同。亨，普庚反。飲，於鴆反。

【疏】注釋曰：此篇雖據侯伯之卿聘，使五等諸侯其臣聘使牢禮皆同，無大國次國之別。是以掌客五等諸侯相朝，其下皆云羣介、行人、宰史皆有飧饔餼，以其爵等爲之牢禮之陳數。又云：凡諸侯之卿大夫士爲國客，則如其介之禮以待之。鄭注云：尊其君以及其臣也。以其爵等爲之牢禮之陳數，爵卿也，則飧二牢，饔餼五牢；大夫也，則飧太牢，饔餼三牢；士也，則飧少牢，饔餼太牢也。此降小禮豐大禮也。以命數則參差難等，略於臣，用爵而已。以此言之，公侯伯子男大聘使卿，主君一食再饗；小聘使大夫，則主君一食一饗。若然，案掌客子男一食一饗，子男之卿再饗，多於君者，以其君臣各自相差，不得以君決臣也。云「饗謂亨大牢以飲賓也」者，以其饗禮與食禮同，食禮既亨太牢，明饗禮亨太牢可知。但以食禮無酒，饗禮有酒，故以飲賓言之。引公食饗與食互相先後者，此經先言食後言饗，則食在饗前；公食言設洗如饗禮，則饗在食前。饗先後出於主君之意，故先後不定。

燕與羞，俶獻無常數。【注】羞謂禽羞，鴈鶩之屬。成熟煎和也俶始也始獻四時新物聘義所謂時賜無常數由恩意也古文俶作淑【音義】俶昌叔反始也鶩音木【疏】釋曰案周禮掌客上公三燕侯伯再燕子男一燕皆有常數此臣無常數者亦是君臣各爲一不得相決【注】釋曰知羞謂禽羞鴈鶩之屬者案下記云禽羞俶獻故知是禽知成熟煎和者以其言羞鼎臑之類故知成熟煎和者也知禽是鴈鶩之屬者案下記云宰夫歸乘禽日如饔餼之數鄭注乘禽乘行之禽也亦云鴈鶩之屬以無正文故以意解之賓介皆明日拜于朝上介壹食壹饗【注】饗食賓介爲介從饗餼矣復特饗之客之也【疏】【注】釋曰不言從食者公食介雖從入不從食賓食畢介逆出是不得從食矣知從饗者下記云大夫來使無罪饗之過則餼之其介爲介注云饗賓有介者賓尊行敵禮也故知介從饗案襄二十七年宋公兼享晉楚之大夫趙孟爲客子木與之言弗能對使叔向侍言焉子木亦不能對也叔向爲趙孟介而得從饗是其義也云復特饗之卽此經是也若不親食使大

夫各以其爵朝服致之以侑幣如致饔無儐【注】君不親食謂有疾及他故也必致之不廢其禮也致之必使同班敬者易以相親敬也致禮於卿使卿致禮於大夫使大夫非必命數也無儐以己本宜往古文侑皆作宥【音】【義】侑音又【疏】釋曰案上文云君使卿歸饔餼於賓館賓儐之今君有故不親食使卿生致芺牢禮亦於賓館但無儐爲異【注】釋曰云謂有疾及他故也者他故之中兼及有哀慘云非必命數也者依典命公侯伯之卿三命大夫再命子男之卿再命大夫一命經云各以其爵故知不依命數云無儐以己本宜往者饔餼之等不宜召賓故君使人致禮賓則儐使者此饗食之禮主君無故合速賓之來就主君入廟賓無儐禮今主君有故生致於賓亦無儐故云本宜往此篇據侯伯之卿來聘使是卿致禮鄭兼云於大夫使大夫者小聘使大夫來使大夫致禮也若然經直言使大夫者大夫中兼有上大夫兼卿也

致饗以酬幣亦如

之。【注】酬幣，饗禮酬賓勸酒之幣也。所用未聞也。禮幣束帛乘馬，亦不是過也。禮器曰：「琥璜爵。」蓋天子酬諸侯。【音】琥，音虎。【疏】【注】釋曰：云「禮幣束帛乘馬，亦不是過也」者，鄭以饗之酬幣無文，故約上主君禮賓之時，用束帛乘馬。此饗賓酬幣，亦不過是，故云亦不是過。引禮器者，案彼經云「有以少爲貴者，圭璋特。琥璜爵」。鄭注云：「圭璋特，朝聘以爲瑞，無幣帛也。琥璜爵者，天子酬諸侯，諸侯相酬，以此玉將幣也。」彼經不云天子諸侯相酬之幣，故此注云「蓋」，言「酬諸侯」者，公侯伯用琥，於子男用璜，引之者，證與此酬卿大夫不同之義。○大夫於賓壹饗壹食，上介若食若饗，若不親饗，則公作大夫致之以酬幣，致食以侑幣。【注】作，使也。大夫有故，君必使其同爵者爲之致之。列國之賓來，榮辱之事，君臣同之。【疏】釋曰：此一經論主國卿大夫饗食聘賓及上介之事。此直言饗食，不言燕，亦有燕，是以鄭詩雞鳴云：卿子之來之。雜佩以贈之。鄭注云。與異國賓客燕。時雖無此物。猶言之以致其厚意。其若有之。固將行之。士大夫以君命出使。主君之臣必以燕禮樂之。助君之歡。是也。又昭二年左傳云。韓宣子來聘。宴于季氏。傳無譏文。明鄰國大夫有相燕之法。又此大夫相禮饗食有常數。雖有燕亦無常數。亦無酬幣矣。○君使卿皮弁還玉于館。注玉。圭也。君子於玉比德焉。以之聘。重禮也。還之者。德不可取於人。相切厲之義也。皮弁者。始以此服受之。不敢不終也。疏釋曰。自此盡賓送不拜。論主君使卿詣館還玉及報享之事。注釋曰。云玉圭也者。舉聘君之圭。云君子於玉比德焉。以之聘重禮也。并相切厲之義。並聘義文。案聘義云。天子制諸侯。比年小聘。三年大聘。相厲以禮。又云。已聘而還圭璋。此輕財而重禮之義。又云。夫昔者君子比德於玉焉。是其義也。云還之者。德不可取於人。相切厲之義也者。既以玉比德。德在於身。不取於人。彼人既將玉來。似將德於己。己不可取彼之德。故還之。不取德也。既不得取。而將玉往來者。相切磋相磨厲以德。而會天子。故用之也。云皮弁者始以此服受之不敢不終也者。賓皮弁襲迎于外門外不拜帥大夫以入。注 迎之不拜示將去不純爲主也。帥道也。今文曰迎于門外。古文帥爲率。疏 釋曰。云帥大夫以入者大夫卽卿。卿亦大夫也。注 釋曰。云不純爲主也者客在館如主人卿往如賓。今不拜迎是不純爲主也。決上君使卿歸饔餼時賓拜迎是純爲主人故也。大夫升自西階鉤楹。注 鉤楹由楹內將南面致命致命不東面以賓在下也。必言鉤楹者賓在下嫌楹外也。疏 注 釋曰。云不東面以賓在下也者決歸饔餼時大夫東面致命行聘時賓亦東面致命也。云必言鉤楹者賓在下嫌楹外也。若然不在楹外近之者以初行聘時在堂上楹內故今還在楹內也。賓自碑內聽命升自西階自左南面受圭退負右房而立。注 聽命於下敬也。自左南面。

右大夫。且並受也。必並受者，若鄉君前耳。退爲大夫降逡遁。今文或曰由自西階無南面。【音義】鄉，許亮反。【疏】注釋曰：云聽命於下敬也者，此決賓受禮時，公用束帛，賓西階上聽命；歸饔餼時，賓阼階上聽命，此特於下聽命，故云敬也。云自左南面右大夫且並受也者，以鄉飲酒獻酢之時，授者在右，受者在左，故右大夫也。且並受者，欲取如向君前然也。云若向君前耳者，謂於本國君前受圭璋時，北面並受，今還南面並受，面位不同，並受一邊不異，故云若向君前耳。云退爲大夫降逡遁者，以大夫降，爲之逡遁而退，因即負右房南面而立。大夫士直有東房西室，天子諸侯左右房，今不在大夫廟，於正客館，故有右房也。大夫降中庭。賓降自碑內，東面授上介于阼階東。【注】大夫降出，言中庭者，爲賓降節也。授於阼階東者，欲親見賈人藏之也。賓還阼階下西面立。【疏】注釋曰：云大夫降出言中庭者爲賓降節也者，以其大夫授賓圭訖，降自西階，將出門，至中庭不止。今云大夫降出中庭者，大夫至中庭，賓乃降，故鄭云爲賓降節也。云授於阼階東者，欲親見賈人藏之也者，賈人上啓櫝者，是掌玉之人，此時無事，在堂東待此玉，故賓向阼階東得見之。云賓還阼階下西面立者，以其賓在館如主人，在階下西面立，是其常處。立者以待授璋也。

上介出請，賓迎。大夫還璋，如初入。【注】出請，請事於外以入告也。賓雖將去，出入猶東，雖升堂由西階，凡介之位未有改也。【疏】注釋曰：案上文云賓自碑內聽命，升自西階，是其升堂由西階也。云凡介之位未有改也者，以其賓雖升自西階，則介猶在東方，故上文授上介于阼階東也，故言未有改。

○賓裼，迎大夫，賄用束紡。【注】賄，予人財之言也。紡，紡絲爲之，今之縳也。所以遺聘君，可以爲衣服，相厚之至也。【音義】賄，呼罪反。紡，敷罔反。縳，劉音須。一本作縛，息絹反。案說文云：白鮮色也。居掾反。辟類，以爲今正縳字。【疏】注釋曰：此則未知何用之財，若是報享之物，不應在禮經之上。今言此束紡者。以其上圭璋是彼國之物。下云禮玉束帛報聘君之享物。彼君厚禮於此。此亦當厚禮於彼。故特加此束紡。是以鄭云相厚之至也。云賄予人財之言也者。案下記云。賄在聘于賄。又云無行則重賄反幣。鄭注周禮云。布帛曰賄。是賄爲財物。是與人財物謂之賄也。云紡紡絲爲之者。因名此物爲紡。云今之縳也者。鄭注周禮內司服亦云。素紗者今之白縳也。則此束紡者素紗也。故據漢法況之。禮玉束帛乘皮。皆如還玉禮。注禮。禮聘君也。所以報享也。亦言玉。璧可知也。今文禮皆作醴。疏注釋曰。云禮禮聘君也者。此謂報享之物。以其彼持享物來禮。此主君亦以物禮彼君。故云禮禮聘君也。云所以報享也者。彼以物享此君。此君亦以物享彼君。曲禮云。往而不來非禮也。來而不往亦非禮也。今以來而往是相享之法。故云報享也。云亦言玉璧可知也者。上文聘賓行享之時。束帛加璧。束錦加琮。今報享物亦有璧琮文之。故云亦言玉璧可知。此玉則琮也。以其經言玉。故以玉言之。若然。經言束帛。兼有束錦矣。案下記云賄在聘于賄。又云無行則重賄反幣。則此禮也。大夫出，賓送不拜。○公館賓【注】爲賓將去，親存送之，厚殷勤，且謝聘君之意也。公朝服。【疏】釋曰：自此盡賓退，論明日賓將發，主君就館拜謝聘君使臣來禮己國之事。【注】釋曰：云「公朝服」者，以其行聘享在廟之時相尊敬重，故著皮弁，此拜謝之禮輕，故知著朝服。

賓辟。【注】不敢受國君見己於此館也。此亦不見言辟者，君在廟門敬也。凡君有事於諸臣之家，車造廟門乃下。【音義】造，七到反。【疏】【注】釋曰：云「此亦不見言辟者，君在廟門敬也」者，此言亦者，亦勞賓時，故上文賓即館，卿大夫勞賓，賓不見，以其不見，故遣上介聽命。故知此賓亦不見。凡言辟者，將見而不見則謂之辟。此本不見而言辟者，以其君在廟門外，雖不見而言辟，故鄭云敬也。云「凡君有事於諸臣之家，車造廟門乃下」者，以其卿館于大夫之廟，此館則是諸臣之家。案公食記云：「賓之乘車在大門外。」又曲禮云：「客車不入大門。」以此言之，君車入大門矣。大夫士有兩門，入門東行則是廟門矣。既至廟門，須與賓行禮，故鄭云造廟門乃下也。

上介聽命【注】聽命於廟門中西面如相拜然也擯者每贊君辭則曰敢不承命告于寡君之老【疏】【注】釋曰云聽命於廟門中西面如相拜然也者案前受士介幣之時賓固辭公答再拜擯者出立于門中以相拜注云立門中閫外西面此中賓不見使介聽命明如相拜然取其覞外與也必知在門中西面者以其君來如賓禮東面介西面向公可知云擯者每贊君辭則曰敢不承命告于寡君之老者以其君尊不自出辭以是故君之擯者每事贊君出辭則曰敢不承命者謂上介答君之辭知告賓云告于寡君之老者案玉藻云擯者曰寡君之老注云擯者之辭主於見他國君今上介當擯者之處故知告于賓稱告于寡君之老

聘享夫人之聘享問大夫送賓公皆再拜【注】拜此四事公東面拜擯者北面【疏】釋曰云聘享者謂賓聘君以圭享君以璧夫人聘享者謂賓聘夫人以璋享夫人以琮問大夫者問三卿及常聘彼國之下大夫送賓以登路【注】釋曰云拜此四事者君禮一夫人禮二大夫禮三送賓禮四四事

乾隆四年校刊

皆再拜。云公東面者，公如賓禮，門西東面。擯者向公，向介，故知北面爲相面言也。

公退，賓從請命于朝。【注】賓從者，賓爲拜主君之館己也。言請命者，以己不見，不敢斥尊者之意。【音義】爲，于僞反。【疏】注釋曰：云言請不敢斥尊者之意者，案司儀云：君館客，客辟，介受命，遂送，客從，拜辱于朝。此經不言拜辱而言請命，凡言請者，得不由君，君聽則拜。此下經直云公辭賓退，不見拜文，是君不受其謝，故云請命者，以己不敢斥尊者之意，故不言辱而言請。

公辭，賓退。【注】辭其拜也。退，還館裝駕，爲旦將發也。周禮曰：賓從，拜辱于朝。明日，客拜禮賜，遂行。【疏】注釋曰：云退還館裝駕者，以明旦將發，故裝束駕乘。引周禮者，證明日客拜禮賜遂行之事。鄭彼注云：禮賜者，謂乘禽，即此下文賓拜乘禽是也。

〇賓三拜乘禽於朝，訝聽之。【注】發去乃拜乘禽，明己受賜大小無不識。【疏】釋曰：自此盡送至于竟，論賓介發行，主國贈送

之事。[注]釋曰。云明己受賜大小無不識者。以其乘禽日足
禮之細小。尚記識而拜之。況饔餼食禮之大者。記識可
知。故云大
小無不識。○遂行舍于郊。[注]始發且宿近郊。自展軨。[音]
[音義]軨。力[疏][注]釋曰。曲禮云。巳駕僕展軨。鄭注云。具視也。
丁反
彼是君車。故使僕展之。此卿大夫。故鄭云自
展軨。恐不
得所故也。○公使卿贈如覿幣。[注]贈送也。所以好送之
也。言如覿幣見爲反報也。今文公爲君。[音義]好。呼報反。
見賢遍反。
[疏][注]釋曰。所以好送之者。來而不往非禮。以禮來往。皆
是和好之事。故云好送之也。云言如覿幣見爲反報
也者。以其贈之多少一如
覿幣。故鄭云見爲反報也。受于舍門外。如受勞禮。無儐。
[注]不入無儐。明去而宜有已也。如受勞禮。以贈勞同節。
[音義]勞。力[疏][注]釋曰。言不入無儐。對歸饔餼入設而有
到反
儐。此則不入無儐。明賓去禮宜有已。云如
受勞禮以贈勞同節者。賓來勞之。去有
贈之。皆在近郊。禮又不別。故言同節也。使下大夫贈上

乾隆四年校刊

介亦如之。使士贈眾介，如其覿幣。大夫親贈，如其面幣，無儐。贈上介亦如之。使人贈眾介，如其面幣。士送至于竟。○使者歸，及郊，請反命。【注】郊，近郊也。告郊人使請反命於君也。必請之者，以己久在外，嫌有罪惡，不可以入。春秋時，鄭伯惡其大夫高克，使之將兵，逐而不納，此蓋請而不得入。【音義】惡，烏路反。【疏】釋曰：自此盡「拜其辱」，論使者反命之事。【注】釋曰：知郊是近郊者，以下文云「朝服載旜」，鄭云「行時稅舍於此郊，今還至此，並其故行服以俟君命，敬也」。初行云「舍於郊，斂旜」，今至此載旜而入，故知近郊也。云「告郊人使請反命於君」者，以其使者至所聘之國謁關人，明此至郊告郊人使請可知。引春秋者，案閔二年公羊傳云：「鄭伯惡高克，使之將兵，逐而不納，棄師之道也。」何休云：「使將師救衞，隨後逐之。」彼無大夫文，言大夫者，鄭君加之也。朝服，載旜。【注】行時稅舍于此郊。

今還至此。正其故行服以俟君命。敬也。古文襢作膳。禳乃入。【注】禳，祭名也。爲行道累歷不祥，禳之以除災凶。【音義】禳，如羊反。【疏】【注】釋曰：案春官小祝云掌侯禳禱祠之祝號，鄭注云禳，禳卻凶咎。故鄭此云禳是祭名也。

乃入陳幣于朝，西上。上賓之公幣、私幣皆陳，上介公幣陳，他介皆否。【注】皆否者，公幣、私幣皆不陳。此幣使者及介所得於彼國君卿大夫之贈賄也。其或陳或不陳，詳尊而略卑也。其陳之，及卿大夫處者待之如夕幣。其禮於君者不陳。上賓使者，公幣君之賜也，私幣卿大夫之幣也。他介，士介也。言他，容衆從者。【音義】從，才用反。【疏】【注】釋曰：云此幣使者及介所得於彼國君卿大夫之贈賄也者，於君所得爲公幣，於卿大夫所得爲私幣。賓之公幣有八，郊勞

乾隆四年校刊

幣。一也。禮賓幣。二也。致饔餼。三也。夫人歸禮幣。四也。侑食幣。五也。再饗幣。六也。夕幣。七也。贈賄幣。八也。此八者。皆主君禮賜使者。皆用束錦。故曰公幣。賓之私幣略有十九。主國三卿五大夫。皆一食。有侑幣。饗有酬幣。皆用束錦。則是十六。有三卿郊贈則十九也。其上介公幣則有五。致饔餼一也。夫人致禮幣。二也。侑食幣。三也。饗酬幣。四也。郊贈幣。五也。降於賓者。以其上介無郊贈幣。又無禮賓幣。又闕一饗幣。故賓八上介五也。上介私幣有十一。主國三卿五大夫或饗或食不備。要有其一。則其幣八也。又三卿皆有郊贈如其面幣。通前則十一也。主國下大夫嘗使己國者。聘亦有幣及之。則亦有報幣之事。其數不定。士介四人直有郊贈報私幣。主國卿大夫報士介私面。士介私幣。數不甚明。云禮於君者不陳者。謂賄用束紡。禮用束帛乘皮。又不陳之者。以經云公幣又云上介公幣他介皆有。若禮於君者一統於賓。不得云介之幣。故知禮於君者不陳。必禮於君不陳禮於己始陳者。以其飾於君者是其正。故不陳之。禮於己者以其榮。故陳之。是以下注云不加於其皮上榮其多。是其義也。若然聘君以幣問卿而其卿不見報聘君之幣者。以其尊卑不敵。若報之嫌其敵體故也。

束帛各

加其庭實皮左。注不加於其皮上，榮其多也。疏注釋曰：此決初夕幣時束帛皆加于左皮上。今不言加於皮上者，若加於皮上相掩蔽，故不加於皮上，榮其多也。公南鄉。注亦宰告于君，君乃朝服出門左南鄉。疏注釋曰：此陳幣當如初夕幣之時，管人布幕于寢門外，使者北面，衆介立于其左，東上；卿大夫在幕東，西面北上；宰告於君，君朝服出門左，南鄉。是以鄭此注亦依夕幣而言之。卿進使者，使者執圭垂繅北面，上介執璋屈繅，立于其左。注此主於反命，士介亦隨入竝立東上。疏釋曰：案上行聘禮之時，上介屈繅授賓，賓襲受之。今此賓執圭垂繅，賓則裼，變於彼國致命時也。上介執璋屈繅者，變於賓故也。必變之者，反命致敬，少於鄰國致命時，故賓於君前得裼見美爲敬也。注釋曰：云士介亦隨入竝立東上者，此言亦者，亦初行受于朝時，君使卿進使者，使者入，衆介隨入北面東上。此中雖不云士介入，明亦隨入可知。反命曰：以君命聘于某君，某君受幣于某宮某君再拜以享某君某君再拜【注】君亦揖使者進之乃進反命也某君某國名也某宮若言桓宮僖宮也某君再拜謂再拜受也必言此者明彼君敬己君不辱命【疏】【注】釋曰云君亦揖使者進之乃進反命也者亦謂亦受命於朝位立定時君揖使者乃進受命明反命亦然云某君某國名者若云鄭國君齊國君云某宮若言桓宮僖宮者左傳有桓宮之楹宮是廟名其受聘享於廟故以宮言之但受聘享於太祖廟不在親廟而云桓宮僖宮者略舉廟名而言也宰自公左受玉【注】亦於使者之東同面竝受也不右使者由便也【疏】【注】釋曰此言亦者亦於出使初受玉時宰自公左授使者主同面注云北面竝授之凡竝授者授由其右受由其左此中受由其右者因東藏之便故鄭云不右使者由便也受上介璋致命亦如之【注】變反言致者若云非君命也致命曰以君命聘

於某君夫人。某君再拜。以享於某君夫人。某君再拜。不言受幣于某宮。可知。略之。【疏】【注】釋曰。云變反言致者。若聘於鄰國。君與夫人各有所當。聘鄰國君受命於君。今使者還反命於君。聘於鄰國夫人。當受命於夫人。使者還反命於夫人。但婦人無外事。雖聘夫人。亦君命之。今使還反命。不云反命於君。變反言致命者。若本非君命。猶夫人之命然。故變反言致也。若然。夫人既無外事。而承君命聘鄰國夫人者。以其夫婦一體。共事社稷。故下記云。君以社稷故在寡小君拜。是賓主相對之辭也。云致命曰。已下。聘夫人反命無文。此鄭君依記上文反命於君之辭而言之。云不言受幣於某宮可知略之者。以其夫人受聘享。皆因君聘享同時同宮。故略之也。

執賄幣以告。曰。某君使某子賄。授宰。【注】某子。若言高子國子。凡使者所當以告君者。上介取以授之。賄幣在外也。【疏】【注】釋曰。此賄幣者。卽上文賄用束紡是也。云某子若言高子國子者。案閔公二年冬。經書齊高子來盟。信

乾隆四年校刊

三十三年經書齊國歸父來聘左傳曰國子爲政齊猶有禮君者是也云凡使者所當以告君者上介取以授之者以上受上介璋是上介授賓明其餘皆上介取以授之云賄幣在外者以其上文云禮於君者不陳此賄幣即是禮於君者明在外也

禮玉亦如之【注】亦執束帛加璧也告曰某君使某子禮宰受之士隨自後左士介受乘皮如初上介出取玉束帛士介後取皮也【疏】【注】釋曰此即上云禮玉束帛乘皮鄭注云禮禮聘君也所以報享也云亦執束帛加璧也者言亦亦上文行享時束帛加璧者也云宰受之士隨自後左士介受乘皮者此約初行享之時公側授宰幣士受皮者自後右客今報享皮幣玉宰受之可知言宰授之士隨自後者謂自士介後其在東上者不須云自後其餘三人皆後乃得左之必左士介者取向東藏之便故也云士介出取玉束帛士介後取皮也者此亦初享之時賓奉束帛加璧是上介取以授賓明士介後取皮可知

執禮幣以盡言賜禮【注】禮幣主國君初禮賓之幣也以

集釋作從

盡言賜禮。謂自此至於贈。〔音義〕盡，津忍反。〔疏〕〔注〕釋曰：云禮幣主國君初禮賓之幣也者，謂從郊勞已後至於贈賄，八度禮賓皆有幣，是自郊勞爲初也。云以盡言賜禮謂自此至於贈者，此則郊勞也。公曰：然。而不善乎。〔注〕善其能使於四方。而猶女也。〔音義〕女音汝。授上介幣，再拜稽首，公答再拜。〔注〕授上介幣，當拜公言也。不授宰者，當復陳之。〔音義〕復，扶又反。〔疏〕〔注〕釋曰：云不授宰者當復陳之者，此幣皆先陳之，今賓執以告君，賓釋辭，君曰勤勞使於四方，故授上介幣，當拜答君言。此幣不授與宰者，當復陳之於本處。此幣入於己者，故不授宰也。上賄幣禮君者，反命訖皆授宰，故以此決之。私幣不告。〔注〕亦略卑也。君勞之，再拜稽首，君答再拜。〔注〕勞之以道路勤苦。若有獻，則曰某君之賜也。〔注〕言此物某君之所賜予爲惠者也。其所獻雖珍異，不言某爲彼君服御物。謙也。其大夫出反必獻。忠孝也。【疏】【注】釋曰。此獻物謂入賓者。故下記云。既覿。賓若私獻。奉獻將命。注云。時有珍異之物。或賓奉之。猶以君命致之。則是賓亦有私獻於彼君。則彼君亦有私獻報賓。則此獻者也。云大夫出反必獻。忠孝也者。案下曲禮云。大夫私行出疆必請。反必有獻。彼私行出疆反必有獻。此以公聘出疆又亦有獻。故云大夫出反必獻。此以入己之物獻於君者忠孝也。事君言忠。事父言孝。此獻君忠也。而兼言孝者。忠臣出孝子之門。故連言孝也。君其以賜乎。【注】不必其當君也。獻不拜者。為君之答己也。【疏】釋曰。言君其以賜乎者。大夫所獻之物。謙不必當君所須此物。君其以賜臣下乎。言乎者。或當君意。或不當君意。故言乎以疑之。【注】釋曰。云獻不拜者。為君之答己也者。士拜國君。國君不拜士。賤故也。大夫拜國君。國君即答拜。大夫尊故也。故云不拜者為君之答己。拜若然。自反命以來盡於賜禮之等。或拜或不拜。無答己之嫌。獨此不拜為君之答己者。自此以前。皆是彼國報君之物。賓直告事而已。君受之而無言。故賓不拜。君有言及己者。乃拜之。拜君言也。此獻是彼國君賜與己。理須拜送。是以玉藻云。凡獻於君。大夫使宰。士親。皆再拜稽首送之。又郊特牲云。大夫有獻弗親。不面拜。爲君之答己。亦此類。故鄭云獻不拜者爲君之答己。若然。玉藻不親。此親者。此因反命。故親獻也。

上介徒以公賜告。如上賓之禮。【注】徒。謂空手不執其幣。

君勞之。再拜稽首。君答拜。勞士介亦如之。【注】士介四人。旅答壹拜。又賤也。【疏】釋曰。鄭云旅答士介共一拜者。君勞上介。上介再拜稽首。君答拜。不言再拜。則君答上介一拜矣。勞士亦如之。不言皆。則總答一拜矣。勞賓君答再拜。勞上介君答一拜。對賓再一拜。已是賤矣。今此士介四人共答一拜。故云又賤也。此一拜答臣下。則周禮大祝辨九拜七曰奇拜。是也。是以彼注云。一拜答臣下也。案曲禮云。君於士不答拜。此答拜士者。以其新行反命。君勞苦之。故答拜。異於常也。

君使宰賜使者幣。使者再拜稽首。【注】以所陳幣賜之也。禮。臣子。人賜之而必獻之君父。不敢自私服也。君父因

乾隆四年校刊　儀禮注疏卷八　聘禮　七九

以予之。則拜受之。如更受賜也。既拜。宰以上幣授之。【疏】【注】釋曰。云禮臣子人賜之而必獻之君父不敢自私服也。若父因以予之。則拜受之。如更受賜也者。案內則云婦或賜之衣服。則受而獻諸舅姑。舅姑受之則喜。若反賜之。則辭。不得命。如更受賜。臣子於君父亦然。言此者證此經君使宰以所獻之物反賜使者。使者辭不得命再拜稽首受之如更受賜。云既拜。宰卽以上幣授之者以其上文云執禮幣授上介者。是執上幣。不執下幣。明知宰所執授之者是上幣可知。賜介。介皆再拜稽首。【注】上介之幣。皆載以造朝。不陳之耳。與上介同受賜命。俱拜。既拜。宰亦以上幣授上介。乃退。【注】君揖入皆出去。【疏】【注】釋曰。知君揖入皆出去者。初賓將行。君前受命訖。君揖入。揖賓介出。故知此君退者。亦反命訖。賓介出可知。介皆送至于使者之門。【注】將行俟于門。反又送于門。與尊長出入之禮也。【音義】長。丁丈反。【疏】【注】釋曰。云將行俟於問。是出之禮。初行之時。介皆至賓門。俟賓同行。今行反。又送至于門。是入之禮。故云與尊長出入之禮。

退揖。[注]揖。別也。使者拜其辱。[注]謝之也。再拜上介。三拜士介。[疏][注]釋曰。上介是大夫。與己同類。故知再拜。士卑與己異類。各一拜。故言三拜士介。

釋幣于門。[注]門。大門也。主于闑。布席于闑西閾外東面。設洗于門外東方。其餘如初于禰時。出于行。入于門。不兩告。告所先見也。[疏]釋曰。自此盡亦如之。論賓上介使還禮門神及奠於禰之事。[注]釋曰。知門是大門者。以其從外來先至大門。即禮門神。故知門是大門也。案特牲筮時云。席於門中闑西閾外。故知此亦席于闑西閾外。知東面者。神居東面爲正故也。云設洗于門外東方者。以其廟學設洗皆云洗當東榮。故在門外亦在東方也。云其餘如初于禰時者。初出亦釋幣於行。云如之者。以其初出於廟禮文具。釋于行其文略。故此云如禰時也。言如者。謂釋幣於禰。祝先入已下埋于西階東是也。云出于行入于門不兩告。告所先見

乾隆四年校刊

儀禮注疏卷八　聘禮

還似一作還以

也者。出時自廟出。先見行。郎告行。入時先見門。故告門。出皆告一。故云不兩告也。乃至于禰筵几于室。薦脯醢。注 告反也。薦，進也。疏 注釋曰。云筵几于室者。還似特牲少牢。司宮設席于奧。東面右几。但無牲牢。進脯醢而已。以告祭非常故也。觴酒陳。注 主人酌進奠。一獻也。言陳者。將復有次也。先薦後酌。祭禮也。行釋幣。反釋奠。略出謹入也。疏 注釋曰。云言陳者將復有次也者。但云主人一獻。當言奠。今不言奠而言陳者。以其下仍有室老及士獻。以備三獻。故言陳。陳有次第之言。以其三獻次第皆列于坐者也。云先薦後酌祭禮也者。以其特牲少牢皆先薦饌。乃後獻。奠于鉶南。此與彼同。故云先薦後酌祭禮也。云行釋幣反釋奠略出謹入也者。必略出謹入者。出時以禱祈。入時以祠報。故不同也。席于阼。注 爲酢主人也。酢主人者。祝取爵酌。不酢於室。異於祭。疏 注釋曰。鄭知祝取爵酌者。案特牲少牢。尸酢主人。祝取爵以酢主人。但此無尸爲異也。不酢於室異於祭者。此決特牲少牢皆於室內尸東西面受酢。此乃於外行來告反。故在阼不在室。知與正祭異也。又於正祭時有尸。尸飲卒爵。以尸爵酢主人。此告祭無尸。爵皆奠。故別取爵以酢主人。亦異也。

薦脯醢。【注】成酢禮也。【疏】【注】釋曰。此薦謂若特牲少牢。主人受酢時皆席于戶內有薦俎。此雖無俎。亦薦脯醢于主人之前。以成酢禮也。

三獻。【注】室老亞獻。士三獻也。每獻奠。輒取爵酌。主人自酢也。【疏】【注】釋曰。鄭注喪服云。室老家相。士邑宰。知無主婦而取士者。以其自外來主於告反。卽釋奠於禰廟。故知主婦不與。而取士備三獻。必知有室老與士者。以其前大夫致饔餼於賓時。使老牽牛以致之。鄭注云。皆大夫之貴臣。故知此亦貴臣爲獻也。云每獻奠輒取爵酌者。此通三獻。皆獻奠訖。別取爵自酢。故云輒取爵酌也。云主人自酢者。對正祭有尸。三獻皆獻尸。訖。尸酢主人主婦賓長。今此無尸。皆自酢。獨云主人者。主人爲首正。故舉前以包後。

一人舉爵。【注】三獻禮成。更起酒也。主人奠之。未舉也。【疏】【注】釋曰。云三獻禮成者。大夫士家祭三獻。特牲少牢禮是也。云更起酒者。此欲獻酬從者。不得酌神之尊。是以特牲行酬時，設尊兩壺於阼階東。西方亦如之。鄭注云謂酬賓及兄弟。則此亦當然。故知別取酒也。云主人奠之未舉者。以其下文云獻從者乃云行酬。似鄉飲酒鄉射一人舉觶未舉。待獻介衆賓後乃行酬。亦然也。獻從者。【注】從者家臣從行者也。主人獻之勞之也。皆升飲酒於西階上。不使人獻之。辟國君也。【音義】從，才用反。注同。辟音避。【疏】【注】釋曰。知升飲於上者。案特牲禮。獻衆賓及兄弟之等。皆升飲於西階上。故此獻從者亦於階上可知。云不使人獻之。避國君者。若正祭。雖國君亦自獻。故祭統云。尸飲五。君洗玉爵獻卿。尸飲七。君洗瑤爵獻大夫之等。若然。則告祭非常。君獻從者。從燕法。案燕禮。使宰夫爲獻主。是國君不親獻。此大夫親獻。故云避國君也。行酬乃出。【注】主人舉奠酬從者。下辯室老亦與焉也。【音義】辯音遍。【疏】【注】釋曰。知者。案燕禮。使者勞者在者亦與。故知此室老亦與。不言士者。文不具。亦與可知。上介至亦如之。○聘遭喪入竟則遂也。【注】遭喪，主國君薨也。入竟則遂，國君以國爲體。士既請事，已入竟矣。關人未告則反。【疏】釋曰：自此盡卒殯，乃歸，上陳告行聘之事。此以下論或遭主國君喪，或聘君薨於後，或使者與介身卒，安不忘危，故見此非常之事。從此盡練冠以受，論主國君或夫人薨，或世子死，行變禮之事。【注】釋曰：云「以國爲體」者，謂公羊傳宋人執鄭祭仲，使之逐忽而立突。仲以逐忽則國存，不逐則國滅，故逐忽而立突，是以國爲體。但聘君主以聘國，故君雖薨而遂入。「關人未告則反」者，聘使至關，乃謁關人，入告君，君知，乃使士請事，已入關，自然入矣。若關人未告君，君不知，使者又未入，聞主國君死，理當反矣。不郊勞。【注】子未君也。【疏】【注】釋曰：案文公八年，天王崩，九年，毛伯來求金，公羊傳曰：「何以不稱使？當喪未君也。踰年矣，何以謂之未君？即位矣，而未稱王也。未稱王，何以知其即位？以諸侯踰年即位，亦知天子之踰年即位也。以天子三年然後稱王，亦知諸侯於其封內三年稱子。」若然，云「子未君」，公羊傳文，但彼據踰年即位後，此據新遭父喪，引之者，以其同是子未君故也。不筵几。【注】

致命不於廟，就尸柩於殯宮。又不神之。【疏】【注】釋曰：不筵几、致命不於廟，決正聘設几筵也。就尸柩於殯宮者，國君雖以國爲體，主聘其國，但聘則爲兩君相好，今君薨，當就尸柩，故不就祖廟也。云又不神之者，以其鬼神所在曰廟，則殯宮亦得爲廟，則設几筵亦可矣，但始死不忍異於生，不神之，故於殯傍無几筵也。曾子問云：君薨，世子生，告殯，殯東有几筵者，鄭云明繼體也。然則尋常則殯東不設几筵，當在室内矣。

不禮賓。【注】喪降事也。【疏】釋曰：云不禮者，謂既行聘享訖，不以醴酒禮賓也。

主人畢歸禮。【注】賓所飲食，不可廢也。禮謂饔餼饗食。【音義】食音嗣。【疏】【注】釋曰：知歸禮中兼有饗食者，主人有故，雖饗食亦有生致法，故主人亦歸之。且下文云賓唯饔餼之受，明本并饗食亦歸，賓乃就中受饔餼。若本不歸饗食，空歸饔餼，何須云饔餼之受？明其時并致饗食也。

賓唯饔餼之受。【注】受正不受加也。【疏】【注】釋曰：饔餼大禮是其正，自饗食之等是其加也。

不賄，不禮玉，不贈。【注】喪殺禮，爲之不儀殺色界反疏注釋曰云不賄者皆據上文謂不以束紡不禮玉者謂不以束帛乘皮以報享不賄者賓出至郊不以物賄之也遭夫人世子之喪君不受使大夫受于廟其他如遭君喪注夫人世子死君爲喪主使大夫受聘禮不以凶接吉也其他謂禮所降疏注釋曰云夫人世子死君爲喪主者案禮記服問云若所主夫人妻大子適婦鄭注云言妻見大夫以下亦爲此三人爲喪主也故云君爲喪主既爲喪主是以使大夫受聘禮不以凶接吉也云其他謂禮所降者謂不禮不賄以上皆闕之遭喪將命于大夫主人長衣練冠以受注遭喪謂主國君薨夫人世子死也此三者皆大夫攝主人長衣素純布衣也去衰易冠不以純凶接純吉也吉時在裏爲中衣中衣長衣繼皆揜尺表之曰深衣純袂寸半耳君喪

乾隆四年校刊

不言使大夫受。子未君。無使臣義也。【音義】純，諸允反。又之閏反。去，起呂反。衰，七回反。【疏】釋曰：此經總說上三人死，主君不得受命。故使將命於大夫。主人即大夫，故鄭云此三者皆大夫攝主人也。云「長衣，素純布衣也」者，此長衣則與深衣同布，但袖長素純爲異，故云「長衣，素純布衣也」。此長衣之緣，以素爲之，故云「素純」也。「去衰易冠」者，謂脫去斬衰之服而著長衣，脫去六升九升之冠而著練冠，故云「去衰易冠」也。云「不以純凶接純吉」也者，聘禮是純吉禮，爲君三升衰裳六升冠，爲夫人世子六升衰裳九升冠，是純凶。禮，麻絰與屨不易，直去衰易冠而已，故云「不以純凶接純吉」。云「吉時在裏爲中衣，中衣、長衣繼皆掩尺，表之曰深衣，純袂寸半耳」，鄭言此者，欲廣解長衣、中衣、深衣三者之義。此三者之衣，皆用朝服十五升布六幅，分爲十二幅，而連衣裳。袖與純緣則異，故云「吉時在裏爲中衣」。「中衣與長衣繼皆掩尺」者，案《玉藻》云「長、中繼揜尺」，鄭注云「其爲長衣、中衣，則繼袂揜一尺」。此鄭云「吉時之服純袂寸半」者，純爲衣裳之側，袂袖爲口緣，皆寸半，表裏共三寸。案《深衣目錄》云：「深衣連衣裳而純以采。純素曰長衣，有表則謂之中衣。」以此言之，則長衣中衣皆用素純云君喪不使大夫受子未君無使臣義也者其疏見於上若然已爲君斬爲夫人世子期輕重不同今受鄰國之聘禮同用長衣練冠者但接鄰國者禮不可以純凶故權制此服略爲一節耳向來所釋皆是君主始薨假令君薨踰年嗣子即位鄰國朝聘以吉禮受之於廟故成十七年經書邾子貜且卒十八年邾宣公來朝傳云即位而來見踰年可以朝他國他國來朝亦得以吉禮受之於廟矣雖踰年而未葬則不得朝人人來朝已亦使人受之於廟於夫人世子亦然以其本爲死者來故也。

○聘君若薨于後入竟則遂【注】既接於主國君也【疏】釋曰自此盡稍受之論聘者遭己君之喪行非常之禮事【注】釋曰云接於主國君者謂謁關人告君君使士請事是接於主君矣故入竟則遂也

赴者未至則哭于巷衰于館【注】未至謂赴告主國君者也哭于巷者哭于巷門未可爲位也衰于館未可以凶服出見人其聘享之事自若吉也今文赴作訃【疏】【注】釋曰未至謂

乾隆四年校刊

赴告主國君者也。以其本國遭喪，赴者有兩使，一使告聘者，一使告主國。云未可爲位者，以其赴主國之使未至，是以未可爲位受人弔禮。云衰于館，未可以凶服出見人者，對下經赴者至則衰而出。云其聘享之事自若吉者，下云受饔餼之禮，故知先行聘享乃受禮。【注】受饔後受禮，以其主國未得赴告，故自若吉也。

餼也。【疏】【注】釋曰：上文遭主國之喪，賓唯饔餼之受，此受禮亦饔餼之禮。

不受饗食。【注】亦不受加。【疏】【注】釋曰：上文遭主國之喪，云唯饔餼之受，注云受正不受加也，加卽此饗食也，故此云亦不受加也。

赴者至則衰而出。【注】禮爲鄰國闕，於是可以凶服將事也。【疏】【注】釋曰：云禮爲鄰國闕者，案襄二十三年春秋左氏傳云：杞孝公卒，晉悼夫人喪之，平公不徹樂，非禮也。禮爲鄰國闕。服注云：鄰國尚爲之闕樂，況舅甥之親乎？若然，赴者至，主國君使者衰而出，則主國可以闕樂。云於是可以凶服將事者，謂主人所歸禮，則賓可以凶服受之。其正行聘享則著吉服矣，故雜記云執玉不麻是也。

唯稍受之。【注】稍，稟食也。【疏】【注】釋曰：禮，君行師從，卿行旅從，從者說多。不可闕於稍食。案周禮每云稍事。皆請米稟。以其稍稍給之。故謂米稟爲稍。歸執圭復命于殯升自西階不升堂〔注〕復命于殯者。臣子之於君父存亡同。〔疏〕釋曰。自此盡卽位踊。論使者喪還執圭還國復命之事。〔注〕釋曰。云臣子之於君父存亡同者。案禮記。奔父母之喪。升自西階。此復命於殯亦升自西階。法生時出必告。反必面。故云臣子於君父存亡同也。子卽位不哭〔注〕將有告請之事。宜清靜也。不言世子者。君薨也。諸臣待之亦皆如朝夕哭位。〔疏〕〔注〕釋曰。云不言世子者君薨也者。案公羊傳。君存稱世子。君薨稱子某。既葬稱子。踰年稱君。案上文稱世子。此文單稱子。是知其君薨。故君不稱某而與此既葬同號者。以其既不得稱世子。略云子而已。故不言某。其實正法稱子某。是以雜記在殯待鄰國之使皆稱某。云諸臣待之亦皆如朝夕哭位者。但臣子一例。上下文唯言子。不言羣臣。與子同。知如朝夕哭位者。案奔喪云。奔父之喪。在家者待之。皆如朝夕哭位。故知此亦然。辯復命如聘〔注〕自陳幣至于上介。以公賜告。無勞。疏 注釋曰：言辯復命如聘者。上文君存時，使者復命，自陳公幣以下至賜告之等。今復命於殯所，亦盡陳之，故言辯。知無勞者，勞，主君出命，今君薨，不可代君出命，故知無勞也。子臣皆哭。注 使者既復命，子與羣臣皆哭。疏 注釋曰：此據子在位哭，亦兼羣臣，故鄭云子與羣臣皆哭。與介入北鄉哭。注 北鄉哭，新至，別於朝夕。音義 別，彼列反。疏 釋曰：使者升階復命訖，不見出文，而言與介入者，以其復命之時，介在幣南北面，去殯遠，復命訖，除去幣，賓更與介前入近殯北鄉哭。鄉內爲入，故云與介入北鄉哭也。注 釋曰：云北鄉哭新至別於朝夕者，朝夕哭位在阼階下西面，今於殯前北鄉，故云別於朝夕也。出，袒括髮。注 悲哀變於外臣也。音義 括，古活反。疏 注釋曰：案奔喪云：至於家，入門左，升自西階，東面哭，括髮袒於殯東，是於內者子故也。此使者出門袒括髮，變於外者，臣故也。入門右，即位踊。注 從臣位，自哭至踊，如奔喪禮。疏 注釋曰：案奔喪云：

集釋有也字又于君作干君

括髮於西階東即位踊襲絰於序東此門外袒括髮入門右即位踊亦當襲絰於序東故鄭云自哭至踊如奔喪禮也○若有私喪則哭于館衰而居不饗食注私喪謂其父母哭于館衰而居不敢以私喪自聞于主國凶服于君之吉使春秋傳曰大夫以君命出聞喪徐行而不反疏釋曰自此盡從之論使者有父母之喪行變禮之事注釋曰云不敢以私喪自聞于主國者解哭于館又云凶服于君之吉使者亦取不敢解之言衰而居謂服衰居館行聘享即皮弁吉服故不敢凶服于君之吉使也引春秋傳者案宣八年經書夏六月公子遂如齊至黃乃復公羊傳云其言至黃乃復何有疾也何言乎有疾乃復譏何譏爾大夫以君命出聞喪徐行而不反何氏注聞大喪而不反重君命也徐行者爲君當使人追代之以喪瘉疾者喪猶不還而況疾乎是也以此言之使雖未出國境聞父母之喪遂行不敢以私廢王事君使人代之可也以此言之明至彼所使之國雖聞父母之喪不反可知是以哭于館衰而居　歸使

乾隆四年校刊

衆介先衰而從之【注】己有齊斬之服不忍顯然趨於往來其在道路使介居前歸又請反命己猶徐行隨之君納之乃朝服既反命出公門釋服哭而歸其他如奔喪之禮吉時道路深衣【疏】【注】釋曰云己有齊斬之服者以衰故齊斬竝言之也云不忍顯然趨於往來者解經歸使衆介先衰而從之意經云歸據反國時兼云往者鄭意去時聞父母之喪不敢即反亦使衆介先衰而從之故往來竝言云在道路使介居前者謂去向彼國時云歸又請反命己猶徐行隨之者此謂還國至近郊使人請反命君許入猶使介居前徐行於後隨介至國也云君納之乃朝服者以其行聘之時猶不以凶服于君之吉使而服吉服知此反命時亦不以凶服于君之吉使而服朝服如吉時反命矣云出公門釋服哭而歸者案雜記云大夫士將與祭於公既視濯而父母死則猶是與祭也次於異宮既祭釋服出公門外哭而歸亦云其他如奔喪之禮明此亦出公門釋朝服而歸但彼祭服

不可著出。故門內釋服。此朝服可以著出門乃釋服爲異也。云其他如奔喪之禮者，案奔喪云：至於家，入門左，升自西階，殯東，西面坐，哭盡哀，括髮袒，降堂東即位，西鄉哭，成踊，襲絰于序東，絞帶，反位，拜賓成踊，送賓反位。有賓後至者，則拜之，成踊，送賓皆如初。衆主人兄弟皆出門，出門哭止，闔門，相者告就次。於又哭，括髮袒成踊。於三哭，猶括髮袒成踊。三日成服，拜賓送賓皆如初。云吉時道路深衣者，以其朝服之下唯有深衣，庶人之常服。既以朝服又命，出門去朝服，還服吉時深衣，三日成服，乃去之。

○賓入竟而死，遂也。主人爲之具而殯。注：具謂始死至殯所當用。音義：爲，于僞反。又如字，下爲之棺同。疏：釋曰：自此盡卒殯乃歸，論賓介死之事。云賓入竟而死，遂也者，若未入境，即反來。云主人爲之具而殯者，謂從始死至殯所當用者，主人皆供之。注釋曰：鄭云具謂始死至殯所當用，直云至殯所當用，明不殯於館，取其至殯爲節，主人供喪具，以其大斂訖即殯，故連言殯，故下文歸介復命之時柩止門外，明斂於棺而已。

介攝其命。注：爲致聘享之禮也。初時上介接聞命。【音義】爲，于僞反。【疏】【注】釋曰：云初時上介接聞命者，鄭解介得代賓致命之意，以其命出於君，初賓受命於君之時，賓介同北面，上介接聞君命矣，以是今死得攝其命。君弔，介爲主人。【注】雖有臣子親姻，猶不爲主人，以介與賓並命於君，尊也。【疏】【注】釋曰：古者賓聘，家臣適子皆從行，是以延陵季子聘於齊，其子死，葬於嬴博之間。故鄭云雖有臣子親姻，不爲主人，以介尊故也。其主人歸禮幣，必以用。【注】當中奠贈諸喪具之用。不必如賓禮。【疏】【注】釋曰：賓既死，主人所歸禮與幣，必以當喪者之用。云當中奠贈諸喪具之用者，具謂襲與小斂大斂。解經幣。云不必如賓禮者，不必如致飧饔之禮，束紡皮帛之類，不堪喪者之用也。故介受賓禮，無辭也。【注】介受主國賓己之禮，無所辭也。以其當陳之以反命也。有賓喪，嫌其辭之。【疏】【注】釋曰：云介受主國賓己之禮者，謂公幣私幣之屬，故鄭云當陳之以反命也。言無辭者，雖無三辭，以其賓受饔餼之時[illegible]

受食三辭明介亦有禮辭去無所辭也者以不饗食【疏】
其賓喪嫌介有三辭故云介受賓禮無辭也
釋曰案上遭喪受饔餼不受饗食鄭云受正不受
加此云不饗食介不就君受饗食明受饔餼正禮也
介復命柩止于門外【注】門外大門外也必以柩造朝達
其忠心【疏】【注】釋曰鄭知門外是大門外者國君有三門皋
應路文有三朝内朝在路寢庭正朝在路門
外應門外無朝外朝應在皋門外經直云止於門外無
入門之言明知止於大門外外朝之上是以上賓拜賜
皆云於門外亦在外朝矣故鄭
云必以柩造朝達其忠心也介卒復命出奉柩送之
君弔卒殯【注】卒殯成節乃去【疏】【注】釋曰當介復命之時
賓之尸柩在外朝上介
卒復命謂復命訖出君大門奉賓之柩送至賓之家屍
柩入殯於兩楹之間君往就弔卒殯者謂殯訖殯是喪
之大節故云卒殯成節
乃去謂君與大夫盡去若大夫介卒亦如之【注】不言上
介者小聘上介士也【疏】【注】釋曰云不言上介者小聘上
介士也者案經大夫介卒據大

乾隆四年校刊

聘上介是大夫而言。今鄭以經不言上介，則大夫介卒中兼有聘使大夫，其卒亦如之，故鄭云不言上介。小聘上介士也。欲兼見小聘之法也。若小聘上介、末介皆士，則入下文士介死中，以其下文更不見小聘賓介死法，故此兼言之也。

士介死，為之棺斂之。【注】不具他衣物也。自以時服也。【疏】【注】釋曰：以其士介卑，其禮降於賓與上介，非直具棺，他衣物亦具之。此士介直具棺，不具他衣物也。其上介從者，自用時服斂之。

君不弔焉。【注】主國君使人弔，不親往。【疏】【注】釋曰：云「主國君使人弔，不親往」者，對上經賓死君弔，介為主人。此上云「不弔」者，明不親弔，使人弔之可知也。

若賓死，未將命，則既斂于棺，造于朝，介將命。【注】未將命，請俟間之後也。以柩造朝，以已至朝，志在達君命。【疏】【注】釋曰：前云「賓入竟而死」，謂在路死，未至國。此經更說賓至朝，俟間之後，使大夫致館，未行聘享而賓在館死之事。故鄭云「俟間之後」。是以鄭云「以柩造朝，以其已至朝，志在達君命」。則知上介國外死，不以柩造朝可知。

若介死歸復命唯上介造于朝若介死雖士介賓既復命往卒殯乃歸【注】往謂送柩○小聘曰問不享有獻不及夫人主人不筵几不禮面不升不郊勞【注】記貶於聘所以爲小也獻私獻也面猶覿也【音義】享本又作饗【疏】釋曰自此盡三介論矦伯行小聘之事云不享者謂不以束帛加璧獻國所有云不禮者聘訖不以齊酒禮賓而不升者謂私覿庭中受之不升堂此對大聘時升堂受若然不言私覿而言面者對大聘言覿故辟之而言面也

其禮如爲介三介【注】如爲介如爲大聘上介【疏】釋曰云其禮如爲介者謂特問使大夫得主國之禮多少如大聘飧此大夫爲上介之時即上文介之禮飧饔餼及食燕之等三介者大夫降於卿二等故也舉此矦伯之小聘則公之臣子男之臣小聘禮數其義可知也

【記】久無事則聘焉【注】事謂盟會之屬【音義】聘匹正反訪也【疏】釋曰

乾隆四年校刊

儀禮注疏卷八　聘禮記

此云久無事則聘焉者則周禮殷聘也是以周禮大行人云凡諸侯之邦交歲相問也殷相聘也世相朝也注云小聘曰問殷中也久無事又於殷朝者及而相聘也【疏】釋曰云事謂盟會之屬者案春秋有事而會不協而盟是以春秋有會而不盟盟必因會若有盟會相見故云久無事則聘焉○若有故則卒聘束帛加書將命百名以上書於策不及百名書於方【注】故謂災患及時事相告請也將猶致也名書文也今謂之字策簡也方板也【疏】【注】釋曰云故謂災患及時事相告請者此即上經云若有言一也言災患上注引春秋臧孫辰告糴于齊公子遂如楚乞師此云及時事者即上注引春秋晉侯使韓穿來言汶陽之田是也云名書文今謂之字者鄭注論語亦云古者曰名今世曰字許氏說文亦然言此者欲見經云名名者即今之文字也云策簡方板也者簡謂據一片而言策是編連之稱是以左傳云南史執簡以往是簡者未編之稱此經云百名以上書之於策是其衆簡相連之名鄭作論語序云易詩書禮樂春秋策皆尺二寸

孝經謙半之論語八寸策者三分居一又謙焉是其策之長短鄭注尚書三十字一簡之文服虔注左氏云古文篆書一簡八字是一簡容字多少者云方板者以其百名以下書之於方若今之祝板不假連編之策一板書盡故言方板也

主人使人與客讀諸門外【注】受其意既聘享賓出而讀之不於內者人稠處嚴不得審悉主人主國君也人內史也書必璽之【音義】稠直由反處昌慮反璽音徙【疏】【注】釋曰云既聘享賓出而讀之者上經云若有言則以束帛如享禮文承聘享之後故知此讀諸門外故云既聘享也鄭知人是內史者案內史職云凡四方之事書內史讀之此云使人與客讀諸門外者亦是四方之事書故知人是內史也知書必璽之者案襄二十九年左傳云公如楚還及方城季武子取卞使公冶問璽書追而與之故知此書亦璽之也

客將歸使大夫以其束帛反命於館【注】為書報也【疏】【注】釋曰為此書報上有故之事彼以束帛加書將命此亦以束帛加書反命于館

明日君

釋文無於其二字集釋無於字

館之。【注】既報館之書問尚疾也。【疏】注釋曰。昨日爲書報之。今日君始就館送客者。書問之道尚疾故也。必須尚疾者。以其所報告請。多是密事。是以鄭云既報館之書問尚疾也。○既受行。出遂見宰問幾月之資。【注】資行用也。古者君臣謀密草創。未知所之遠近。問行用當知多少而已。古文資作齎。【音義】幾居豈反。齎子兮反。【疏】注釋曰。使者受命於君。但知出聘。不知遠近。故云古者君臣謀密草創。未知所之遠近。故問宰行糧多少。節知遠近也。故知須問之。○使者既受行日。朝同位。【注】謂前夕幣之間。同位者。使者北面。介立于左少退。別於其處臣也。【疏】注釋曰。云既受行日者。謂已受命日。夕幣之前。使者及介朝君之時。皆同位北面東上。在朝處臣東方西面北上。故鄭云同位者使者北面介立于左少退以別處臣也。○出祖。釋軷。祭酒脯。乃飲酒于其側。【注】祖始也。既受聘享之禮行出國門止陳車騎釋酒脯之奠於軷為行始也詩傳曰軷道祭也謂祭道路之神春秋傳曰軷涉山川然則軷山行之名也道路以險阻為難是以委土為山伏牲其上使者為軷祭酒脯祈告也卿大夫處者於是餞之飲酒於其側禮畢乘車轢之而遂行舍於近郊矣其牲犬羊可也古文軷作祓【音義】軷蒲末反騎其義反難乃旦反餞在淺反轢力狄反祓芳弗反【疏】【注】釋曰云既受聘享之禮行出國門止陳車騎釋酒脯之奠於軷者凡道路之神有二在國內釋幣於行者謂平適道路之神出國門釋奠於軷者謂山行道路之神是以委土為山象國中不得軷名國外即得軷稱引詩傳曰者證軷祭道路之神也引春秋傳曰者案襄二十八年左氏傳子太叔云軷涉山川蒙犯霜露引之者證軷是山行之名涉者水行之稱故鄘詩云大夫軷涉我心則憂毛傳云草行曰軷水行曰

乾隆四年校刊

涉。云是以委土爲山者，案月令冬祀行，鄭注云行在廟門外之西，爲軷壤，厚二寸，廣五尺，輪四尺，祀行之禮北面設主於軷上。國外祀山行之神，爲軷壤，大小與之同。鄭注夏官大馭云，封土爲山象，以菩芻棘柏爲神主，既祭之，以車轢之而去，喻無險難也。云或伏牲其上者，案周禮犬人云，掌犬牲，凡祭祀供犬牲，令牷物，伏瘞亦如之。鄭注云，伏謂伏犬，以王車轢之，故知有伏牲其上。云使者爲軷祭酒脯祈告也者，案周禮大馭掌馭王路以祀，及犯軷，王自左馭，馭下祝，登受轡，彼天子禮，使馭祭。此大夫禮，故使者自祭祀軷而去。云卿大夫處者於是餞之也者，案詩云，飲餞于禰，是處者送行人而飲酒名曰餞也。云遂行舍于郊也者，即上經云舍于近郊是也。云其牲犬羊可者，犬人職云，伏瘞亦如之，是用犬也。詩云，取羝以軷，是用羊也。是犬羊各用其一，未必並用之。言可者，人君有牲，大夫無牲，直用酒脯。若然，此見出行時祭軷。案韓奕詩云，韓侯出祖，出宿于屠，顯父餞之，清酒百壺，是韓侯入覲天子，出京城爲祖道。又左氏傳鄭忽逆婦嬀于陳，先配而後祖，陳鍼子曰，是不爲夫婦，誣其祖矣。鄭志以祖爲祭道神，是亦將還而後祖道。此聘使還，亦宜有祖，但文不具。○所以朝天子圭與繅皆九寸剡上寸半厚半寸博三寸繅三采六等朱白蒼【注】圭所執以爲瑞節也剡上象天圜地方也雜采曰繅以韋衣木板飾以三色再就所以薦玉重愼也九寸上公之圭也古文繅或作藻今文作璪【音義】繅音早注藻璪皆同剡以冉反字林才冉反衣於既反【疏】【注】釋曰云圭所執以爲瑞節者案周禮大宗伯云以玉作六瑞以等邦國又云王執鎮圭公執桓圭侯執信圭伯執躳圭子執穀璧男執蒲璧是以其圭爲瑞又案周禮掌節有玉節之節即是節與瑞别矣今此云瑞節但連言節者案節不得言瑞瑞亦皆節信故連言節也云剡上象天圜地方也者下不剡象地方上剡象天圜案雜記贊大行曰博三寸厚半寸剡上左右各寸半此經直剡上寸半不言左右文不具也凡圭天子鎮圭公桓圭侯信圭皆博三寸厚半寸剡上左右各寸半唯長短依命數不同云雜采曰繅者凡言繅者皆象水草之文天子五采公侯伯三采子男二采皆是雜采也云以

乾隆四年校刊

韋衣木板飾以三色再就者依漢禮器制度而知也但木板大小一如玉制然後以韋衣包之大小一如其板經云三采六等注云三色再就者就即等也是一采爲再就三采即六等也是以鄭注典瑞云一帀爲一就典瑞云侯伯三采三就者以一采雖有再帀併爲一就覲禮注云朱白蒼爲六色者亦是一采一帀爲二色三采故六色三采據公侯伯子男則二采故典瑞云子男皆二采再就是也所以薦玉重愼者玉者寶而脆今以繅藉薦之是其重愼也

問諸侯朱綠繅八寸

注 二采再就降於天子也於天子曰朝於諸侯曰問記之於聘文互相備

疏 釋曰此諸侯使臣聘繅藉之等

注 釋曰云二采再就者上云三采六等此二采不云四就者此臣禮與君禮異此二采雖與子男同但一采爲一帀二采爲再帀爲四等今臣一采爲一就二采共爲再就是二采當君一采之處是以典瑞云瑑圭璋璧琮繅皆二采一就以頫聘亦是臣二采共當君一采一帀之處云降於天子者案典瑞王執鎮圭繅藉五采五就言五就者據一采爲一等者據一采一帀而言即五采十等此二采二等是降於天

子也。此亦降於諸侯而言降於天子者。此鄭君指上文朝天子而言。故言聘諸侯降於朝天子也。云於天子曰朝者。據上文所以朝天子是也。則諸侯自相朝亦同圭與繅九寸。侯伯以下亦依命數。云於諸侯曰問者。諸侯遣臣自相問。若遣臣問天子。圭與繅亦八寸。是以云記之於聘文互相備。案玉人云。瑑圭璋八寸。璧琮八寸。以頫聘。無所依據。則於天子諸侯同言八寸者。據上公之臣。侯伯之臣則六寸。子男之臣則四寸。各降其君二等。若然。經言八寸者。據上公之臣也。

皆玄纁繫長尺絢組。【注】采成文曰絢。繫無事則以繫玉。因以爲飾。皆用五采組。上以玄。下以絳爲地。今文絢作約。【音義】繫音計。劉胡帝反。長直亮反。又如字。絢呼縣反。李胥倫反。又音巡。組音祖。絢音巡。【注】釋曰。上文繅藉尊卑不同。此之組繫尊卑一等。【注】釋曰。云采成文曰絢。鄭注論語云。成章曰絢。與此語異義同。云繫無事則以繫玉因以爲飾者。無事謂在櫝之時。亦以繫玉。因以爲飾。此組繫亦名繅藉。即上文反命之時。使者執圭垂繅。上介執璋屈繅。又曲禮下云。執玉。其有藉者則裼。無藉者則襲

乾隆四年校刊

儀禮注疏卷八　聘禮記　九三

鄭注亦云藉繅也裼襲皆據有繅無繅之時是其因以爲飾云皆用五采組者以其言絇絇是文章之名經又言皆復無尊卑之別故知皆用五采組也云上以玄下以絳爲地者以其皆用五采而經直云玄纁爲地上加五采上下皆據垂之爲上下必知上玄下絳者上玄以法天下絳以法地故也經云纁注云絳者爾雅三入赤汁爲纁絳則赤也故舉絳以解纁

○問大夫之幣俟于郊爲肆又齎皮馬

注 肆猶陳列也齎猶付也使者既受命宰夫載問大夫之禮待於郊陳之爲行列至則以付之也使者初行舍于近郊幣云肆馬云齎因其宜亦互文也不於朝付之者辟君禮也必陳列之者不夕也古文肆爲肄

齎子兮反注同行戶郎反肄以二反

疏 注釋曰知載大夫幣是宰夫者以其稱宰夫官具幣故知載幣於郊付使者亦是宰夫可知云幣云肆馬云齎因其宜亦互文也者以其幣是財賄易可陳列故言肆不言齎亦付

宰夫教作有司

使者矣焉是難陳之物故直言齎亦付使者亦陳之是因其宜互文也〇辭無常孫而說〔注〕孫順也大夫使受命不受辭辭必順且說〔音義〕孫音遜說音悅〔疏〕〔注〕釋曰受命謂受君命聘於鄰國不受賓主對答之辭必不受辭者以其口及則言辭無定準以辭無常故不受之也辭多則史少則不達〔注〕史謂策祝〔疏〕〔注〕釋曰案周禮大史內史皆掌策書尚書金縢云史乃策祝是策書祝辭故辭多爲文史辭苟足以達義之至也〔注〕至極也今文至爲砥〔音義〕砥之氏反辭曰非禮也敢對曰非禮也敢〔注〕辭辭不受也對答問也二者皆卒曰敢言不敢〔疏〕〔注〕釋曰辭謂賓辭主人答謂賓答主人介則在旁曰非禮也敢辭故易旅卦初六云瑣瑣斯其所取災鄭云瑣瑣猶小小爻互體艮艮小石小小之象三爲聘客初與二其介也介當以篤實之人爲之而用小人瑣瑣然客主人爲言不能辭曰非禮不能對曰非禮每者不能以禮行之則其所以得罪是其

義也。○卿館於大夫，大夫館於士，士館於工商。【注】館者必於廟。不館於敵者之廟，爲大尊也。自官師以上，有廟有寢；工商則寢而已。【疏】注釋曰：云「館者必於廟」，案上歸饔餼云「於廟」，明其禮皆在廟可知。云「不館於敵者之廟，爲大尊也」者，以其在廟尊則尊矣，故就降等而已。若又在敵者之廟，以上是其大尊。云「自官師以上有廟有寢」者，案祭法云「適士二廟，官師一廟」，鄭云「官師謂中士、下士」，是其官師有廟。知廟有寢，案周禮隸僕云「掌五寢之埽除」，鄭注云「五寢，五廟之寢。天子七廟，唯祧無寢」。詩云「寢廟奕奕」，相連之貌。故左傳云「大叔之廟在道南，其寢在道北」，是其前曰廟，後曰寢。「工商則寢而已」者，案爾雅釋宮云「室有東西廂曰廟」，注云「夾室前堂」。又云「無東西廂有室曰寢」，注曰「但有大室」。是其自士以上有廟者必有寢，庶人在官者、工商之等有寢者則無廟。故祭法云「庶士、庶人無廟，祭於寢」是也。管人爲客，三日具沐，五日具浴。【注】管人，掌客館者也。客謂使者下及士介也。○飧不致

【注】不以束帛致命草次饌飧具輕【疏】注釋曰君不以束帛致命者對饔餼以束帛致之此不以束帛致草次飧具輕者以其客始至則致之故言草次也對聘日致饔餼生死俱有禮物又多爲重故以此物爲輕而不致

賓不拜【注】以不致命【疏】注釋曰云不拜者宰夫朝服設飧賓無拜受之文以其不以束帛致故也

沐浴而食之【注】自潔清尊主國君賜也記此重者沐浴可知【疏】注釋曰云記此重者沐浴可知者以其飧禮輕尚沐浴而食饔餼禮重者沐浴而食可知

○卿大夫訝大夫士訝士皆有訝【注】卿使者大夫上介也士衆介也訝主國君所使迎待賓者如今使者護客【音義】訝五嫁反【疏】釋曰云卿大夫訝者謂大聘使卿主人使大夫迎士訝者小聘使大夫主人使士迎言皆有訝者自介已下皆迎之注釋曰云卿使者大夫上介士衆介也者據此篇是侯伯之卿大聘而言其賓小聘使大夫亦使士迎之所迎者謂初行聘及饗食皆迎之故鄭君

無所指定。賓即館。訝將公命。【注】使己迎待之命。【疏】釋曰：案秋官掌訝職云：賓入館，次于舍門外，待事於客。注云：次，如今官府門外更衣處，待事于客，通其所求索。彼謂天子有掌訝之官，共承客禮。此諸侯使無掌訝，是以還遣所使大夫士訝將公命，有事通傳于君。又見之以其摯。【注】又，復也。復以私禮見者，訝將舍於賓館之外，宜相親也。大夫訝者執鴈，士訝者執雉。【疏】【注】釋曰：云復以私禮見者，訝將舍於賓館之外，宜相親也者，禮，掌訝舍於賓之館門外，此大夫士君使爲訝，雖非掌訝之官，亦爲次舍于賓之館外，宜相親，故執贄以相見。大夫訝者執鴈，士訝者執雉，案士相見及大宗伯文也。賓既將公事，復見訝以其摯。【注】既，已也。公事，聘享問大夫。復，報也。使者及上介執鴈，羣介執雉，各以見其訝。【疏】【注】釋曰：云公事聘享問大夫者，此並行君聘享主國君及問大夫，故云公事也。云復報也者，向訝者以贄私見己，今還以贄私報之。知使者及上介同執鴈不執羔者見上文主國卿大夫勞賓同執鴈則知此使者及上介同執鴈可知各以見其訝者謂使者見大夫之訝者上介見士之訝者士介亦見士訝者○凡四器者唯其所寶以聘可也注言國獨以此爲寶也四器謂圭璋璧琮疏注釋曰案周禮大宗伯云以玉作六瑞王執鎮圭公執桓圭以下人執之曰瑞又云以玉作六器以禮天地四方謂禮神曰器此四者人所執不言瑞而言器者對文執之曰瑞禮神曰器散文則通雖執之亦曰器是以尚書云五器卒乃復與此文皆稱器云言國獨以此爲寶者案周禮天府職凡邦國之玉鎮大寶器藏焉注云玉鎮大寶器玉瑞玉器之美者是以玉稱寶云四器謂圭璋璧琮者是據上經圭璋以行聘璧琮以行享而言此據公侯伯之使者用圭璋璧琮若子男使者聘用璧琮享用琥璜○宗人授次次以帷少退于君之次注主國之門外諸侯及卿大夫之所使者次位皆有常處疏注釋曰主國門外以其行朝聘陳賓介皆在大門外故次亦在大門外可

乾隆四年校刊

知云諸侯及卿大夫之所使者次位皆有常處者以其上公九十步侯伯七十步子男五十步使其臣聘使大聘小聘又各降二等其次皆依其步數就西方而置之未行禮之時止於次中至將行禮賓乃出次凡爲次君次在前臣次在後故云少退於君之次故云皆有常處○上介執圭如重授賓注愼之也曲禮曰凡執主器執輕如不克疏注釋曰此謂當時將聘於主君廟門外上介屈繅以授賓賓襲受之節引曲禮者彼器卽此玉欲證執玉如重之義也賓入門皇升堂讓將授志趨注皇自莊盛也讓謂舉手平衡也志猶念也念趨謂審行步也孔子之執圭鞠躬如也如不勝上如揖下如授勃如戰色足蹜蹜如有循古文皇皆作王音義勝音升上示掌反蹜所六反疏釋曰賓入門皇謂未至堂時升堂讓謂升堂面向主君之時將授志趨謂賓執玉向楹將授玉之念鄉入門在庭時執玉徐趨今當亦然若降堂後

翼如，則疾趨也。注 釋曰：云讓謂舉手平衡也者，謂若曲禮云凡奉者當心。下又云執天子之器則上衡。注云：謂高於心。國君則平衡。注云：謂與心平。則此亦執國君器也。故引之爲證。孔子之執圭者，鄉黨論孔子爲君聘使法。彼足蹜蹜如有循，謂徐趨。據入彼國廟門執玉行步之時。以足容重退之在降堂之下，與此趨同，故爲證也。

授如爭，承下如送。君還而后退。注 爭，爭鬭之爭。重失隊也。而后猶然後也。音義 隊，直類反。疏 釋曰：授，謂就東楹授玉於主君時，如與人爭接取物，恐失墜。云下如送君還而后退者，以上文次言之。此下如送者，止謂聘享每訖，君實不送，而賓之敬如君送然。故云下如送也。君迴還者，則退出廟門，更行後事，非謂賓出大門也。下階，發氣怡焉。再三舉足，又趨。注 發氣，舍息也。再三舉足，自安定，乃復趨也。至此云舉足，則志趨卷豚而行也。孔子之升堂，鞠躬如也，屏氣似不息者。出降一等，逞顏色，怡怡如也。沒階

魏氏要義云温本作鞠窮焉
廣雅鞠躬謹敬也上邱六下邱弓反史魯世家鞠躬如畏然徐廣曰三蒼音窮窮此作鞠窮亦謹敬意

趨進翼如也。【音義】卷，去阮反。豚，他門反。【疏】【注】釋曰：云下階發氣怡焉者，即論語云出降一等，逞顏色，怡怡如也。云再三舉足自安定乃復趨也者，以謂降時再三舉足，故又趨進翼如也。云發氣舍息者，以將授玉屏氣似不息，今既授玉降階，縱舍其氣，怡然和悅也。云至此舉足則志趨卷豚而行也者，是釋志趨爲徐趨。此舉足爲疾趨也。及門正焉。【注】容色復故，此皆心變見於威儀。【疏】【注】釋曰：此謂聘畢將更有享，而出門時。云心變見於威儀者，以其貌從心起，觀威儀省禍福，觀貌可見以知心故也。執圭入門鞠躳焉，如恐失之。【注】記異說也。【疏】釋曰：亦謂方聘執圭入廟門時。云鞠躳焉則鞠躳如也。如恐失之者，即執輕如不克也。【注】釋曰：云記異說者，以上文已記執圭，此又記執圭之儀，以同記事而言有差異，人記事說有不同也。及享發氣焉盈容。【注】發氣舍氣也。孔子之於享禮有容色。【疏】【注】釋曰：云及享發氣焉盈容者，即孔子行享禮有容色一也，故注引爲證也。此發氣即上注云舍息一也。衆介北面蹌焉。【注】容貌舒揚。【音義】蹌，七羊反。【疏】【注】釋曰：此謂賓行聘，衆介從入門左，北面。曲禮云：大夫濟濟，士蹌蹌。鄭云皆行容止之貌，故此注亦云容貌舒揚也。但彼大夫云濟濟，諸侯云皇皇，上文賓入門皇，得與諸侯同者，以其執君圭璋，志在重玉，故行容得與君同，若尋常行則大夫濟濟也。私覿愉愉焉。【注】容貌和敬。【音義】愉，羊朱反。【疏】【注】釋曰：上文享時盈容，對聘時儀貌戰色，顔舒緩，此私覿對享時又愉愉，和敬，舒於盈容也。出如舒鴈。【注】威儀自然而有行列。舒鴈，鵝也。【疏】【注】釋曰：此出廟門之外，行步如鵝，又舒緩於愉愉也。云舒鴈鵝者，爾雅釋鳥文。○皇且行，入門主敬，升堂主慎。【注】復記執玉異說。【疏】【注】釋曰：上已二度記執玉行步之法，今又云皇且行，是別有人更記此執玉行法，故云復記執玉異說也。○凡庭實，隨入，左先，皮馬相閒可也。【注】隨入，不並行也。閒，猶代也。土物有宜，君子不以所無爲禮，畜獸同類可以相代。

乾隆四年校刊

古文閒作干。【音義】閒，閒厠之閒。【疏】【注】釋曰：云「左先」者，以皮馬以四爲禮，北面以西頭爲上，故左先入陳也。云「君子不以所無爲禮」者，案禮器云：「天不生，地不養，君子不以爲禮。」言當國有馬而無虎豹皮，則用馬；或有虎豹皮并有馬，則以皮爲主而用皮也。云「畜獸同類，可以相代」者，畜謂馬，獸謂虎豹。爾雅釋云：「在家曰畜，在野曰獸。」云「同類」者，爾雅又云：「二足而羽謂之禽，四足而毛謂之獸。」若然，則馬畜亦是四足之類，故云同類可以相代也。賓之幣，唯馬出，其餘皆東。【注】馬出，當從廄也。餘物皆東，藏之內府。【疏】【注】釋曰：云「馬出，當從廄也」者，若有皮之國，用皮則不出，亦從餘物東藏也。知東藏之內府者，案天官內府職云：「凡四方之幣獻之金玉、齒革、兵器，凡良貨賄入焉。」注云：「諸侯朝聘所獻國珍。」彼天子禮，諸侯亦當有內府。諸侯自朝聘，其貨獻珍異亦入內府，故注依之也。○多貨則傷于德。【注】貨，天地所化生，謂玉也。君子於玉比德焉。朝聘之禮，以爲瑞節，重禮也。多之則是主於貨，傷敗其

集釋無「敗」字

爲德。[疏]釋曰。此經主論聘享所用圭璋璧琮不得過多之事也。[注]釋曰。云貨天地所化生謂玉也者。鄭注周禮九職亦云。金玉曰貨。布帛曰賄。故此注云貨天地所化生謂玉。下注云幣人所造成幣。則布帛曰賄。對金玉是自然之物也。云君子於玉比德焉者。聘義文。云重禮也。亦聘義文。云多之則是主於貨傷敗其爲德者。以玉比德。故朝聘用之。相厲以德。不取重賣珍美之意。若多之則是主於貨物。不取相厲以德。是傷敗其爲德。是以圭璧聘享主國君。璋琮聘享主國夫人。各用一而已也。

幣美則沒禮。[注]幣。人所造成以自覆幣。謂束帛也。愛之斯欲衣食之。君子之情也。是以享用幣。所以副忠信。美之則是主於幣。而禮之本意不見也。[音義]衣。於既反。食。音嗣。[疏]釋曰。此主論享時用束帛。故享君用束帛。享夫人用束錦。皆不得過美。[注]釋曰。云幣人所造成以自覆幣謂束帛也者。案禮記檀弓。伯高之喪。孔氏之使者未至。冉子攝束帛乘馬而將之。孔子曰。異哉徒使我不誠於伯高。鄭注云。禮所以副忠信也。忠信而無禮。可傳乎。

是知自覆者覆忠信而已若更美則主意於財美而禮不見故沒禮也云愛之斯欲衣食之君子之情也者禮記檀弓云愛之斯錄之矣彼據愛父母而作重此亦微改文但此云愛之斯欲衣食之兼言食謂以幣侑之君子之情則忠信

賄在聘于賄

注 賄財也于讀曰爲言主國禮賓當視賓之聘禮而爲之財也賓客者主人所欲豐也若苟豐之是又傷財也周禮曰凡諸侯之交各稱其邦而爲之幣以其幣爲之禮古文賄皆作悔

音義 于注讀作爲稱尺證反

疏 注釋曰鄭轉于作爲者欲就司儀之文爲解故也云言主國禮賓者釋經賄是主國禮賓也云當視賓之聘禮者釋經在聘謂在賓聘財多少云而爲之財也者釋經于賄也謂主人視賓多少爲財賄報賓云若苟豐之是又傷財也者凡行禮用財者取不豐不儉取於折中若苟且豐多則傷於貪財引周禮者秋官司儀職文案彼注云幣謂享幣也於大國則豐於小國則殺解經各稱其邦而爲之幣彼又注云主國禮之如其豐

殺之禮。解經以其幣爲之禮。謂賄用束紡禮。用玉帛乘皮及贈之屬是也。○凡執玉無藉者襲。注藉謂繅也。繅所以縕藉玉。疏注釋曰。凡繅藉有二種。若以木爲中幹施五采三采者。此繅常有。不得云無藉。今此云無藉者。據尺絢組繅藉而言。若廟門外賈人啓櫝取玉。垂繅以授上介。上介裼受。上介屈繅以授賓。賓卽襲受。卽此執玉無藉者是也。此文與曲禮同。故曲禮凡執玉其有藉者則裼。無藉者則襲是也。○禮不拜至。注以賓不於是始至。今文禮爲醴。疏注釋曰。此文承執玉帛之下。聘臣事。據鄉飲酒賓主升堂。主人有拜至之禮。此賓昨日初至之時。主人請賓行禮。賓言俟閒。此時賓已至矣。故聘時不拜至。是以鄭云以賓不於是始至。○醴尊于東廂。瓦大一。有豐。注瓦大。瓦尊。豐。承尊器。如豆而卑。音義大音泰。薦脯五職。祭半職橫之。注職。脯如版然者。或謂之脡。皆取直貌焉。音義職音職。脡。大頂反。疏注釋曰。此脯。禮賓時所用薦脯是也。

案鄉飲酒禮云薦脯五脡。故云或謂之脡皆取直貌。祭醴再扱始扱一祭卒再祭。[注]卒謂後扱。[音義]扱初洽反。主人之庭實則主人遂以出賓之士訝受之。[注]此謂餘三馬也。左馬賓執以出矣。士介從者。[疏][注]釋曰此主人之庭實者謂主人禮賓時設乘馬也。經云賓執左馬以出三馬在後。主人從者牽之。遂從賓以出於門外。賓之士介迎受之。故鄭云此謂餘三馬也。知士是士介從者。以其經云從者訝受馬。此既云士。故知士介從者也。

○既覿賓若私獻奉獻將命。[注]時有珍異之物或賓奉之所以自序尊敬也猶以君命致之。[疏][注]釋曰云猶以君命致之者以經云將命是以知雖是私獻己物與君物同皆云君命致之臣統於君故也。擯者入告出禮辭。[注]辭其獻也。賓東面坐奠獻再拜稽首。[注]送獻不入者奉物禮輕。[疏][注]釋曰云奉物禮輕者謂以奉私獻入則

是主於貨傷敗於享覿故不入擯者東面坐取獻舉以入告出禮請受

注 東面坐取獻者以宜並受也其取之由賓南面自後右客也

疏 釋曰擯者東面坐取獻舉以入告者謂擯者從門東適南方西行於賓北坐取幣入告於君又出以請於賓而受之故云出禮請受

注 釋曰云東面坐取獻者以宜並受也者獻物在門外擯者出受之擯者與賓敵故云宜並受也云其取之由賓南面自後右客也者案上受享之時受皮者自後右客鄭注云自由也從東方來由客後西居其左受皮也此賓門西東面奠獻擯者從東由賓南自客後居賓左取獻物故亦自後右客也

賓固辭公答再拜

注 拜受於賓也固亦衍字

疏 注 釋曰知固是衍字者以其上擯者禮請受不云固明知賓亦不固辭故云固衍字云亦者亦士介私覿時賓固辭鄭注云固衍字當如面大夫也

擯者立于閾外以相拜賓辟

注 相贊也古文閾爲蹙

擯者授宰夫于中庭

注 東藏之既乃介

覿○若兄弟之國則問夫人〔注〕兄弟謂同姓若婚姻甥舅有親者問猶遺也謂獻也不言獻者變於君也非兄弟獻不及夫人〔音義〕遺唯季反〔疏〕〔注〕釋曰云兄弟謂同姓者云若婚姻甥舅有親者若魯取齊女以爲舅齊則以魯爲甥是有親者也云非兄弟獻不及夫人者以其經云兄弟之國則問夫人則非兄弟問不及夫人可知○若君不見〔注〕君有疾若他故不見使者〔疏〕〔注〕釋曰云他故者病之外或新有哀慘也使大夫受〔注〕受聘享也大夫上卿也〔疏〕〔注〕釋曰知受聘享者以其在後雖有覿獻之法聘享在前是以據在先者而言云大夫上卿也者以其卿上大夫故以卿爲大夫必知使卿不使下大夫者以其君無故君親受今既有故明使上卿代君受之自下聽命自西階升受負右房而立賓降亦降〔注〕此儀如還圭然而賓大夫易處耳今文無而

疏注釋曰：案上使大夫還玉於館，大夫升自西階，鉤楹賓自碑內聽命，升自西階，自左南面受圭，退負右房而立。大夫降中庭，賓降自碑內，東面授上介于阼階東。此中與彼還玉皆升自西階，此非易處也。但還玉時賓自大夫左受之，此中大夫於賓左受之，其賓主之位皆易處於還玉時，故云易處也。不禮。注辟正主也。疏注釋曰：案上聘享及私覿訖，主君禮賓，此大夫代君，不禮，故云辟正主也。○幣之所及皆勞，不釋服。注以與賓接於君所，賓又請有事于己，不可以不速也。所不及者，下大夫未嘗使者也。不勞者，以先是賓請有事於己，同類，既聞彼爲禮所及，則己往有嫌也。所以知及不及者，賓請有事，固曰某子某子。疏注釋曰：云「不可以不速也」者，釋經不釋服即往。云「所不及者，下大夫未嘗使者」，以其經云下大夫嘗使至者幣及之，故知所不及者是下大夫未嘗使者也。云「不勞者，以先是賓請有事於己，同類，既聞彼爲禮所及，則己往

乾隆四年校刊

有嫌也者。此勞賓在後。賓請有事於大夫在聘日。云先是賓請有事於己同類。同類謂幣所及者。故鄭云既聞彼爲禮所及。云則己往有嫌者。彼國幣及己。是以禮加於己。今勞賓者。是以禮報之。若幣不及己。若往勞賓則是己有禮於賓。是譏賓無禮於己之嫌。是以不往勞之。故云己往有嫌也。云所以知及不及者賓請有事固曰某子某子者。當賓請事於大夫之時顯此張子李子之等使受禮者。須知爾時不道己姓。則知己乃幣所不及。

○賜饔唯羹飪。筮一尸。若昭若穆。注 羹飪謂飪一牢也。肉謂之羹。唯是祭其先。大禮之盛者也。筮尸若昭若穆。容父在。父在則祭祖。父卒則祭禰。腥饌不祭。則士介不祭也。士之初行不釋幣于禰。不祭可也。古文羹爲羔。飪作腍。音義 腍而善反。劉音審。疏 釋曰。古者天子諸侯行載廟木主。大夫雖無木主。亦以幣帛主其神。是以受主國饔餼。故筮尸祭然後食之。尊神以求福故也。昭穆言若者。以其昭穆不定。故云若也。注 釋曰。

云腥餼不祭則士介不祭也者，上致饔餼之時，云上介饔餼三牢，則飪、腥、餼三者皆有。後云士介四人皆餼大牢，無飪可祭，故知士介不祭也。僎爲祝，祝曰：「孝孫某、孝子某，薦嘉禮于皇祖某甫、皇考某子。」【注】僎爲祝者，大夫之臣攝官也。【音】祝祝，上之六反，下之又反。【疏】釋曰：經並云孝孫、孝子、皇祖、皇考，以其不定，故兩言。謂上經若昭若穆，亦兩言之。【注】釋曰：云僎爲祝祝者大夫之臣攝官也者，若然，諸侯不攝官，使祝祝策矣。案定四年祝佗云：「嘉好之事，君行師從，卿行旅從。」則臣無事。若然，君到主國祭饔之時，得不攝官乎？諸侯亦使人攝，是以《覲禮》云：「侯氏裨冕，釋幣于禰。」注云：「釋幣于禰之禮既，則祝藏其幣，歸乃埋之於祧西階之東。」大夫使僎攝祝，則是本無祝官，與諸侯異矣。其諸侯禮，大小祝不行。知不使小祝行者，以其《掌客》云羣介、行人、宰、史，是諸侯從官，不言祝，明大小祝俱不行矣。如饋食之禮。【注】如少牢饋食之禮。不言少牢，今以大牢也。今文無之。【疏】【注】釋曰：云如少牢饋食之禮者，案《少牢禮》有尊、俎、籩、豆、鼎、敦之數，陳設之儀。陰厭陽厭之禮。九飯三獻之法。上大夫又有正祭於室儐尸於堂。此等皆室有之。至於致爵加爵及獻兄弟弟子等。固當略之矣。假器於大夫【注】不敢以君之器爲祭器。【疏】【注】釋曰。案曲禮云。大夫士去國。大夫寓祭器於大夫。士寓祭器於士。注云。與得用者言寄。覬已後還。若然。卑者不得用尊者之器。是以此大夫聘使不得將己之祭器而行。致饔餼雖是祭器。人臣不敢以君之器爲祭器。是以聘使是大夫。還於主國。大夫假祭器而行之。肦肉及廋車。【注】肦猶賦也。廋人也。車巾車也。二人掌視車馬之官也。賦及之。明辯也。古文肦作紛。【音義】肦。音班。廋。所求反。【疏】【注】釋曰。此謂祭訖歸脤在下。云廋廋人也。車巾車也者。案周禮。天子夏官有廋人。廋人職掌養馬。春官有巾車。巾車職。諸侯雖兼官。亦當有廋人巾車。是故引周禮爲證。

聘曰致饔。明日問大夫【注】不以殘日問人。崇敬也。古文曰問夫人也。夕。夫人歸禮【注】與君異日。下之也。今文

集釋問夫人也毛本同

歸[illegible][illegible]既致饔，旬而稍，宰夫始歸乘禽，日如其饔餼之數。

【注】稍，稟食也。乘謂乘行之禽也，謂鴈鶩之屬。其歸之以雙為數。其，賓與上介也。古文既為餼。

【音義】稍，所教反。

【疏】釋曰：云「既致饔，旬而稍」者，以其賓客之道，十日為正，行聘禮既訖，合歸。一旬之後，或逢凶變，或主人留之，不得時反，即有稍禮，故下文云「既將公事，賓請歸」。注云：「謂已問大夫，事畢請歸，不敢自專，謙也。主國留之，饗食燕饗無日數，盡殷勤也。」是主人留之。是以周禮槀人「亦共賓客之稍禮」。注云：「稍禮非飧饔之禮，留閒，王稍所給賓客者。槀人所給，亦六飲而已。諸侯相待亦如之。」是其留閒致稍者也。【注】釋曰：云「乘禽，乘行之禽也」者，別言此者，欲見此乘非物四曰乘。言「如其饔餼之數」者，一牢當一雙，故聘義云「乘禽日五雙」，是此饔餼五牢者也。云「鴈鶩之屬」者，案爾雅：二足而羽若然，上介三牢則三雙也，士介一牢則一雙也。羽謂之禽，故以禽為鴈鶩之屬。云「其，賓與上介也」者，以其下文別有士介故也。

士中日則二雙。

【注】中猶閒也。不一日

乾隆四年校刊

儀禮注疏卷八　聘禮記

一雙大寡不敬也凡獻執一雙委其餘于面【注】執一雙以將命也面前也其受之則上介受以入告之士舉其餘從之賓不辭拜受于庭上介執之以相拜于門中乃入授人上介受亦如之士介拜受于門外【疏】【注】釋曰云上介受以入告之士舉其餘從之者此乘禽而云凡獻宜約私獻私獻擯者取獻以入士舉其餘此亦上介受入明其餘士舉從入可知云不辭拜受于庭者以其經無辭文又饔餼云禮辭明此禽禮輕無辭受於庭可知上介執之以相拜于門中乃入授人者此亦約私獻私獻之時擯者取獻以入又云擯者立于閾外以相拜賓辟擯者授宰夫是其約也云上介受亦如之者以其受饔餼之時上介受已如賓禮故知受乘禽亦如賓也云士介拜受於門外者以其受饔餼在門外此受乘禽在門外可知

禽羞俶獻比【注】比放也其致之禮如乘禽也禽羞謂成熟有齊和者俶獻四時珍美

新物也。俶始也。言其始可獻也。聘義謂之時賜。音義放甫往反。齊才計反。和戶臥反。疏注釋曰。云禽羞謂成熟有齊和者。以其稱羞謂若庶羞內羞之等。故稱禽則以鴈鶩等為之。故以成熟解之。聘義謂之時賜者。案聘義云。燕與時賜無數。時賜謂四時珍異。以賜諸賓客。與此俶獻是一物。故引以為證。○歸大禮之日。既受饔餼。請觀。注聘於是國。欲見其宗廟之好。百官之富。若尤尊大之焉。音義觀古亂反。訝帥之自下門入。注帥猶道也。從下門外入。游觀非正也。音義道音導。○各以其爵朝服。注此句宜在凡致禮下。疏注釋曰。云宜在凡致禮下者。以其各以其爵朝服。為致禮而言。故知義然。○士無饔。無饔者無儐。注謂歸饔餼也。疏釋曰。案上經直云宰夫朝服以致之。是其無饔。宰夫退去。士介不儐之。是也。○大夫不敢辭。君初為之辭矣。注此句宜在

乾隆四年校刊

明日問大夫之下。【音義】爲，于僞反。【疏】釋曰：此謂賓問卿之時，卿不敢辭者，以賓聘享訖，出大門，請有事於大夫，君禮辭許。是君初爲之辭，故卿不辭也。○凡致禮皆用其饗之加籩豆。【注】凡致禮，謂君不親饗賓及上介，以酬幣致其禮也。其，其賓與上介也。加籩豆，謂其實也，亦實於罋筐。饗禮今亡。【疏】【注】釋曰：云「其，其賓與上介也」者，案上經賓一食一饗，上介若食若饗，唯士介不言饗，故知其中唯有賓與上介耳。云「加籩豆，謂其實也，亦實于罋筐」者，案致饔餼，醯醢是豆實，實于罋，明此之豆實亦實于罋可知也。案昭六年夏，季孫宿如晉，拜莒田也。晉侯享之，有加籩。武子退，使行人告曰：「小國之事大國也，苟免於討，不敢求貺。得貺不過三獻。今豆有加，下臣弗堪，無乃戾也。」此中致饗有加籩豆者，饗使者無加籩豆之正禮。此云加籩豆者，殷勤之義也。云「饗禮今亡」者，以其食禮在，知其豆數，饗禮亡，無文以知之。○無饔者無饗禮。【注】士介無饗禮。【疏】【注】釋曰：無饔者無饗禮，文承饗下，故鄭以無饔餼解之以其賓與上介饔餼俱有故有饔士介唯有餼而已無饔故無饔禮也○凡餼大夫黍粱稷筐五斛注謂大夫餼賓上介也器寡而大略疏釋曰案上經云大夫餼賓大牢米八筐衆介米六筐不辨大小故此記人辨之云筐五斛注釋曰云器寡而大略者以其君歸饔餼于賓與大夫介皆米小而多者是尊者所致以多器爲榮今大夫致禮於賓介器寡而大是略之於卑者也○既將公事賓請歸注謂已問大夫事畢請歸不敢自專謙也主國留之饗食燕獻無日數盡殷勤也疏注釋曰云已問大夫者請問三卿與下大夫嘗使於彼國幣所及皆是君命及以君物行禮者皆是公事竟故請歸也云主國留之饗食燕獻無日數盡殷勤也者亦謂至旬賓乃將歸主君乃留賓有此饗食燕獻之等故燕禮注云今燕又宜獻焉是也云無日數者謂行此饗食之等相去希數無常日數盡主人殷勤也○凡賓拜于朝訝聽之注拜拜賜也唯稍不拜疏釋注

曰案上經云賓三拜乘禽於朝訝聽之遂行舍于郊又案司儀云明日客拜禮賜遂行是臨行大小禮皆拜賜則知唯米禀芻薪不拜也○燕則上介爲賓賓爲苟敬【注】饗食君親爲主尊賓也燕私樂之禮崇恩殺敬也賓不欲主君復舉禮事禮己于是辭爲賓君聽之從諸公之席命爲苟敬苟敬者主人所以小敬也更降迎其介以爲賓介大夫也雖爲賓猶卑於君君則不與亢禮也主人所以致敬者自敵以上【音義】樂音洛殺所介反復扶又反下同【疏】【注】釋曰云饗食君親爲主尊賓也者以其饗食在廟爲賓故君親爲主至後燕禮在寢又以醉爲度崇於恩殺於敬故賓辭而使介爲賓也以苟敬爲小敬者以阼階西近主爲位諸公坐位故云小敬對戶牖南面爲大敬云更降迎其介以爲賓者介在廟門内西北面降至庭迎之云不與亢禮也者略取燕義文解君不親爲獻主而使宰夫之意也云主人所以

集釋作辭曰

致敬者自敵以上者。謂兩君相見。兩大夫兩士以上。則主人親獻也。宰夫獻。注爲主人代公獻。○無行則重賄反幣。注無行謂獨來復無所之也。必重其賄與反幣者使者歸以得禮多爲榮所以盈聘君之意也反幣謂禮玉束帛乘皮所以報聘君之享禮也昔秦康公使西乞術聘于魯辭孫而說襄仲曰不有君子其能國乎厚賄之此謂重賄反幣者也今文曰賄反幣。疏注釋曰。云重其賄。即上賄在聘于賄是也。反幣謂上禮玉束帛乘皮是也。云秦康公者。案文公十二年左氏傳云。秦伯使西乞術來聘云云是也。此特來。非歷聘。歷聘則吳公子札聘於上國。聘齊聘魯是也。○曰子以君命在寡君。寡君拜君命之辱。注此贊君拜聘享辭也。在存也。疏釋曰。此及下三經。即上經云公館賓。賓辟。上介聽命。聘享。夫人之聘享問大夫送賓公皆再拜注云拜此四事彼見其拜此見其贊辭也君以社稷故在寡小君拜【注】此贊拜夫人聘享辭也言君以社稷故者夫人與君體敵不敢當其惠也其卒亦曰寡君拜命之辱【疏】【注】釋曰云言君以社稷故者夫人與君體敵不敢當其惠也者釋經云社稷故以其禮記哀公問孔子云取夫人為社稷主婦人無外事天地幷社稷后夫人雖不與以夫婦一體故夫人亦得云社稷主是其云社稷故者見夫人與君體敵今夫人使致禮來主人不敢當下文云君貺寡君延及二三老是與君不敵故當之也又拜送【注】拜送賓也其辭蓋云子將有行寡君敢拜送此宜承上君館之下【疏】【注】釋曰此即上經君館前拜送賓故鄭云此宜承上君館之下君貺寡君延及二三老拜【注】此贊拜問大夫之辭貺賜也大夫曰老○賓於館堂楹閒釋四皮束帛賓不致主人

不拜。注賓將遂去是館。畱禮以禮主人。所以謝之。不致不拜。不以將別崇新敬也。疏注釋曰。若賓敬主宜致。主人敬賓宜拜。皆是崇敬。若致與拜。即是崇新敬。故不爲。若鄉飲酒送賓。賓不答禮。有終相類也。○大夫來使。無罪。饗之。注樂與嘉賓爲禮。疏注釋曰。案鹿鳴序。燕羣臣嘉賓。此無罪享之。亦是樂賓爲禮者也。過則餼之。注餼之。生致其牢禮也。其致之辭不云君之有故耳。聘義曰。使者聘而誤。主君不親饗食。所以愧厲之也。不言罪者。罪將執之。疏注釋曰。云過則餼之。謂禮有失誤。故引聘義使者聘而誤。主君不親饗食。所以愧厲之也。云不言罪將執之者。春秋之義。聘賓有罪皆執之。若然。上經云無罪饗之。有罪非但不饗。又執之。此過則餼之。雖不饗。猶生致。過輕故也。若然。上言罪。下云過。互見其義也。其介爲介。注饗賓有介者。賓尊。行敵禮也。疏注釋曰。謂饗賓於廟之時

乾隆四年校刊

還以聘之上介爲介。若然。上經上介。主人別行饗。則是從賓爲介之外復別饗也。云賓尊行敵禮也者。若鄉飲酒賓主行敵禮而有介然也。有大客後至。則先客不饗食。致之。【注】卑不與尊齊禮。【疏】注釋曰。此據聘禮而言。而無君朝之事。若然。則前有小國之卿大夫來聘。將行饗食。有大國卿大夫來聘。則廢小國饗食之禮。以其卑不與尊齊禮竝行之。○唯大聘有几筵。【注】謂受聘享時也。小聘輕。雖受于廟。不爲神位。【疏】注釋曰。案上經云。几筵既設。擯者出請命。至行聘享禮畢。乃云宰夫徹几改筵。是行聘享爲神位。今小聘不爲神位也。屈○十斗曰斛。十六斗曰籔。十籔曰秉。【注】秉十六斛。今江淮之閒量名有爲籔者。今八籔爲逾。【音義】量音亮。二百四十斗。【注】謂一車之米。秉有五籔。四秉曰筥。【注】此秉謂刈禾盈手之秉也。筥。穧名也。若今萊陽之閒。刈稻聚把有名爲莒者詩云彼有遺秉又云此有不斂穧【音義】穧才計反【疏】注釋曰云此秉爲刈禾盈手之秉也者對上文秉爲量名也引詩者證此秉爲盈手穧卽此莒一也卽今人謂之一鋪兩鋪也十筥曰稯十稯曰秅四百秉爲一秅【注】一車之禾三秅爲千二百秉三百筥三十稯也古文稯作緵【音義】稯子工反字林子工反緵音總【疏】注釋曰云一車之禾三秅卽經致饔餼時云禾三十車車三秅也

經五千三百四字

注一萬九百六十五字

乾隆四年校刊

儀禮注疏卷八

儀禮注疏卷八考證

宰命司馬戒衆介注諸侯謂司徒爲宰○張淳云釋文大宰音泰下倣此竊疑謂司徒爲宰句及下命宰夫官具注宰夫宰之屬也句皆合稱大宰又燕禮注宰夫大宰之屬大射注宰夫冢宰之屬公食注甸人冢宰之屬司宮大宰之屬彼不兼大則兼冢則此不應獨稱宰明矣

又釋幣于行疏行至廟門外之西爲軷壇○軷壇月令注作軷壤

受享束帛加璧疏聘賓不用君之所執圭璋○臣紱按

據此則聘賓所執之圭降其君之命圭一等非命圭也朱子論語集注偶未檢耳

遂行舍于郊注於此脫舍衣服乃即道也○臣紱按舍於郊謂止宿於郊也非脫舍衣服之謂下聘畢將歸遂行舍於郊注云始發且宿近郊又朝服載旜注云行時稅舍於此郊皆不作脫舍衣服解當從彼注爲正

飾之以其禮注禾以秣馬○敖繼公云注未恐有脫文司馬執策立于其後○策石經及敖本作策今從釋文上介出請入告注其有來者與皆出請入告○張淳云

者與巾箱杭本俱作者者釋文作者與朱子云注與字陸氏音餘此非疑詞不當音餘他本複出者字亦無義理疑本介字也○

夫人使下大夫勞以二竹簋方○簋字敖本作簠蓋從釋文

其實棗蒸栗擇○蒸敖本作烝今從石經

門外米禾皆二十車○二監本譌作一今依朱子本敖本改正又石經二十字皆作廿後並同

賓皮弁聘注入于次者俟辨也○臣紱按周官儀禮鄭注凡辦具之辦皆用辨蓋漢字未有辦字只一字兩

用之說已見士相見禮張淳云監杭本作辦誤也

賓辟不答拜○賓監本譌作客今依石經及朱子本楊本敖本改正

公揖入每門每曲揖疏謂兩闑之間○臣紱按棖闑之間棖則有兩闑一而已然上文有東闑西闑之云則賈氏固以爲兩闑與

几筵既設注諸侯祭祀席蒲筵繢純○敖繼公云注似脫加莞席紛純五字

介皆入門左疏臣相不前相禮故不言入其實皆入○朱子云疏說與此不通當闕臣學健按司儀職及廟

門惟君相入與此臣皆入者自是不同疏家欲强通之故說多支蔓

公升二等疏君行一臣行二此文出齊語晏子辭○朱子云齊語無此辭今見曲禮雜記臣人龍按晏子語韓詩外傳亦有之下在齊語

公側授宰幣皮如入右首而東○敖繼公云右當作左臣紱按士昏禮皮左首彼嘉禮此賓禮從同可也注以皮右首謂變于生似非其義敖說良是

宰夫徹几改筵疏是諸侯與孤卿大夫朝聘天子法○監本脫孤卿大夫四字今尋繹上下文義補之

建栖北面奠于薦東注糟醴不卒○卒監本譌作啐臣紱按上言啐醴則非不啐明矣不卒爵故建栖而奠之他篇疏文引此者亦誤今並訂正之

擯者執上幣疏闑東明不得並出也○朱子云闑東下當有脫字

飪一牢注所以識日景引陰陽也○朱子云引疑當作別臣紱按別字固直截或以繩著碑引之而定方位則引字亦可解敖氏集說改別

兩簋繼之粱在北疏羊豕相當不相變○朱子云未詳何謂臣紱按羊豕當作羊鉶以羊鉶相當對牛豕不

楣當則明矣

門外米三十車○三十石經作卅下同

受幣于楹間南面○受敖本誤作授

無儐○儐石經及楊本敖本作擯楊復李心傳皆云當作儐今從監本下授老幣無儐無饔者無儐並同

大夫對北面當楣再拜○楣石經作楣誤

夕夫人使下大夫韋弁歸禮○此下監本有小注云今文歸作饋下及記同九字旣不出鄭氏又不出釋文雖通解有此未審所云今文是何本也今刪

賓介皆明日拜于朝○敖繼公云上惟兑賓禮乃言介

拜似非其次蓋此文宜在下句之下

大夫于賓壹饗壹食疏是以鄭詩雞鳴云○雞鳴監本譌作羔裘據所引詩訂正之

乃入陳幣于朝疏夕幣七也○臣紱按主國禮賜無夕幣朱子疑夕字是饗字之誤而其序當在再饗之前集說則云饗酬幣也再饗酬幣也此與下文介闕一饗相合則以意改之而非賈氏之舊今從之

君使宰賜使者幣注不敢自私服也○敖繼公云注服字恐誤集說改不敢自私之也

釋幣于門疏釋于行○釋于行監本譌設于見今以經

訂正之

子即位不哭注宜清靜也○臣宗楷按鄭氏三禮注凡潔淨之淨皆作清漢時未有淨字說見第二卷則下字當作靜

使者既受行日朝同位○石經脫既字疏以受行日爲句敖氏以日朝二字連讀

繅三采六等朱白蒼○蒼石經及敖本作倉又雜記孔疏引聘禮記云朝天子圭與繅皆九寸繅三采六等朱白倉朱白倉朱子云按上記只有朱白倉而疏記所引乃重引之不知何時傳寫之誤而失此三字也

臣紱按據此則朱白倉三字原文蓋疊爲六字

又齎皮馬○齎石經及釋文皆作賫朱子本敖本作齎從之

辭曰非禮也敢對曰非禮也敢○朱子云按諸本經末有辭字注無復出辭字永嘉本張淳識誤云以注疏考之經下羨一辭字注上合更有一辭字蓋傳寫者誤以注文爲經文也當減經以還注張氏說是今從之臣紱按石經敢下有辭字固仍繆本今疏中猶有敢辭之文豈又後人所增與

賓既將公事復見訝○訝石經及敖本皆作之

宗人授次○朱子云周禮幕人掌朝會共帷幕掌次掌

張幕此宗人字恐誤

授如爭承○敖氏讀爭字句今從疏讀爭承句

自下聽命自西階升受○階石經作門誤

聘日致饔○日石經作自誤

各以其爵朝服○監本注未有今依注移入五字係通

解語後人攙入者去之

又拜送○石經此三字在延及二三老拜之下臣紱按

禮文次第石經爲順但諸刻本無與同者今仍舊

儀禮注疏卷八考證

五月十四日至石城橋送金賢邨北還晚間閱此并作徐青牧先生惜陰録序

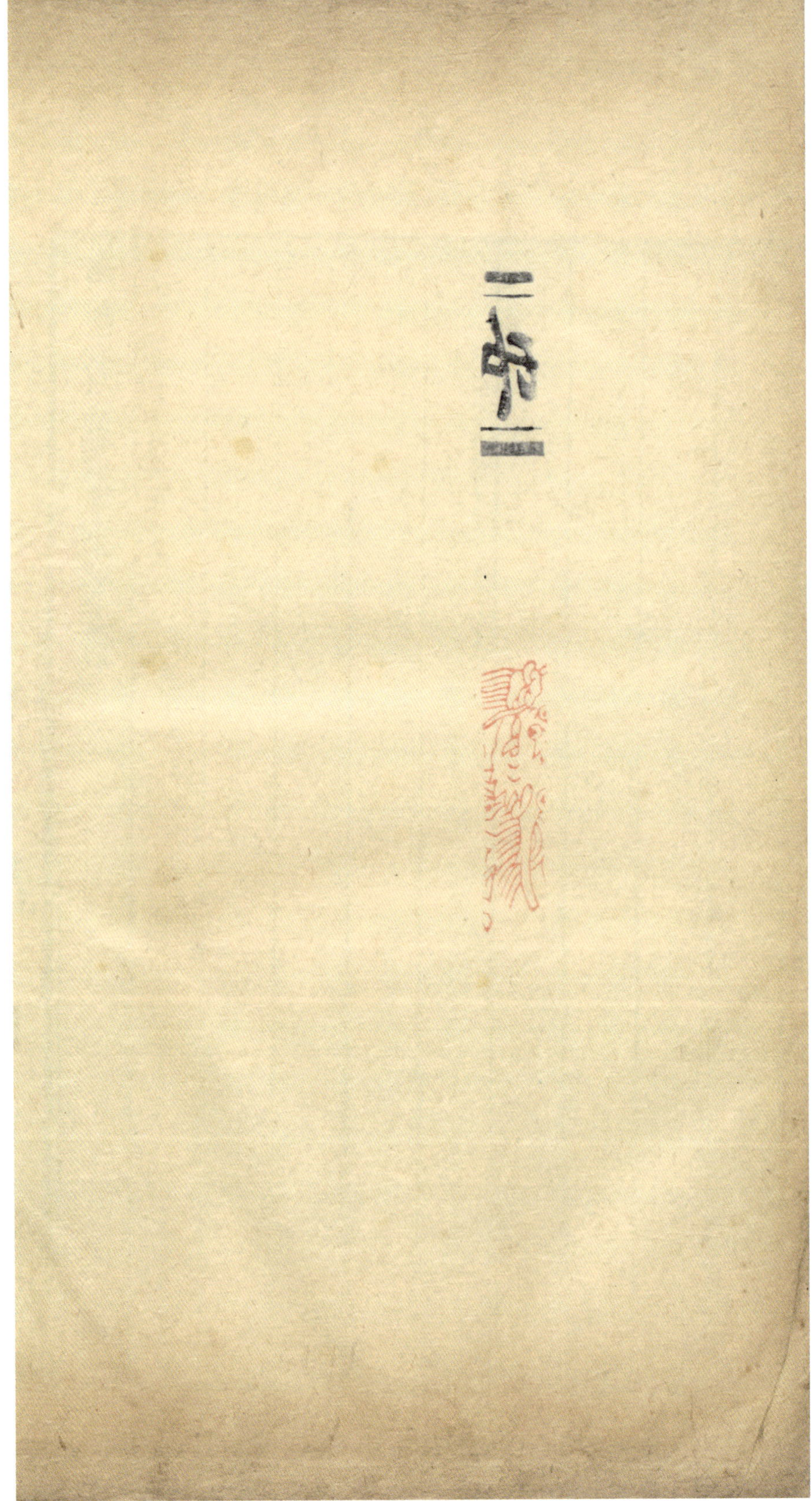